16	3	2	13
5	10	11	8
9	6	7	12
4	15	14	1

coleção TRANS

Pierre Lévy

CIBERCULTURA

Tradução
Carlos Irineu da Costa

editora 34

EDITORA 34

Editora 34 Ltda.
Rua Hungria, 592 Jardim Europa   CEP 01455-000
São Paulo - SP Brasil Tel/Fax (11) 3811-6777 www.editora34.com.br

Este livro é resultado de um relatório apresentado ao Conselho Europeu no âmbito do projeto "Novas tecnologias: cooperação cultural e comunicação"

Copyright © Editora 34 Ltda. (edição brasileira), 1999
Cyberculture © Éditions Odile Jacob, 1997

A FOTOCÓPIA DE QUALQUER FOLHA DESTE LIVRO É ILEGAL E CONFIGURA UMA APROPRIAÇÃO INDEVIDA DOS DIREITOS INTELECTUAIS E PATRIMONIAIS DO AUTOR.

Edição conforme o Acordo Ortográfico da Língua Portuguesa.

Título original:
Cyberculture

Capa, projeto gráfico e editoração eletrônica:
Bracher & Malta Produção Gráfica

Revisão:
Alexandre Barbosa de Souza, Magnólia Costa

1ª Edição - 1999 (1 Reimpressão), 2ª Edição - 2000 (7 Reimpressões),
3ª Edição - 2010 (4ª Reimpressão - 2021)

Catalogação na Fonte do Departamento Nacional do Livro
(Fundação Biblioteca Nacional, RJ, Brasil)

L668c
Lévy, Pierre, 1956-
    Cibercultura / Pierre Lévy; tradução de Carlos Irineu da Costa. — São Paulo: Editora 34, 2010 (3ª Edição).
272 p. (Coleção TRANS)

ISBN 978-85-7326-126-4

Tradução de: Cyberculture

    1. Computadores e civilização. 2. Realidade virtual. 3. Comunicação - Aspectos sociais. 4. Comunicação - Inovações tecnológicas. 5. Ciberespaço. I. Costa, Carlos Irineu da. II. Título. III. Série.

CDD - 303.483

CIBERCULTURA

Introdução: Dilúvios 11

Primeira parte: DEFINIÇÕES

1. As tecnologias têm um impacto? 21
   A metáfora do impacto é inadequada 21
   "A técnica" ou "as técnicas"? 23
   A tecnologia é determinante ou condicionante? 25
   A aceleração das alterações técnicas e a inteligência coletiva 27
   A inteligência coletiva, veneno e remédio da cibercultura 29

2. A infraestrutura técnica do virtual 31
   A emergência do ciberespaço 31
   O tratamento 33
   A memória 34
   A transmissão 35
   As interfaces 37
   A programação 41
   Os programas 42
   Do computador ao ciberespaço 43

3. O digital ou a virtualização da informação 47
   Sobre o virtual em geral 49
   O digital 52
   Processamento automático, rápido, preciso, em grande escala 54
   Desmaterialização ou virtualização? 56
   Hiperdocumentos 57
   Multimídia ou unimídia? 64
   Simulações 68
   Escala dos mundos virtuais 72

4. A interatividade 79
   A interatividade vista como problema 81

5. O ciberespaço ou a virtualização da comunicação 87
   Navegações na World Wide Web ou a caçada e a pilhagem 87
   O que é o ciberespaço? 94
   Acesso a distância e transferência de arquivos 95
   O correio eletrônico 97
   As conferências eletrônicas 102
   Da conferência eletrônica ao groupware 103
   A comunicação através de mundos virtuais compartilhados 107
   Navegações 108

Segunda parte: PROPOSIÇÕES

6. O universal sem totalidade, essência da cibercultura 113
   A universalidade no plano técnico 114
   A escrita e o universal totalizante 116
   Mídias de massa e totalidade 118
   Complexidade dos modos de totalização 119
   A cibercultura ou o universal sem totalidade 120
   O universal não é o planetário 121
   Quanto mais universal, menos totalizável 122

7. O movimento social da cibercultura 125
   Técnica e desejo coletivo: o exemplo do veículo automotivo 125
   A infraestrutura não é o dispositivo: o exemplo do correio 126
   Ciberespaço e movimento social 127
   O programa da cibercultura: a interconexão 129
   O programa da cibercultura: as comunidades virtuais 130
   O programa da cibercultura: a inteligência coletiva 133
   Um programa sem objetivo nem conteúdo 134

8. O som da cibercultura 137
   As artes do virtual 137
   A globalização da música 139
   Música oral, escrita, gravada 141
   A música tecno 143

9. A arte da cibercultura 147
   A adequação entre as formas estéticas da cibercultura
   e seus dispositivos tecnossociais 147
   O universal sem totalidade: texto, música e imagem 151
   O autor em questão 153
   O declínio da gravação 156

10. A nova relação com o saber 159
    Educação e cibercultura 159
    A articulação de numerosos pontos de vista 161
    O segundo dilúvio e a inacessibilidade do todo 162
    Quem sabe? A reencarnação do saber 164
    A simulação, um modo de conhecimento próprio da cibercultura . 167
    Da interconexão caótica à inteligência coletiva 169

11. As mutações da educação e a economia do saber 171
    A aprendizagem aberta e a distância 171
    A aprendizagem coletiva e o novo papel dos professores 173
    Por uma regulamentação pública da economia do conhecimento ... 174
    Saber-fluxo e dissolução das separações 175
    O reconhecimento das aquisições 177

12. As árvores de conhecimentos, um instrumento para
    a inteligência coletiva na educação e na formação 181
    Nectar: um exemplo de uso internacional
    das árvores de conhecimentos 184
    Um sistema universal sem totalidade 186

13. O ciberespaço, a cidade e a democracia eletrônica 189
    Cibercidades e democracia eletrônica 189
    A analogia ou a cidade digital 191
    A substituição 193
    A assimilação, crítica das autoestradas da informação 196
    A articulação 199

Terceira parte: PROBLEMAS

14. Conflitos de interesse
    e diversidade dos pontos de vista 205
    Abertura do devir tecnológico 206
    O ponto de vista dos comerciantes
    e o advento do mercado absoluto 207
    O ponto de vista das mídias:
    como fazer sensacionalismo com a Net? 208
    O ponto de vista dos Estados:
    controle dos fluxos transfronteiriços, criptografia,
    defesa da indústria e da cultura nacionais 210
    O ponto de vista do "bem público":
    a favor da inteligência coletiva 214

15. Crítica da substituição 217
    Substituição ou complexificação? 218
    Crescimentos paralelos das telecomunicações e do transporte 219
    Aumento dos universos de escolha:
    a ascensão do virtual provoca a do atual 221
    Novos planos de existência 223
    Da perda 224

16. Crítica da dominação 227
    Impotência dos atores "midiáticos" 227
    Devemos temer o domínio de uma nova "classe virtual"? .. 228
    Dialética da utopia e dos negócios 232

17. Crítica da crítica 235
    Funções do pensamento crítico 235
    Crítica do totalitarismo ou temor da destotalização? 236
    A crítica era progressista. Estaria tornando-se conservadora? 239
    Ambivalência da potência 240

18. Respostas a algumas perguntas frequentes 243
   A cibercultura seria fonte de exclusão? 244
   A diversidade das línguas e das culturas
   encontra-se ameaçada pelo ciberespaço? 247
   A cibercultura não é sinônimo de caos e de confusão? 251
   A cibercultura encontra-se em ruptura
   com os valores fundadores da modernidade europeia? 253

Conclusão: A cibercultura ou a tradição simultânea 257

Glossário, *Carlos Irineu da Costa* 261

CIBERCULTURA

para meus pais, Lilia e Henri

Introdução
DILÚVIOS

Pensar a cibercultura: esta é a proposta deste livro. Em geral me consideram um otimista. Estão certos. Meu otimismo, contudo, não promete que a Internet resolverá, em um passe de mágica, todos os problemas culturais e sociais do planeta. Consiste apenas em reconhecer dois fatos. Em primeiro lugar, que o crescimento do ciberespaço resulta de um movimento internacional de jovens ávidos para experimentar, coletivamente, formas de comunicação diferentes daquelas que as mídias clássicas nos propõem. Em segundo lugar, que estamos vivendo a abertura de um novo espaço de comunicação, e cabe apenas a nós explorar as potencialidades mais positivas deste espaço nos planos econômico, político, cultural e humano.

Aqueles que denunciam a cibercultura hoje têm uma estranha semelhança com aqueles que desprezavam o rock nos anos 50 ou 60. O rock era anglo-americano, e tornou-se uma indústria. Isso não o impediu, contudo, de ser o porta-voz das aspirações de uma enorme parcela da juventude mundial. Também não impediu que muitos de nós nos divertíssemos ouvindo ou tocando juntos essa música. A música pop dos anos 70 deu uma consciência a uma ou duas gerações e contribuiu para o fim da Guerra do Vietnã. É bem verdade que nem o rock nem a música pop resolveram o problema da miséria ou da fome no mundo. Mas isso seria razão para "ser contra"?

Durante uma dessas mesas redondas que têm se multiplicado sobre os "impactos" das novas redes de comunicação, tive a oportunidade de ouvir um cineasta, que se tornou um funcionário europeu, denunciar a "barbárie" encarnada pelos videogames, os mundos virtuais e os fóruns eletrônicos. Respondi-lhe que aquele era um discurso muito estranho vindo de um representante da sétima arte. Pois, ao nascer, o cinema foi desprezado como um meio de embotamento mecânico das massas por quase todos os intelectuais bem-pensantes, assim como pelos porta-vozes oficiais da cultura. Hoje, no entanto, o cinema é reconhecido como uma arte completa, investido de todas as

Dilúvios 11

legitimidades culturais possíveis. Parece contudo que o passado não é capaz de nos iluminar. O mesmo fenômeno pelo qual o cinema passou se reproduz hoje com as práticas sociais e artísticas baseadas nas técnicas contemporâneas. Estas são denunciadas como "estrangeiras" (americanas), inumanas, embotantes, desrealizantes etc.

Não quero de forma alguma dar a impressão de que tudo o que é feito com as redes digitais seja "bom". Isso seria tão absurdo quanto supor que todos os filmes sejam excelentes. Peço apenas que permaneçamos abertos, benevolentes, receptivos em relação à novidade. Que tentemos compreendê-la, pois a verdadeira questão não é ser contra ou a favor, mas sim reconhecer as mudanças qualitativas na ecologia dos signos, o ambiente inédito que resulta da extensão das novas redes de comunicação para a vida social e cultural. Apenas dessa forma seremos capazes de desenvolver estas novas tecnologias dentro de uma perspectiva humanista.

Mas falar de humanismo não é justamente uma característica dos sonhadores? A questão parece estar definida, os jornais e a televisão já decidiram: o ciberespaço entrou na era comercial — "Os vendedores invadem a Internet", segundo a manchete do *Le Monde Diplomatique*. Tornou-se uma questão de dinheiro envolvendo os pesos pesados. O tempo dos ativistas e dos utopistas já terminou. Se você tentar explicar o desenvolvimento de novas formas de comunicação transversais, interativas e cooperativas, ouvirá como resposta um discurso sobre os ganhos fabulosos de Bill Gates, presidente da Microsoft. Os serviços on-line serão pagos, restritos aos mais ricos. O crescimento do ciberespaço servirá apenas para aumentar ainda mais o abismo entre os bem-nascidos e os excluídos, entre os países do Norte e as regiões pobres nas quais a maioria dos habitantes nem mesmo tem telefone. Qualquer esforço para apreciar a cibercultura coloca você automaticamente no lado da IBM, do capitalismo financeiro internacional, do governo americano, tornando-o um apóstolo do neoliberalismo selvagem e duro com os pobres, um arauto da globalização escondido sob uma máscara de humanismo!

Devo portanto enunciar aqui alguns argumentos sensatos. O fato de que o cinema ou a música também sejam indústrias e parte de um comércio não nos impede de apreciá-los, nem de falar deles em uma perspectiva cultural ou estética. O telefone gerou e continua a gerar verdadeiras fortunas para as companhias de telecomunicação. Isso não altera o fato de que as redes de telefonia permitem uma comunicação planetária e interativa. Ainda que apenas um quarto da humanidade tenha acesso ao telefone, isso não constitui um argumento "contra" ele. Por isso não vejo por que a exploração econômica da Internet ou o fato de que atualmente nem todos têm acesso a ela constituiriam, por si mesmos, uma condenação da cibercultura ou nos impediriam de pensá-la de qualquer forma que não a crítica. É verdade que há cada vez mais serviços pagos. E tudo indica que essa tendência vai continuar e até crescer nos próximos anos. Ainda assim, também é preciso notar que os serviços gratuitos proliferam ainda mais rapidamente. Estes serviços gratuitos vêm das universidades, dos órgãos públicos, das associações sem fins lucrativos, dos indivíduos, de grupos de interesse diversos e das próprias empresas. Não há sentido em opor o comércio de um lado e a dinâmica libertária e comunitária que comandou o crescimento da Internet de outro. Os dois são complementares, para desgosto dos maniqueístas.

A questão da exclusão é, evidentemente, crucial, e será abordada no último capítulo deste livro. Gostaria apenas de observar, nesta introdução, que essa questão não deve nos impedir de contemplar as implicações culturais da cibercultura em todas as suas dimensões. Aliás, não são os pobres que se opõem à Internet — são aqueles cujas posições de poder, os privilégios (sobretudo os privilégios culturais) e os monopólios encontram-se ameaçados pela emergência dessa nova configuração de comunicação.

Durante uma entrevista nos anos 50, Albert Einstein declarou que três grandes bombas haviam explodido durante o século XX: a bomba demográfica, a bomba atômica e a bomba das telecomunicações. Aquilo que Einstein chamou de bomba das telecomunicações foi chamado, por meu amigo Roy Ascott (um dos pioneiros e principais teóricos da arte em rede), de "segundo dilúvio", o das informações. As telecomunicações geram esse novo dilúvio por conta da natureza exponencial, explosiva e caótica de seu crescimento. A quantidade bruta de dados disponíveis se multiplica e se acelera. A densidade dos links entre as informações aumenta vertiginosamente nos bancos de dados, nos hipertextos e nas redes. Os contatos transversais entre os indivíduos proliferam de forma anárquica. É o transbordamento caótico das informações, a inundação de dados, as águas tumultuosas e os turbilhões da comunicação, a cacofonia e o psitacismo ensurdecedor das mídias, a guerra das imagens, as propagandas e as contrapropagandas, a confusão dos espíritos.

A bomba demográfica também representa uma espécie de dilúvio, um crescimento demográfico espantoso. Havia pouco mais de um bilhão e meio de homens na Terra em 1900, mas serão mais de seis bilhões no ano 2000. Os homens inundam a Terra. Esse crescimento global tão acelerado não tem nenhum precedente histórico. Frente à irresistível inundação humana, há duas soluções opostas. Uma delas é a guerra, o extermínio do dilúvio atômico, não importando qual seja sua forma, com o desprezo que isto implica em relação às pessoas. Nesse caso, a vida humana perde seu valor. O humano é reduzido ao nível das bestas ou das formigas, esfomeado, aterrorizado, explorado, deportado, massacrado.

A outra é a exaltação do indivíduo, o humano considerado como o maior valor, recurso maravilhoso e sem preço. Para valorizar o valor, faremos um grande esforço a fim de tecer incansavelmente *relações* entre as idades, os sexos, as nações e as culturas, apesar das dificuldades e dos conflitos. A segunda solução, simbolizada pelas telecomunicações, implica o reconhecimento do outro, a aceitação e ajuda mútuas, a cooperação, a associação, a negociação, para além das diferenças de pontos de vista e de interesses. As telecomunicações são de fato responsáveis por estender de uma ponta à outra do mundo as possibilidades de contato amigável, de transações contratuais, de transmissões de saber, de trocas de conhecimentos, de descoberta pacífica das diferenças.

O fino enredamento dos humanos de todos os horizontes em um único e imenso tecido aberto e interativo gera uma situação absolutamente inédita e portadora de esperança, já que é uma resposta positiva ao crescimento demográfico, embora também crie novos problemas. Gostaria de abordar alguns deles neste livro, especialmente aqueles que estão ligados à cultura: a arte, a educação ou a cidade à mercê da comunicação interativa generalizada. Na aurora do dilúvio informacional, talvez uma meditação sobre o dilúvio bíblico possa nos ajudar a compreender melhor os novos tempos. Onde está Noé? O que colocar na arca?

No meio do caos, Noé construiu um pequeno mundo bem organizado. Face ao desencadeamento dos dados, protegeu uma seleção. Quando tudo vai por água abaixo, ele está preocupado em transmitir. Apesar do salve-se quem puder geral, recolhe pensando no futuro.

"E Jeová fechou a porta por fora" (Gênesis, 7: 16). A arca foi fechada. Ela simboliza a totalidade reconstituída. Quando o universo está desenfreado, o microcosmo organizado reflete a ordem de um macrocosmo que está por vir. Mas o múltiplo não se deixa esquecer. O dilúvio informacional jamais cessará. A arca não repousará no topo do monte Ararat. O segundo dilúvio não terá fim. Não há nenhum fundo sólido sob o oceano das informações. Devemos aceitá-lo como nossa nova condição. Temos que ensinar nossos filhos a nadar, a flutuar, talvez a navegar.

Quando Noé, ou seja, cada um de nós, olha através da escotilha de sua arca, vê outras arcas, a perder de vista, no oceano agitado da comunicação digital. E cada uma dessas arcas contém uma seleção diferente. Cada uma quer preservar a diversidade. Cada uma quer transmitir. Estas arcas estarão eternamente à deriva na superfície das águas.

Umas das principais hipóteses deste livro é que a cibercultura expressa o surgimento de um novo universal, diferente das formas culturais que vieram antes dele no sentido de que ele se constrói sobre a indeterminação de um sentido global qualquer. Precisamos, de fato, colocá-la dentro da perspectiva das mutações anteriores da comunicação.

Nas sociedades orais, as mensagens discursivas são sempre recebidas no mesmo contexto em que são produzidas. Mas, após o surgimento da escrita, os textos se separam do contexto vivo em que foram produzidos. É possível ler uma mensagem escrita cinco séculos antes ou redigida a cinco mil quilômetros de distância — o que muitas vezes gera problemas de recepção e de interpretação. Para vencer essas dificuldades, algumas mensagens foram então concebidas para preservar o mesmo sentido, qualquer que seja o contexto (o lugar, a época) de recepção: são as mensagens "universais" (ciência, religiões do livro, direitos do homem etc.). Esta universalidade, adquirida graças à escrita estática, só pode ser construída, portanto, à custa de uma certa redução ou fixação do sentido: é um universal "totalizante". A hipótese que levanto é que a cibercultura leva a copresença das mensagens de volta a seu contexto como ocorria nas sociedades orais, mas em outra escala, em uma órbita completamente diferente. A nova universalidade não depende mais da autossuficiência dos textos, de uma fixação e de uma independência das significações. Ela se constrói e se estende por meio da interconexão das mensagens entre si, por meio de sua vinculação permanente com as comunidades virtuais em criação, que lhe dão sentidos variados em uma renovação permanente.

A arca do primeiro dilúvio era única, estanque, fechada, totalizante. As arcas do segundo dilúvio dançam entre si. Trocam sinais. Fecundam-se mutuamente. Abrigam pequenas totalidades, mas sem nenhuma pretensão ao universal. Apenas o dilúvio é universal. Mas ele é intotalizável. É preciso imaginar um Noé modesto. "Eles foram extintos da Terra; ficou somente Noé e os que estavam com ele na barca" (Gênesis, 7: 23). A operação de salvamento de Noé parece complementar, quase cúmplice de um extermínio. A totalidade com pretensões universais afoga tudo aquilo que não pode reter. É desta forma que as civilizações são fundadas, que o universal imperial se instaura. Na China, o imperador amarelo mandou destruir quase todos os textos anteriores a seu regime. Qual César, qual conquistador bárbaro deu ordens para deixar queimar a biblioteca de Alexandria a fim de terminar com a desordem helenística? A Inquisição espanhola colocava fogo em autos de fé de onde esvaíam-se em fumaça o Corão, o Talmude e tantas outras páginas inspiradas ou meditadas. Horríveis fogueiras hitlerianas, fogos de livros nas praças europeias, em que ardiam a inteligência e a cultura! Talvez a primeira de todas essas tentativas de aniquilação tenha sido a do império mais antigo, na Mesopotâmia, de onde nos vêm tanto a versão oral como a escrita do dilúvio, muito antes da Bíblia. Pois foi Sargão de Agadé, rei dos quatro países, primeiro imperador da história, que mandou jogar no Eufrates milhares de tábulas de argila, nas quais estavam gravadas lendas de tempos imemoriais, preceitos de sabedoria, manuais de medicina ou de magia, secretados por várias gerações de escribas. Os signos permanecem legíveis por alguns instantes sob a água corrente, depois se apagam. Levadas pelos turbilhões, polidas pela correnteza, as tábulas amolecem aos poucos, voltam a ser seixos de argila lisa que em pouco tempo se fundem com o lodo do rio e vão se acrescentar ao lodo das inundações. Muitas vozes foram caladas para sempre. Não suscitarão mais nenhum eco, nenhuma resposta.

Mas o novo dilúvio não apaga as marcas do espírito. Carrega-as todas juntas. Fluida, virtual, ao mesmo tempo reunida e dispersa, essa biblioteca de Babel não pode ser queimada. As inúmeras vozes que ressoam no ciberespaço continuarão a se fazer ouvir e a gerar respostas. As águas deste dilúvio não apagarão os signos gravados: são inundações de signos.

Sim, a tecnociência produziu tanto o fogo nuclear como as redes interativas. Mas o telefone e a Internet "apenas" comunicam. Tanto uma como os outros construíram, pela primeira vez neste século de ferro e loucura, *a unidade concreta do gênero humano.* Ameaça de morte enquanto espécie em relação à bomba atômica, diálogo planetário em relação às telecomunicações. Nem a salvação nem a perdição residem na técnica. Sempre ambivalentes, as técnicas projetam no mundo material nossas emoções, intenções e projetos. Os instrumentos que construímos nos dão poderes mas, coletivamente responsáveis, a escolha está em nossas mãos.

* * *

Este livro, fruto de um relatório encomendado pelo Conselho Europeu, aborda as implicações culturais do desenvolvimento das tecnologias digitais de informação e de comunicação. Encontram-se fora do campo deste estudo as questões econômicas e industriais, os problemas relacionados ao emprego e as questões jurídicas. Enfatizamos a atitude geral frente ao progresso das novas tecnologias, a virtualização da informação que se encontra em andamento e a mutação global da civilização que dela resulta. Em particular, abordamos as novas formas artísticas, as transformações na relação com o saber, as questões relativas a educação e formação, cidade e democracia, a manutenção da diversidade das línguas e das culturas, os problemas da exclusão e da desigualdade.

Como uso diversas vezes os termos "ciberespaço" e "cibercultura", parece-me adequado defini-los brevemente aqui. O ciberespaço (que também chamarei de "rede") é o novo meio de comunicação que surge da interconexão mundial dos computadores. O termo especifica não apenas a infraestrutura material da comunicação digital, mas também o universo oceânico de informações que ela abriga, assim como os seres humanos que navegam e alimentam esse universo. Quanto ao neologismo "cibercultura", especifica aqui o conjunto de técnicas (materiais e intelectuais), de práticas, de atitudes, de modos de pensamento e de valores que se desenvolvem juntamente com o crescimento do ciberespaço.

A primeira parte, onde começo colocando o problema do impacto social e cultural de todas as novas tecnologias, fornece uma descrição sintética dos grandes conceitos técnicos que exprimem e sustentam a cibercultura. Ao ler esta primeira parte, o leitor terá em mente que essas técnicas criam novas condições e possibilitam ocasiões inesperadas para o desenvolvimento das pessoas e das sociedades, mas que elas não determinam automaticamente nem as trevas nem a iluminação para o futuro humano. Esforcei-me para dar *definições bastante claras*, pois ainda que este domínio seja cada vez mais conhecido pelo grande público, muitas vezes isso ocorre de modo fragmentado, sem a precisão e a clareza que são indispensáveis à compreensão das grandes questões da sociedade. Apresento, portanto, de forma acessível aos não especialistas, conceitos como a digitalização da informação, os hipertextos e hipermídias, as simulações em computadores, as realidades virtuais, as grandes funções das redes interativas e particularmente as da Internet.

A segunda parte trata mais especificamente das implicações culturais do desenvolvimento do ciberespaço. Esboça o *retrato da cibercultura*: a nova forma de universalidade que inventa, o movimento social que a fez nascer, seus gêneros artísticos e musicais, as perturbações que suscita na relação com o saber, as reformas educacionais necessárias que ela pede, sua contribuição para o urbanismo e o pensamento da cidade, as questões que coloca para a filosofia política.

A terceira parte, por fim, explora o *lado negativo da cibercultura*, por meio dos conflitos e das críticas que sempre provoca. Nesta parte, trato dos conflitos de interesses e das lutas de poder que se desenrolam em torno do ciberespaço, as denúncias por vezes muito virulentas contra o virtual, as sérias questões da exclusão e da manutenção da diversidade cultural frente aos imperialismos políticos, econômicos ou midiáticos.

Primeira parte

DEFINIÇÕES

1.
AS TECNOLOGIAS TÊM UM IMPACTO?

A METÁFORA DO IMPACTO É INADEQUADA

Nos textos que anunciam colóquios, nos resumos dos estudos oficiais ou nos artigos da imprensa sobre o desenvolvimento da multimídia, fala-se muitas vezes no "impacto" das novas tecnologias da informação sobre a sociedade ou a cultura. A tecnologia seria algo comparável a um projétil (pedra, obus, míssil?) e a cultura ou a sociedade a um alvo vivo... Esta metáfora bélica é criticável em vários sentidos.

A questão não é tanto avaliar a pertinência estilística de uma figura de retórica, mas sim esclarecer o esquema de leitura dos fenômenos — a meu ver, inadequado — que a metáfora do impacto[1] nos revela.

As técnicas viriam de outro planeta, do mundo das máquinas, frio, sem emoção, estranho a toda significação e qualquer valor humano, como uma certa tradição de pensamento tende a sugerir?[2] Parece-me, pelo contrário, que não somente as técnicas são imaginadas, fabricadas e reinterpretadas durante seu uso pelos homens, como também é o próprio uso intensivo de ferramentas que constitui a humanidade enquanto tal (junto com a linguagem e as instituições sociais complexas). É o mesmo homem que fala, enterra seus mortos e talha o sílex. Propagando-se até nós, o fogo de Prometeu cozinha os alimentos, endurece a argila, funde os metais, alimenta a máquina a vapor, corre nos cabos de alta-tensão, queima nas centrais nucleares, explode nas armas e engenhos de destruição. Com a arquitetura que o abriga, reúne e inscreve sobre a Terra; com a roda e a navegação que abriram seus horizontes; com a escrita, o telefone e o cinema que o infiltram de signos; com o texto e o têxtil que, entretecendo a variedade das matérias, das cores e dos sentidos, desenrolam ao infinito as su-

---

[1] Ver Mark Johnson e George Lakoff, *Les Métaphores dans la vie quotidienne*, Paris, Minuit, 1985.

[2] É, por exemplo, a tese (que exponho de forma caricatural aqui) de Gilbert Hottois em *Le Signe et la technique*, Paris, Aubier-Montaigne, 1984.

perfícies onduladas, luxuosamente redobradas, de suas intrigas, seus tecidos e seus véus, o mundo humano é, ao mesmo tempo, técnico.

Seria a tecnologia um ator autônomo, separado da sociedade e da cultura, que seriam apenas entidades passivas percutidas por um agente exterior? Defendo, ao contrário, que a técnica é um ângulo de análise dos sistemas sociotécnicos globais, um ponto de vista que enfatiza a parte material e artificial dos fenômenos humanos, e não uma entidade real, que existiria independentemente do resto, que teria efeitos distintos e agiria por vontade própria. As atividades humanas abrangem, de maneira indissolúvel, interações entre:
— pessoas vivas e pensantes;
— entidades materiais naturais e artificiais;
— ideias e representações.

É impossível separar o humano de seu ambiente material, assim como dos signos e das imagens por meio dos quais ele atribui sentido à vida e ao mundo. Da mesma forma, não podemos separar o mundo material — e menos ainda sua parte artificial — das ideias por meio das quais os objetos técnicos são concebidos e utilizados, nem dos humanos que os inventam, produzem e utilizam. Acrescentemos, enfim, que as imagens, as palavras, as construções de linguagem entranham-se nas almas humanas, fornecem meios e razões de viver aos homens e suas instituições, são recicladas por grupos organizados e instrumentalizados, como também por circuitos de comunicação e memórias artificiais.[3]

Mesmo supondo que realmente existam três entidades — técnica, cultura e sociedade —, em vez de enfatizar o impacto das tecnologias, poderíamos igualmente pensar que as tecnologias são produtos de uma sociedade e de uma cultura. Mas a distinção traçada entre cultura (a dinâmica das representações), sociedade (as pessoas, seus laços, suas trocas, suas relações de força) e técnica (artefatos eficazes) só pode ser conceitual. Não há nenhum ator, nenhuma "causa" realmente independente que corresponda a ela. Encaramos as tendências intelectuais como atores porque há grupos bastante reais que se organizam ao redor destes recortes verbais (ministérios, disciplinas cien-

---

[3] Como é possível que formas institucionais e técnicas materiais transmitam ideias... e vice-versa? Esta é uma das principais linhas de pesquisa do empreendimento midialógico iniciado por Régis Debray. Ver, por exemplo, seus livros *Cours de médiologie générale*, Paris, Gallimard, 1991, e *Transmettre*, Paris, Odile Jacob, 1997, além da bela revista *Les Cahiers de Médiologie*.

tíficas, departamentos de universidades, laboratórios de pesquisa) ou então porque certas forças estão interessadas em nos fazer crer que determinado problema é "puramente técnico" ou "puramente cultural" ou ainda "puramente econômico". As verdadeiras relações, portanto, não são criadas entre "a" tecnologia (que seria da ordem da causa) e "a" cultura (que sofreria os efeitos), mas sim entre um grande número de atores humanos que inventam, produzem, utilizam e interpretam de diferentes formas as técnicas.[4]

"A TÉCNICA" OU "AS TÉCNICAS"?

De fato, as técnicas carregam consigo projetos, esquemas imaginários, implicações sociais e culturais bastante variados. Sua presença e uso em lugar e época determinados cristalizam relações de força sempre diferentes entre seres humanos. As máquinas a vapor escravizaram os operários das indústrias têxteis do século XIX, enquanto os computadores pessoais aumentaram a capacidade de agir e de comunicar dos indivíduos durante os anos 80 de nosso século. O que equivale a dizer que não podemos falar dos efeitos socioculturais ou do sentido da técnica em geral, como tendem a fazer os discípulos de Heidegger,[5] ou mesmo a tradição saída da escola de Frankfurt.[6] Por exemplo, será legítimo colocar no mesmo plano a energia nuclear e a eletrônica? A primeira leva em geral a organizações centralizadas, controladas por especialistas, impõe normas de segurança bastante estritas, requer escolhas a prazo muito longo etc. Por outro lado, a eletrônica, muito mais versátil, serve tão bem a organizações piramidais quanto à distribuição mais ampla do poder, obedece a ciclos tecnoeconômicos muito menores etc.[7]

[4] Desenvolvemos longamente este assunto em nossa obra *As tecnologias da inteligência*, Rio de Janeiro, Editora 34, 1993. Ver também os trabalhos da nova antropologia das ciências e das técnicas, por exemplo, Bruno Latour, *La Science en action*, Paris, La Découverte, 1989.

[5] Ver o famoso artigo de Heidegger, "O sentido da técnica", que gerou uma numerosa descendência intelectual entre filósofos e sociólogos da técnica, em particular, bem como entre os pensadores críticos do mundo contemporâneo em geral.

[6] A técnica encontra-se sempre do lado da "razão instrumental"?

[7] O paralelo entre a eletrônica e a energia nuclear foi desenvolvido sobre-

Por trás das técnicas agem e reagem ideias, projetos sociais, utopias, interesses econômicos, estratégias de poder, toda a gama dos jogos dos homens em sociedade. Portanto, qualquer atribuição de um sentido único à técnica só pode ser dúbia. A ambivalência ou a multiplicidade das significações e dos projetos que envolvem as técnicas são particularmente evidentes no caso do digital. O desenvolvimento das cibertecnologias é encorajado por Estados que perseguem a potência, em geral, e a supremacia militar em particular. É também uma das grandes questões da competição econômica mundial entre as firmas gigantes da eletrônica e do software, entre os grandes conjuntos geopolíticos. Mas também responde aos propósitos de desenvolvedores e usuários que procuram aumentar a autonomia dos indivíduos e multiplicar suas faculdades cognitivas. Encarna, por fim, o ideal de cientistas, de artistas, de gerentes ou de ativistas da rede que desejam melhorar a colaboração entre as pessoas, que exploram e dão vida a diferentes formas de inteligência coletiva e distribuída. Esses projetos heterogêneos diversas vezes entram em conflito uns com os outros, mas com maior frequência — e voltarei a falar nisso mais tarde — alimentam-se e reforçam-se mutuamente.

A dificuldade de analisar concretamente as implicações sociais e culturais da informática ou da multimídia é multiplicada pela ausência radical de estabilidade neste domínio. Com exceção dos princípios lógicos que fundamentam o funcionamento dos computadores, o que podemos encontrar de comum entre os monstros informáticos dos anos 50, reservados para cálculos científicos e estatísticos, ocupando andares inteiros, muito caros, sem telas nem teclados e, em contrapartida, as máquinas pessoais dos anos 80, que podem ser compradas e manuseadas facilmente por pessoas sem qualquer formação científica, para escrever, desenhar, tocar música e planejar o orçamento? Estamos falando de computadores em ambos os casos, mas as implicações cognitivas, culturais, econômicas e sociais são, evidentemente, muito diferentes. Ora, o digital encontra-se ainda no início de sua trajetória. A interconexão mundial de computadores (a extensão do ciberespaço) continua em ritmo acelerado. Discute-se a respeito dos próximos padrões de comunicação multimodal. Tácteis, auditivas, permitindo uma visualização tridimensional interativa, as novas inter-

tudo por Derrick de Kerckhove em *The Skin of Culture*, Toronto, Sommerville Press, 1995.

faces com o universo dos dados digitais são cada vez mais comuns. Para ajudar a navegar em meio à informação, os laboratórios travam uma disputa de criatividade ao conceber mapas dinâmicos do fluxo de dados e ao desenvolver agentes de software inteligentes, ou *knowbots*. Todos esses são fenômenos que transformam as significações culturais e sociais das cibertecnologias no fim dos anos 90.

Dados a amplitude e o ritmo das transformações ocorridas, ainda nos é impossível prever as mutações que afetarão o universo digital após o ano 2000. Quando as capacidades de memória e de transmissão aumentam, quando são inventadas novas interfaces com o corpo e o sistema cognitivo humano (a "realidade virtual", por exemplo), quando se traduz o conteúdo das antigas mídias para o ciberespaço (o telefone, a televisão, os jornais, os livros etc.), quando o digital comunica e coloca em um ciclo de retroalimentação processos físicos, econômicos ou industriais anteriormente estanques, suas implicações culturais e sociais devem ser reavaliadas sempre.

A TECNOLOGIA É DETERMINANTE OU CONDICIONANTE?

As técnicas *determinam* a sociedade ou a cultura? Se aceitarmos a ficção de uma relação, ela é muito mais complexa do que uma relação de determinação. A emergência do ciberespaço acompanha, traduz e favorece uma evolução geral da civilização. Uma técnica é produzida dentro de uma cultura, e uma sociedade encontra-se condicionada por suas técnicas. E digo *condicionada*, não *determinada*. Essa diferença é fundamental. A invenção do estribo permitiu o desenvolvimento de uma nova forma de cavalaria pesada, a partir da qual foram construídos o imaginário da cavalaria e as estruturas políticas e sociais do feudalismo. No entanto, o estribo, enquanto dispositivo material, não é a "causa" do feudalismo europeu. Não há uma "causa" identificável para um estado de fato social ou cultural, mas sim um conjunto infinitamente complexo e parcialmente *indeterminado* de processos em interação que se autossustentam ou se inibem. Podemos dizer em contrapartida que, sem o estribo, é difícil conceber como cavaleiros com armaduras ficariam sobre seus cavalos de batalha e atacariam com a lança em riste... O estribo condiciona efetivamente toda a cavalaria e, indiretamente, todo o feudalismo, mas não os determina. Dizer que a técnica condiciona significa dizer que abre algumas possibilidades, que algumas opções culturais ou sociais não poderiam ser pensadas a sério sem sua presença. Mas muitas possibilidades são abertas, e nem todas serão aproveitadas. As mesmas técnicas podem integrar-se a conjuntos culturais bastante diferentes. A agricultura irrigada em grande escala talvez tenha favorecido o "despotismo oriental" na Mesopotâmia, no Egito e na China, mas, por um lado, essas são civilizações bastante diferentes e, por outro, a agricultura irrigada por vezes encontrou um lugar em formas sociopolíticas cooperativas (no Magreb medieval, por exemplo). Confiscada pelo Estado na China, atividade industrial que escapou aos poderes políticos na Europa, a impressão não teve as mesmas consequências no Oriente e no Ocidente. A prensa de Gutenberg não determinou a crise da Reforma, nem o desenvolvimento da moderna ciência europeia, tampouco o crescimento dos ideais iluministas e a força crescente da opinião pública no século XVIII — apenas condicionou-as. Contentou-se em fornecer uma parte indispensável do ambiente global no qual essas formas culturais surgiram. Se, para uma filosofia mecanicista intransigente, um efeito é determinado por suas causas e poderia ser deduzido a partir delas, o simples bom senso sugere que os fenômenos culturais e sociais não obedecem a esse esquema. A multiplicidade dos fatores e dos agentes proíbe qualquer cálculo de efeitos deterministas. Além disso, todos os fatores "objetivos" nunca são nada além de condições a serem interpretadas, vindas de pessoas e de coletivos capazes de uma invenção radical.

Uma técnica não é nem boa, nem má (isto depende dos contextos, dos usos e dos pontos de vista), tampouco neutra (já que é condicionante ou restritiva, já que de um lado abre e de outro fecha o espectro de possibilidades). Não se trata de avaliar seus "impactos", mas de situar as irreversibilidades às quais um de seus usos nos levaria, de formular os projetos que explorariam as virtualidades que ela transporta e de decidir o que fazer dela.

Contudo, acreditar em uma disponibilidade total das técnicas e de seu potencial para indivíduos ou coletivos supostamente livres, esclarecidos e racionais seria nutrir-se de ilusões. Muitas vezes, enquanto discutimos sobre os possíveis usos de uma dada tecnologia, algumas formas de usar já se impuseram. Antes de nossa conscientização, a dinâmica coletiva escavou seus atratores. Quando finalmente prestamos atenção, é demasiado tarde... Enquanto ainda questionamos, outras tecnologias emergem na fronteira nebulosa onde são inventadas as ideias, as coisas e as práticas. Elas ainda estão invisíveis, talvez prestes a desaparecer, talvez fadadas ao sucesso. Nestas zonas de indeterminação onde o futuro é decidido, grupos de criadores marginais, apaixonados, empreendedores audaciosos tentam, com todas as suas forças, direcionar o devir. Nenhum dos principais atores institucionais — Estado ou empresas — planejou deliberadamente, nenhum grande órgão de mídia previu, tampouco anunciou, o desenvolvimento da informática pessoal, o das interfaces gráficas interativas para todos, o dos BBS[8] ou dos programas que sustentam as comunidades virtuais,[9] dos hipertextos[10] ou da World Wide Web,[11] ou ainda dos programas de criptografia pessoal inviolável.[12] Essas tecnologias, todas impregnadas de seus primeiros usos e dos projetos de seus criadores, nascidas no espírito de visionários, transmitidas pela efervescência de movimentos sociais e práticas de base, vieram de lugares inesperados para qualquer "tomador de decisões".

A aceleração das alterações técnicas e a inteligência coletiva

Se nos interessarmos sobretudo por seu significado para os homens, parece que, como sugeri anteriormente, o digital, fluido, em constante mutação, seja desprovido de qualquer essência estável. Mas, justamente, a velocidade de transformação é em si mesma uma cons-

[8] BBS (Bulletin Board System) é um sistema de comunicações do tipo comunitário, baseado em computadores conectados através da rede telefônica.

[9] Comunidade virtual é um grupo de pessoas se correspondendo mutuamente por meio de computadores interconectados.

[10] Hipertexto é um texto em formato digital, reconfigurável e fluido. Ele é composto por blocos elementares ligados por links que podem ser explorados em tempo real na tela. A noção de hiperdocumento generaliza, para todas as categorias de signos (imagens, animações, sons etc.), o princípio da mensagem em rede móvel que caracteriza o hipertexto.

[11] A World Wide Web é uma função da Internet que junta, em um único e imenso hipertexto ou hiperdocumento (compreendendo imagens e sons), todos os documentos e hipertextos que a alimentam.

[12] Para uma explicação mais detalhada sobre as questões relacionadas à criptografia, consultar, no capítulo XIV, sobre o conflito de interesses e as interpretações, a seção sobre o ponto de vista dos Estados.

tante — paradoxal — da cibercultura. Ela explica parcialmente a sensação de impacto, de exterioridade, de estranheza que nos toma sempre que tentamos apreender o movimento contemporâneo das técnicas. Para o indivíduo cujos métodos de trabalho foram subitamente alterados, para determinada profissão tocada bruscamente por uma revolução tecnológica que torna obsoletos seus conhecimentos e *savoir-faire* tradicionais (tipógrafo, bancário, piloto de avião) — ou mesmo a existência de sua profissão —, para as classes sociais ou regiões do mundo que não participam da efervescência da criação, produção e apropriação lúdica dos novos instrumentos digitais, para todos esses a evolução técnica parece ser a manifestação de um "outro" ameaçador. Para dizer a verdade, cada um de nós se encontra em maior ou menor grau nesse estado de desapossamento. A aceleração é tão forte e tão generalizada que até mesmo os mais "ligados" encontram-se, em graus diversos, ultrapassados pela mudança, já que ninguém pode participar ativamente da criação das transformações do conjunto de especialidades técnicas, nem mesmo seguir essas transformações de perto.

Aquilo que identificamos, de forma grosseira, como "novas tecnologias" recobre na verdade a atividade multiforme de grupos humanos, um devir coletivo complexo que se cristaliza sobretudo em volta de objetos materiais, de programas de computador e de dispositivos de comunicação. É o processo social em toda sua opacidade, é a *atividade dos outros*, que retorna para o indivíduo sob a máscara estrangeira, inumana, da técnica. Quando os "impactos" são negativos, seria preciso na verdade incriminar a organização do trabalho ou as relações de dominação, ou ainda a indeslindável complexidade dos fenômenos sociais. Da mesma forma, quando os "impactos" são tidos como positivos, evidentemente a técnica não é a responsável pelo sucesso, mas sim aqueles que conceberam, executaram e usaram determinados instrumentos. Neste caso, a qualidade do processo de apropriação (ou seja, no fundo, a qualidade das relações humanas) em geral é mais importante do que as particularidades sistêmicas das ferramentas, supondo que os dois aspectos sejam separáveis.

Resumindo, quanto mais rápida é a alteração técnica, mais nos parece vir do exterior. Além disso, o sentimento de estranheza cresce com a separação das atividades e a opacidade dos processos sociais. É aqui que intervém o papel principal da inteligência coletiva,[13] que

[13] Ver Pierre Lévy, *A inteligência coletiva*, São Paulo, Loyola, 1998.

é um dos principais motores da cibercultura. De fato, o estabelecimento de uma sinergia entre competências, recursos e projetos, a constituição e manutenção dinâmicas de memórias em comum, a ativação de modos de cooperação flexíveis e transversais, a distribuição coordenada dos centros de decisão, opõem-se à separação estanque entre as atividades, às compartimentalizações, à opacidade da organização social. Quanto mais os processos de inteligência coletiva se desenvolvem — o que pressupõe, obviamente, o questionamento de diversos poderes —, melhor é a apropriação, por indivíduos e por grupos, das alterações técnicas, e menores são os efeitos de exclusão ou de destruição humana resultantes da aceleração do movimento tecnossocial. O ciberespaço, dispositivo de comunicação interativo e comunitário, apresenta-se justamente como um dos instrumentos privilegiados da inteligência coletiva. É assim, por exemplo, que os organismos de formação profissional ou de ensino a distância desenvolvem sistemas de aprendizagem cooperativa em rede. Grandes empresas instalam dispositivos informatizados de auxílio à colaboração e à coordenação descentralizada (os "groupwares"). Os pesquisadores e estudantes do mundo inteiro trocam ideias, artigos, imagens, experiências ou observações em conferências eletrônicas organizadas de acordo com os interesses específicos. Informatas de todas as partes do planeta ajudam-se mutuamente para resolver problemas de programação. O especialista de uma tecnologia ajuda um novato enquanto um outro especialista o inicia, por sua vez, em um campo no qual ele tem menos conhecimentos...

A INTELIGÊNCIA COLETIVA,
VENENO E REMÉDIO DA CIBERCULTURA

O ciberespaço como suporte da inteligência coletiva é uma das principais condições de seu próprio desenvolvimento. Toda a história da cibercultura testemunha largamente sobre esse processo de retroação positiva, ou seja, sobre a automanutenção da revolução das redes digitais.[14] Este é um fenômeno complexo e ambivalente.

[14] Pode-se encontrar uma boa descrição desses processos retroativos em Joël de Rosnay, *L'Homme symbiotique*, Paris, Seuil, 1995.

Em primeiro lugar, o crescimento do ciberespaço não determina automaticamente o desenvolvimento da inteligência coletiva, apenas fornece a esta inteligência um ambiente propício. De fato, também vemos surgir na órbita das redes digitais interativas diversos tipos de formas novas...

— de isolamento e de sobrecarga cognitiva (estresse pela comunicação e pelo trabalho diante da tela);

— de dependência (vício na navegação ou em jogos em mundos virtuais);

— de dominação (reforço dos centros de decisão e de controle, domínio quase monopolista de algumas potências econômicas sobre funções importantes da rede etc.);

— de exploração (em alguns casos de teletrabalho vigiado ou de deslocalização de atividades no terceiro mundo);

— e mesmo de *bobagem coletiva* (rumores, conformismo em rede ou em comunidades virtuais, acúmulo de dados sem qualquer informação, "televisão interativa").

Além disso, nos casos em que processos de inteligência coletiva desenvolvem-se de forma eficaz graças ao ciberespaço, um de seus principais efeitos é o de acelerar cada vez mais o ritmo da alteração tecnossocial, o que torna ainda mais necessária a participação ativa na cibercultura, se não quisermos ficar para trás, e tende a excluir de maneira mais radical ainda aqueles que não entraram no ciclo positivo da alteração, de sua compreensão e apropriação.

Devido a seu aspecto participativo, socializante, descompartimentalizante, emancipador, a inteligência coletiva proposta pela cibercultura constitui um dos melhores remédios para o ritmo desestabilizante, por vezes excludente, da mutação técnica. Mas, neste mesmo movimento, a inteligência coletiva trabalha ativamente para a aceleração dessa mutação. Em grego arcaico, a palavra "pharmakon" (que originou "pharmacie", em francês) significa ao mesmo tempo veneno e remédio. Novo *pharmakon*, a inteligência coletiva que favorece a cibercultura é ao mesmo tempo um *veneno* para aqueles que dela não participam (e ninguém pode participar completamente dela, de tão vasta e multiforme que é) e um *remédio* para aqueles que mergulham em seus turbilhões e conseguem controlar a própria deriva no meio de suas correntes.

2.
A INFRAESTRUTURA TÉCNICA DO VIRTUAL

A EMERGÊNCIA DO CIBERESPAÇO

Os primeiros computadores (calculadoras programáveis capazes de armazenar os programas) surgiram na Inglaterra e nos Estados Unidos em 1945. Por muito tempo reservados aos militares para cálculos científicos, seu uso civil disseminou-se durante os anos 60. Já nessa época era previsível que o desempenho do hardware aumentaria constantemente. Mas que haveria um movimento geral de virtualização da informação e da comunicação, afetando profundamente os dados elementares da vida social, ninguém, com a exceção de alguns visionários, poderia prever naquele momento. Os computadores ainda eram grandes máquinas de calcular, frágeis, isoladas em salas refrigeradas, que cientistas em uniformes brancos alimentavam com cartões perfurados e que de tempos em tempos cuspiam listagens ilegíveis. A informática servia aos cálculos científicos, às estatísticas dos Estados e das grandes empresas ou a tarefas pesadas de gerenciamento (folhas de pagamento etc.).

A virada fundamental data, talvez, dos anos 70. O desenvolvimento e a comercialização do microprocessador (unidade de cálculo aritmético e lógico localizada em um pequeno chip eletrônico) dispararam diversos processos econômicos e sociais de grande amplitude.

Eles abriram uma nova fase na automação da produção industrial: robótica, linhas de produção flexíveis, máquinas industriais com controles digitais etc. Presenciaram também o princípio da automação de alguns setores do terciário (bancos, seguradoras). Desde então, a busca sistemática de ganhos de produtividade por meio de várias formas de uso de aparelhos eletrônicos, computadores e redes de comunicação de dados aos poucos foi tomando conta do conjunto das atividades econômicas. Esta tendência continua em nossos dias.

Por outro lado, um verdadeiro movimento social nascido na Califórnia na efervescência da "contracultura" apossou-se das novas possibilidades técnicas e inventou o computador pessoal. Desde então, o computador iria escapar progressivamente dos serviços de processamento de dados das grandes empresas e dos programadores profissionais para tornar-se um instrumento de criação (de textos, de imagens, de músicas), de organização (bancos de dados, planilhas), de simulação (planilhas, ferramentas de apoio à decisão, programas para pesquisa) e de diversão (jogos) nas mãos de uma proporção crescente da população dos países desenvolvidos.

Os anos 80 viram o prenúncio do horizonte contemporâneo da multimídia. A informática perdeu, pouco a pouco, seu status de técnica e de setor industrial particular para começar a fundir-se com as telecomunicações, a editoração, o cinema e a televisão. A digitalização penetrou primeiro na produção e gravação de músicas, mas os microprocessadores e as memórias digitais tendiam a tornar-se a infraestrutura de produção de todo o domínio da comunicação. Novas formas de mensagens "interativas" apareceram: este decênio viu a invasão dos videogames, o triunfo da informática "amigável" (interfaces gráficas e interações sensório-motoras) e o surgimento dos hiperdocumentos (hipertextos, CD-ROM).

No final dos anos 80 e início dos anos 90, um novo movimento sociocultural originado pelos jovens profissionais das grandes metrópoles e dos campi americanos tomou rapidamente uma dimensão mundial. Sem que nenhuma instância dirigisse esse processo, as diferentes redes de computadores que se formaram desde o final dos anos 70 se juntaram umas às outras enquanto o número de pessoas e de computadores conectados à inter-rede começou a crescer de forma exponencial. Como no caso da invenção do computador pessoal, uma corrente cultural espontânea e imprevisível impôs um novo curso ao desenvolvimento tecnoeconômico. As tecnologias digitais surgiram, então, como a infraestrutura do ciberespaço, novo espaço de comunicação, de sociabilidade, de organização e de transação, mas também novo mercado da informação e do conhecimento.

Neste estudo, não nos interessa a técnica em si. Contudo, é necessário expor as grandes tendências da evolução técnica contemporânea para abordar as mutações sociais e culturais que as acompanham. A esse respeito, o primeiro dado a levar em conta é o aumento exponencial das performances dos equipamentos (velocidade de cálculo, capacidade de memória, taxas de transmissão) combinado com uma baixa contínua nos preços. Em paralelo, no domínio do software têm havido melhorias conceituais e teóricas que exploram o aumento de potência do hardware. Os produtores de programas têm se dedicado à construção de um espaço de trabalho e de comunicação cada vez mais "transparente" e "amigável".

As projeções sobre os usos sociais do virtual devem integrar esse movimento permanente de crescimento de potência, de redução nos custos e de descompartimentalização. Tudo nos leva a crer que estas três tendências irão continuar no futuro. Em contrapartida, é impossível prever as mutações qualitativas que se aproveitarão desta onda, bem como a maneira pela qual a sociedade irá apropriar-se delas e alterá-las. É neste ponto que projetos divergentes podem confrontar-se, projetos indissoluvelmente técnicos, econômicos e sociais.

O TRATAMENTO

Do ponto de vista do equipamento, a informática reúne técnicas que permitem digitalizar a informação (entrada), armazená-la (memória), tratá-la automaticamente, transportá-la e colocá-la à disposição de um usuário final, humano ou mecânico (saída). Estas distinções são conceituais. Os aparelhos ou componentes concretos quase sempre misturam diversas funções.

Os órgãos de tratamento de informação ou "processadores", que hoje se encontram em chips, efetuam cálculos aritméticos e lógicos sobre os dados. Eles executam em grande velocidade e de forma extremamente repetitiva um pequeno número de operações muito simples sobre informações codificadas digitalmente. Das lâmpadas aos transistores, dos transistores aos circuitos integrados, dos circuitos integrados aos microprocessadores, os avanços muito rápidos no tratamento da informação beneficiaram-se de melhorias na arquitetura dos circuitos, dos progressos em eletrônica e física, das pesquisas aplicadas sobre materiais etc. Os processadores disponíveis tornam-se, a cada ano, menores, mais potentes,[1] mais confiáveis e mais baratos. Estes progressos, como no caso das memórias, têm características exponenciais. Por exemplo, a lei de Gordon-Moore (que tem se mostrado exata nos últimos 25 anos) prevê que, a cada dezoito meses, a evolução técnica permite dobrar a densidade dos microprocessadores em termos do

[1] A potência de cálculo é geralmente medida em milhões de instruções por segundo (MIPS).

número de operadores lógicos elementares. Ora, essa densidade traduz-se quase linearmente em velocidade e potência de cálculo. Podemos ainda ilustrar essa rapidez de evolução dizendo que a potência dos maiores supercomputadores de hoje estará disponível em um computador pessoal ao alcance da maior parte dos bolsos em dez anos.

A MEMÓRIA

Os suportes de gravação e leitura automáticas de informações são geralmente chamados de "memória". A informação digital pode ser armazenada em cartões perfurados, fitas magnéticas, discos magnéticos, discos óticos, circuitos eletrônicos, cartões com chips, suportes biológicos etc. Desde o início da informática, as memórias têm evoluído sempre em direção a uma maior capacidade de armazenamento, maior miniaturização, maior rapidez de acesso e confiabilidade, enquanto seu custo cai constantemente.

Os avanços das memórias são, assim como os das unidades de processamento, exponenciais: no interior do volume ocupado por um disco rígido de microcomputador de 10 megabytes[2] em 1983, podia-se armazenar 10 gigabytes de informação em 1993 — ou seja, mil vezes mais. Temos visto essa taxa de crescimento há trinta anos, e aparentemente irá continuar pelo menos até 2010 (quer dizer, até onde é possível prever).

De 1956 a 1996, os discos rígidos dos computadores multiplicaram por 600 sua capacidade de armazenamento e por 720 mil a densidade da informação armazenada. Em contrapartida, o custo do megabyte passou, no mesmo período, de 50 mil a 2 francos.[3]

A tecnologias de memória usam materiais e processos bastante variados. Futuras descobertas em física ou em biotecnologia, perseguidas ativamente em vários laboratórios, provavelmente levarão a progressos hoje inimagináveis.

---

[2] As capacidades de armazenamento dos suportes de memória são medidas em bits (unidade de codificação elementar: 0 ou 1) ou em bytes (8 bits). O byte corresponde ao espaço de memória necessário para codificar um caracter alfabético. Um kilobyte (Kb) = 1.000 bytes. Um megabyte (Mb) = 1.000.000 bytes. Um gigabyte (Gb) = 1.000.000.000 bytes.

[3] Fonte: IBM.

A transmissão

A transmissão de informações digitais pode ser feita por todas as vias de comunicação imagináveis. Pode-se transportar fisicamente os suportes (discos, disquetes etc.) por estrada, trem, barco ou avião. Mas a conexão direta, ou seja, em rede ou on-line ("em linha") é evidentemente mais rápida. A informação pode usar a rede telefônica clássica, contanto que seja modulada (codificada analogicamente de forma adequada) ao entrar na rede telefônica e desmodulada (redigitalizada) quando chegar a um computador ou outro equipamento digital na outra ponta do cabo. O aparelho que permite a modulação e desmodulação da informação digital, e que portanto permite a comunicação de dois computadores via telefone, chama-se "modem". Volumosos, caros e lentos nos anos 70, os modems passaram a ter, na metade dos anos 90, uma capacidade de transmissão superior à da linha telefônica de um usuário médio. De uso comum, os modems são hoje dispositivos miniaturizados e muitas vezes encontram-se integrados aos computadores na forma de placa ou circuito impresso.

As informações podem viajar diretamente em sua forma digital, através de cabos coaxiais de cobre, por fibras óticas ou por via hertziana (ondas eletromagnéticas) e portanto, como ocorre quando usam a rede telefônica, passar por satélites de telecomunicação.

Os progressos da função de transmissão (taxa de transferência, confiabilidade) dependem de diversos fatores. O primeiro destes é a capacidade de transmissão bruta. Neste campo, esperam-se melhorias sensacionais nas fibras óticas. Estão sendo feitas pesquisas atualmente, em vários laboratórios, sobre uma "fibra negra", canal ótico do qual um único fio, tão fino quanto um fio de cabelo, poderia conter todo o fluxo de mensagens telefônicas dos Estados Unidos no Dia das Mães (data em que há o maior tráfego na rede). Um equipamento mínimo com esta fibra negra teria mil vezes a capacidade de transmissão hertziana em todo o espectro de frequências.

O segundo fator de melhoria reside nas capacidades de *compressão* e de *descompressão* das mensagens. De fato, são os sons e as imagens em movimento que mais consomem capacidade de armazenamento e de transmissão. Alguns programas ou circuitos especializados em compressão podem analisar as imagens ou os sons para produzir simplificações ou descrições sintéticas dos mesmos, que chegam a ser milhares de vezes menos volumosas que sua codificação digital integral. Na outra ponta do canal de transmissão, um módulo de descompressão reconstrói a imagem ou o som a partir da descrição recebida, minimizando a perda de informação. Ao comprimir e descomprimir as mensagens, transfere-se uma parte das dificuldades de transmissão (e de gravação) para o tratamento que está se tornando, como acabo de dizer, cada vez mais barato e mais rápido.

O terceiro fator de melhoria na transmissão reside nos avanços em matéria de arquitetura global de sistemas de comunicação. Neste campo, o principal progresso é sem dúvida a generalização da *comutação por pacotes*. Esta arquitetura descentralizada, na qual cada nó da rede é "inteligente", foi concebida no final dos anos 50 em resposta a cenários de guerra nuclear, mas só começou a ser experimentada em escala natural no final dos anos 60, nos Estados Unidos. Neste sistema, as mensagens são recortadas em pequenas unidades do mesmo tamanho, os pacotes, cada um dos quais munido de seu endereço de partida, seu endereço de destino e sua posição na mensagem completa, da qual representa apenas uma parte. Computadores roteadores, distribuídos por toda a rede, sabem ler essas informações. A rede pode ser materialmente heterogênea (cabos, via hertziana, satélites etc.), basta que os roteadores saibam ler os endereços dos pacotes e que falem uma "linguagem" em comum. Se, em determinado ponto da transmissão, algumas informações desaparecerem, os roteadores podem pedir que o remetente as envie novamente. Os roteadores mantêm-se mutuamente informados, em intervalos regulares, sobre o estado da rede. Os pacotes podem, então, tomar caminhos diferentes de acordo com problemas de destruição, pane ou engarrafamento, mas serão finalmente reagrupados antes de chegarem a seu destinatário. Esse sistema é particularmente resistente a incidentes, porque é descentralizado e sua inteligência é "distribuída". Em 1997, funcionava apenas em algumas redes especializadas (entre as quais aquela que suporta a espinha dorsal da Internet), mas o padrão de comunicação ATM (Asynchronous Transfer Mode), que funciona de acordo com a comutação por pacotes, foi adotado pela União internacional das telecomunicações. No futuro, deve ser aplicado ao conjunto das redes de telecomunicação e prevê uma comunicação digital multimídia de alta capacidade.

Alguns números darão uma ideia dos progressos feitos no domínio das taxas de transmissão de informações. Nos anos 70, a rede Arpanet (ancestral da Internet), nos Estados Unidos, possuía nós que suportavam 56 mil bits por segundo. Nos anos 80, as linhas da rede que conectava os cientistas americanos podiam transportar 1,5 milhões de bits por segundo. Em 1992, as linhas da mesma rede podiam transmitir 45 milhões de bits por segundo (uma enciclopédia por minuto). Os projetos e pesquisas em desenvolvimento preveem a construção de linhas com a capacidade de muitas centenas de milhares de bits por segundo (uma grande biblioteca por minuto).

As interfaces

Usamos aqui o termo "interfaces" para todos os aparatos materiais que permitem a interação entre o universo da informação digital e o mundo ordinário.

Os dispositivos de entrada capturam e digitalizam a informação para possibilitar os processamentos computacionais. Até os anos 70, boa parte dos computadores eram alimentados com dados por meio de cartões perfurados. Desde então, o espectro de ações corporais ou de qualidades físicas que podem ser *diretamente* captadas por dispositivos computacionais aumentou: teclados que permitem a entrada de textos e o fornecimento de instruções aos computadores, o mouse por meio do qual é possível manipular "com a mão" as informações na tela, superfícies sensíveis à pressão dos dedos (tela sensível ao toque), digitalizadores automáticos de som (samplers), módulos de software capazes de interpretar a palavra falada, digitalizadores (ou scanners) de imagens e de textos, leitores óticos (de código de barras ou outras informações), sensores automáticos de movimentos do corpo (*datagloves* ou *datasuits*), dos olhos, das ondas cerebrais, de influxos nervosos (usados em algumas próteses), sensores de todos os tipos de grandezas físicas: calor, umidade, luz, peso, propriedades químicas etc.

Após serem armazenados, tratados e transmitidos sob a forma de números, os modelos abstratos são tornados visíveis, as descrições de imagens tornam-se de novo formas e cores, os sons ecoam no ar, os textos são impressos sobre papel ou exibidos na tela, as ordens dadas a autômatos são efetuadas por acionadores etc. A qualidade dos suportes de exibição ou de *saída* da informação é evidentemente determinante para os usuários dos sistemas de computadores e condiciona em grande parte seu sucesso prático e comercial. Até os anos 60, a maior parte dos computadores simplesmente não tinha monitores.

As primeiras telas exibiam apenas caracteres (letras e números). Hoje já dispomos de telas planas a cores em cristal líquido, e estão sendo feitos estudos para a comercialização de sistemas de exibição estereoscópica de imagens.

A evolução das interfaces de saída deu-se no sentido de uma melhoria da definição e de uma diversificação dos modos de comunicação da informação. No domínio visual, além das imagens na tela, a qualidade dos documentos impressos a partir de textos ou de imagens digitalizadas passou, em menos de dez anos, por um avanço considerável que, ao apagar a distinção entre impresso e manuscrito, transformou a relação com o documento escrito. No domínio sonoro, basta lembrar que a maioria dos alto-falantes difunde uma música armazenada (e muitas vezes produzida) digitalmente. Além disso, a síntese de voz a partir de textos progride rapidamente. No domínio das modalidades tácteis e proprioceptivas, o retorno de força[4] aplicado a manches, joysticks e outros controles manuais, ou mesmo a sensação de lisura ou rugosidade, ampliam a ilusão de realidade na interação com mundos virtuais.

Em termos de interfaces, há duas linhas paralelas de pesquisa e desenvolvimento em andamento. Uma delas visa a imersão através dos cinco sentidos em mundos virtuais cada vez mais realistas. A "realidade virtual" é usada, em particular, nos domínios militar, industrial, médico e urbanístico. Nesta abordagem das interfaces, o humano é convidado a passar para o outro lado da tela e a interagir de forma sensório-motora com modelos digitais.[5] Em outra direção de pesquisa,[6] chamada de "realidade ampliada", nosso ambiente físico natural é coalhado de sensores, câmeras, projetores de vídeo, módulos inteligentes, que se comunicam e estão interconectados a nosso serviço. Não estamos mais nos relacionando com um computador por meio de uma interface, e sim executamos diversas tarefas em um ambiente "natural" que nos fornece sob demanda os diferentes recursos de criação, informação e comunicação dos quais precisamos.

A maioria dos aparelhos de comunicação (telefone, televisão, copiadoras, fax etc.) trarão, de uma forma ou de outra, interfaces com

---

[4] No Brasil, usamos com mais frequência o termo *force feedback*. (N. do T.)

[5] Jaron Lanier é o principal expoente desta linha de pesquisa.

[6] Representada sobretudo por Bill Buxton.

o mundo digital e estarão interconectadas. Poderíamos dizer o mesmo de um número crescente de máquinas, de aparelhos de medição, de objetos "nômades" (PDAs — assistentes pessoais digitais —, telefones celulares etc.), de veículos de transporte individual etc. A diversificação e a simplificação das interfaces, combinadas com os progressos da digitalização, convergem para uma extensão e uma multiplicação dos pontos de entrada no ciberespaço.

Osmose de Char Davies

Setembro de 1995. Você participa do simpósio internacional das artes eletrônicas, que neste ano acontece em Montreal. A reserva para a visita foi feita com muitos dias de antecedência, para que fosse possível explorar Osmose, o mundo virtual de Char Davies, uma artista canadense. No momento marcado, chegando à cabine especialmente equipada no primeiro andar do Museu de Arte Contemporânea, você encontra uma pequena sala cheia de computadores, cabos e aparelhos eletrônicos de todos os tipos, onde um assistente o convida a subir em uma plataforma onde há um dispositivo infravermelho para captar seus movimentos. Ligeiramente assustado, uma parafernália razoavelmente pesada é colocada ao redor de seu peito. Depois, colocam em sua cabeça um capacete contendo óculos-telas estereoscópicos e fones de ouvido. "Para subir, inspire. Para descer, expire." O deslocamento através da respiração foi descoberto por Char Davies através do mergulho submarino, do qual ela é adepta fervorosa. "Para avançar, incline o corpo para frente. Para recuar, incline-o para trás. Você tem vinte minutos. Entendeu? Não está apertado demais?" Ainda que não se sinta exatamente confortável, você faz um sinal com a cabeça dizendo que está tudo bem.

Agora você se encontra lançado no espaço sideral. Uma música suave, flutuante, cósmica, acompanha a gravitação tranquila, o lento movimento giratório que o leva em direção ao planeta brilhante, bem abaixo, que é o seu destino. Você parece ter se tornado o feto que retorna à Terra no final de *2001, uma odisseia no espaço*, de Stanley Kubrick.

Em câmera lenta, entra no mundo em que é chamado a nascer, atravessando camadas de códigos de computador parecidas com nuvens, depois ventos de palavras e frases, para finalmente aterrissar no centro de uma clareira. A partir de agora, você controla seus movimentos. Primeiro sem jeito, depois com mais segurança, experimenta uma maneira estranha de deslocar-se. Inspirando profundamente, sobe acima da clareira. Animais parecidos com vaga-lumes, que dançavam nas proximidades da floresta, vêm escoltá-lo. Um pântano coberto por vitórias-régias e estranhas plantas aquáticas brilha sob seus olhos. Esse mundo é doce, orgânico, dominado por uma vegetação onipresente. Ao inclinar-se para frente, você vai em direção a uma grande árvore que parece constituir o eixo da clareira sagrada. Surpresa: ao entrar em contato com a casca da árvore, penetra no alburno e, como se fosse uma molécula dotada de sensações, toma os canais que carregam a seiva. Concentrando-se para inspirar profundamente, sobe pelo interior da árvore até chegar à folhagem. Cercado por cápsulas de clorofila de verde tenro, chega agora a uma folha onde assiste à complicada dança da fotossíntese. Saindo da folha, voa novamente sobre a clareira. Desce rumo ao pântano com profundas expirações. No caminho, cruza novamente uma revoada de vaga-lumes (ou seriam espíritos?) da qual emanam estranhos sons de sininhos distantes. Virando a cabeça, é possível vê-los afastarem-se rumo à floresta enquanto chegam, atenuados pela distância, os últimos ecos das sinetas celestiais. Agora você se encontra bem próximo à superfície do pântano, onde os reflexos e jogos de luz fazem com que permaneça algum tempo. Depois cruza a superfície da água. Um peixe com nadadeiras ondulantes o recebe no mundo aquático...

 Após visitar o pântano, atravessa o mundo da floresta, o mundo mineral, e depois um espaço estranho, listrado com linhas de escrita, que deve ser percorrido através de sua respiração e dos movimentos do peito para decifrar frases de filósofos: englobando a natureza, este é o mundo do discurso humano. Por fim, chega ao mundo da informática, povoado apenas por linhas de código. Pensa ter tempo de voltar para estes diferentes mundos, mas já está tomado por um movimento ascendente que o leva de forma calma, mas firme, a deixar o planeta Osmose. A vida neste universo possui apenas um tempo. Enquanto o globo no qual você existiu e sentiu, por um curto instante, afasta-se agora no fundo do espaço sideral, você lamenta não ter usado satisfatoriamente o período de imersão. Onde você irá reencarnar agora?

Os princípios que nortearam a concepção de Osmose são opostos aos que governam os videogames. Não é possível agir com as mãos. A postura de apreender, manipular ou combater encontra-se necessariamente contrariada. Ao contrário, para evoluir neste mundo vegetal e meditativo, você é levado a concentrar-se na respiração e nas sensações cinestésicas. É preciso *estar em osmose* com esta realidade virtual para conhecê-la. Movimentos bruscos ou rápidos não são eficazes. Por outro lado, comportamentos suaves e a atitude contemplativa são "recompensados". Em vez de cores fortes, os mundos da árvore, do pântano, da clareira e da floresta oferecem à vista um camafeu sutil de verdes e marrons que evocam mais as tinturas vegetais do que o cintilamento tecnológico das imagens geradas por computador. Osmose marca a saída das artes virtuais de sua matriz original de simulação "realista" e geométrica. Esta obra apresenta um desmentido marcante para aqueles que querem ver no virtual apenas a busca do "projeto ocidental e/ou machista de domínio da natureza e manipulação do mundo". Aqui, o virtual foi explicitamente concebido para incitar ao retiro, à autoconsciência, ao respeito à natureza, a uma forma "osmótica" de conhecimento e de relacionamento com o mundo.

A PROGRAMAÇÃO

O ciberespaço não compreende apenas materiais, informações e seres humanos, é também constituído e povoado por seres estranhos, meio textos meio máquinas, meio atores, meio cenários: os programas. Um programa, ou software, é uma lista bastante organizada de instruções codificadas, destinadas a fazer com que um ou mais processadores executem uma tarefa. Através dos circuitos que comandam, os programas interpretam dados, agem sobre informações, transformam outros programas, fazem funcionar computadores e redes, acionam máquinas físicas, viajam, reproduzem-se etc.

Os programas são escritos com o auxílio de linguagens de programação, códigos especializados para escrever instruções para processadores de computadores. Há um grande número de linguagens de programação com maior ou menor grau de especialização em determinadas tarefas. Desde o início da informática, engenheiros, matemáticos e linguistas trabalham para tornar as linguagens de programação o mais próximas possível da linguagem natural. Podemos distinguir entre as linguagens de programação herméticas e muito próximas da estrutura material do computador (linguagens de máquina, assemblers) e as linguagens de programação "avançadas", menos dependentes da estrutura do hardware e mais próximas do inglês, tais como Fortran, Lisp, Pascal, Prolog, C etc. Hoje há algumas linguagens de "quarta geração", que permitem a criação de programas por meio do desenho de esquemas e manipulação de ícones na tela. São criados ambientes de programação que fornecem "blocos" básicos de software prontos para montagem. O programador passa, portanto, menos tempo codificando e dedica a maior parte de seu esforço à concepção da arquitetura do software. Há "linguagens de autoria" que permitem que pessoas não especializadas criem por conta própria alguns programas simples, bases de dados multimídia ou programas pedagógicos.

Os programas

Os programas *aplicativos* permitem ao computador prestar serviços específicos a seus usuários. Vamos mostrar alguns exemplos clássicos. Alguns programas calculam automaticamente o pagamento dos empregados de uma empresa, outros emitem faturas para clientes ou permitem o gerenciamento de estoques, enquanto outros ainda são capazes de comandar máquinas em tempo real de acordo com informações fornecidas por sensores. Há sistemas especializados que permitem detectar a origem de panes ou dar conselhos financeiros. Como o próprio nome já diz, um editor de textos permite a redação, modificação e organização de textos. Uma planilha mostra uma tabela com números, mantém a contabilidade, ajuda a tomar decisões de ordem financeira ou monetária. Um gerenciador de bancos de dados permite a criação de um ou mais bancos de dados, a localização rápida da informação pertinente segundo diversas chaves de pesquisa, bem como a apresentação da informação de vários ângulos de acordo com as necessidades. Um programa gráfico possibilita que gráficos impecáveis sejam produzidos de forma simples. Um programa de comunicação permite o envio de mensagens e o acesso a informações armazenadas em outros computadores etc. Os programas aplicativos estão cada vez mais abertos à *personalização* evolutiva das funções, sem que seus usuários sejam obrigados a aprender a programar.

Os *sistemas operacionais* são programas que gerenciam os recursos dos computadores (memória, entrada e saída etc.) e organizam a mediação entre o hardware e o software aplicativo. O software aplicativo não se encontra, portanto, em contato direto com o hardware. É por isso que um mesmo aplicativo pode funcionar em diferentes tipos de hardware, desde que tenham o mesmo sistema operacional.

Se nem todos os dados são programas, por outro lado, todos os programas podem ser considerados como dados: devem ser acessados, arquivados e lidos pelos computadores. Sobretudo, eles mesmos podem ser objeto de cálculos, traduções, modificações ou simulações por parte de outros programas. Como um programa pode fazer o papel de uma coleção de dados a serem traduzidos ou tratados por outro programa, é possível colocar diversas camadas de programas entre o hardware e o usuário final. Este só se comunica diretamente com a última camada e não precisa conhecer a complexidade subjacente ao aplicativo que está manipulando ou a heterogeneidade da rede que percorre. Via de regra, quanto mais espesso for o "mil folhas" de programas que usamos, mais as redes serão transparentes e mais facilmente serão executadas as tarefas humanas.

Do computador ao ciberespaço

É desta forma que hoje navegamos livremente entre programas e hardware que antes eram incompatíveis. De fato, graças à adoção de padrões para programas e hardware, a tendência geral é o estabelecimento de espaços virtuais de trabalho e de comunicação descompartimentalizados, cada vez mais independentes de seus suportes. Note-se também o uso crescente de padrões descritivos da estrutura de documentos textuais (SGML[7]) ou multimídia (HTML,[8] Hi Time[9]), os quais permitem conservar intacta toda a informação, apesar das mudanças de suportes de programas e hardware. O padrão VRML[10] permite a exploração de *imagens tridimensionais interativas* na World Wide Web, por intermédio de qualquer máquina ligada à rede. O uso crescente do padrão VRML deixa prever a interconexão de mundos virtuais disponíveis na Internet e projeta o horizonte de um ciberespaço parecido com um imenso metamundo virtual heterogêneo, em transformação permanente, que conteria todos os mundos virtuais.

Durante muito tempo polarizada pela "máquina", anteriormente fragmentada pelos programas, a informática contemporânea — programas e hardware — está desconstruindo o computador em benefício de um espaço de comunicação navegável e transparente, centrado na informação.

Um computador é uma montagem particular de unidades de processamento, de transmissão, de memória e de interfaces para entrada e saída de informações. Mas computadores de marcas diferentes podem ser montados a partir de componentes quase idênticos, e computadores da mesma marca contêm peças de origens muito diferentes. Além disso, os componentes do hardware (sensores, memórias, processadores etc.) podem ser encontrados em outros lugares que não os computadores propriamente ditos: cartões inteligentes, terminais de bancos, robôs, motores, eletrodomésticos, automóveis, copiadoras, fax, câmeras de vídeo, telefones, rádios, televisões, até os nós das redes de comunicação... em qualquer lugar onde a informação digital seja processada automaticamente. Por último, e mais importante, um computador conectado ao ciberespaço pode recorrer às capacidades de memória e de cálculo de outros computadores da rede (que, por sua vez, fazem o mesmo), e também a diversos aparelhos distantes de leitura e exibição de informações. Todas as funções da informática são

---

[7] Standard Generalised Mark Up Language.

[8] Hypertext Mark Up Language.

[9] Hypermedia Time-Based Structuring Language.

[10] Virtual Reality Modeling Language. Note-se que o padrão VRML, atualmente usado na Web, organiza a exploração de modelos tridimensionais com o uso de um mouse, e não pela imersão com visores estereoscópicos e *datagloves*.

distribuíveis e, cada vez mais, distribuídas. O computador não é mais um centro, e sim um nó, um terminal, um componente da rede universal calculante. Suas funções pulverizadas infiltram cada elemento do tecnocosmos. No limite, há apenas um único computador, mas é impossível traçar seus limites, definir seu contorno. É um computador cujo centro está em toda parte e a circunferência em lugar algum, um computador hipertextual, disperso, vivo, fervilhante, inacabado: o ciberespaço em si.

3.
O DIGITAL OU A VIRTUALIZAÇÃO DA INFORMAÇÃO

O bezerro de ouro

Não muito longe da basílica onde se encontram os monumentos funerários dos antigos reis da França, em Saint-Denis, ocorre a cada dois anos uma manifestação consagrada às artes digitais: Artifices.

Em novembro de 1996, o principal artista convidado era Jeffrey Shaw, pioneiro das artes do virtual e diretor, na Alemanha, de um importante instituto destinado à criação nas "novas mídias".

Ao entrar na exposição, a primeira coisa que você veria seria a instalação "O bezerro de ouro". No meio da primeira sala, um pedestal claramente feito para receber uma estátua não sustenta nada além do vazio. A estátua está ausente. Um tela plana se encontra sobre uma mesa ao lado do pedestal. Ao pegá-la, você descobre que esta tela de cristal líquido comporta-se como uma "janela" para a sala: ao direcioná-la para as paredes ou teto, você vê uma imagem digital das paredes ou do teto. Ao apontá-la para a porta de entrada, aparece um modelo digital da porta. E quando a tela é virada na direção do pedestal, você é surpreendido por uma maravilhosa estátua, brilhante, magnificamente esculpida, do bezerro de ouro, o qual só "existe" virtualmente. Ao andar em volta do pedestal, mantendo a tela direcionada para o vazio acima dele, é possível admirar todos os ângulos do bezerro de ouro. Aproximando-se, ele aumenta; afastando-se, diminui. Se você levar a tela bem para cima do pedestal, entrará dentro do bezerro de ouro e descobrirá seu segredo: o interior é vazio. Só existe enquanto aparência, sobre a face externa, sem reverso, sem interioridade.

Qual o propósito desta instalação? Em primeiro lugar, é crítica: o virtual é o novo bezerro de ouro, o novo ídolo de nossos tempos. Mas também é clássica, pois a obra nos traz a percepção concreta da natureza de todos os ídolos: uma entidade que não está realmente presente, uma aparência sem consistência, sem interioridade. Aqui, o que se busca não é tanto a ausência de plenitude material, e sim o vazio de presença e de interioridade viva, subjetiva. O ídolo não tem existência por si mesmo, somente a que lhe é atribuída por seus adoradores. A relação com o ídolo é gerada pelo próprio dispositivo da instalação, uma vez que o bezerro de ouro só aparece graças à atividade do visitante.

Em um plano no qual os problemas estéticos juntam-se às interrogações espirituais, a instalação de Jeffrey Shaw questiona a noção de representação. Na verdade, o bezerro de ouro obviamente remete ao Segundo Mandamento, que proíbe não só a idolatria mas também a fabricação de imagens e estátuas "que tenham a forma daquilo que se encontra no céu, na terra ou nas águas". Podemos dizer que Jeffrey Shaw esculpiu uma estátua ou desenhou uma imagem? Seu bezerro de ouro é uma representação? Mas não há nada sobre o pedestal! A vida e a interioridade sensível daquilo que voa nos ares ou corre pelo solo não foram captadas por uma forma morta. Não é um bezerro, exaltado por uma matéria tida como preciosa, que a instalação coloca em cena, mas sim *o próprio processo da representação*. No lugar onde, em sentido estrito, há apenas o nada, a atividade mental e sensório-motora do visitante faz surgir uma imagem que, quando suficientemente explorada, acaba por revelar sua nulidade.

Este capítulo é dedicado às novas espécies de mensagens que proliferam nos computadores e nas redes de computadores, tais como hipertextos, hiperdocumentos, simulações interativas e mundos virtuais. Como vou tentar mostrar, a virtualidade, compreendida de forma muito geral, constitui o traço distintivo da nova face da informação. Uma vez que a *digitalização* é o fundamento técnico da virtualidade, uma explicação de seus princípios e funções virá após a apresentação da noção de *virtual* que inicia este capítulo.

Sobre o virtual em geral

A universalização da cibercultura propaga a copresença e a interação de quaisquer pontos do espaço físico, social ou informacional. Neste sentido, ela é complementar a uma segunda tendência fundamental, a virtualização.[1]

A palavra "virtual" pode ser entendida em ao menos três sentidos: o primeiro, técnico, ligado à informática, um segundo corrente e um terceiro filosófico.[2] O fascínio suscitado pela "realidade virtual" decorre em boa parte da confusão entre esses três sentidos. Na acepção filosófica, é virtual *aquilo que existe apenas em potência e não em ato*, o campo de forças e de problemas que tende a resolver-se em uma *atualização*. O virtual encontra-se antes da concretização efetiva ou formal (a árvore está *virtualmente* presente no grão). No sentido filosófico, o virtual é obviamente uma dimensão muito importante da realidade. Mas no uso corrente, a palavra virtual é muitas vezes empregada para significar a irrealidade — enquanto a "realidade" pressupõe uma efetivação material, uma presença tangível. A expressão "realidade virtual" soa então como um oxímoro, um passe de mágica misterioso. Em geral acredita-se que uma coisa deva ser ou real ou virtual, que ela não pode, portanto, possuir as duas qualidades ao mesmo tempo. Contudo, a rigor, em filosofia o virtual não se opõe ao real mas sim ao atual: virtualidade e atualidade são apenas dois modos diferentes da realidade. Se a produção da árvore está na essência do grão, então a virtualidade da árvore é bastante real (sem que seja, ainda, atual).

É virtual toda entidade "desterritorializada", capaz de gerar diversas manifestações concretas em diferentes momentos e locais determinados, sem contudo estar ela mesma presa a um lugar ou tempo em particular. Para usar um exemplo fora da esfera técnica, uma *palavra*

---

[1] Neste ponto, gostaria de remeter o leitor a minha obra *O que é o virtual*, São Paulo, Editora 34, 1996, que aborda a questão de um ponto de vista filosófico e antropológico.

[2] Ainda há outros sentidos para esta palavra em ótica, mecânica etc. Assinalo, além de meu livro *O que é o virtual?*, *op. cit.*, as fascinantes análises de René Berger em *L'Origine du futur*, Paris, Le Rocher, 1996, sobretudo no capítulo "Le virtuel jubilatoire", além da obra de Jean-Clet Martin, *L'Image virtuelle*, Paris, Kimé, 1996.

é uma entidade virtual. O vocábulo "árvore" está sempre sendo pronunciado em um local ou outro, em determinado dia numa certa hora. Chamaremos a enunciação deste elemento lexical de "atualização". Mas a palavra em si, aquela que é pronunciada ou atualizada em certo lugar, não está em lugar nenhum e não se encontra vinculada a nenhum momento em particular (ainda que ela não tenha existido desde sempre). Repetindo, ainda que não possamos fixá-lo em nenhuma coordenada espaçotemporal, o virtual é real. Uma palavra existe de fato. O virtual existe sem estar presente. Acrescentemos que as atualizações de uma mesma entidade virtual podem ser bastante diferentes umas das outras, e que o atual nunca é completamente predeterminado pelo virtual. Assim, de um ponto de vista acústico e também semântico, nenhuma atualização da palavra se parece exatamente com nenhuma outra, e há pronúncias (nascimentos de novas vozes) ou sentidos (invenções de novas frases) imprevisíveis que, no entanto, podem sempre aparecer. O virtual é uma fonte indefinida de atualizações.

A cibercultura encontra-se ligada ao virtual de duas formas: direta e indireta. Diretamente, a digitalização da informação pode ser aproximada da virtualização. Os códigos de computador inscritos nos disquetes ou discos rígidos dos computadores — invisíveis, facilmente copiáveis ou transferíveis de um nó a outro da rede — são quase virtuais, visto que são quase independentes de coordenadas espaçotemporais determinadas. No centro das redes digitais, a informação certamente se encontra *fisicamente situada* em algum lugar, em determinado suporte, mas ela também está *virtualmente presente em cada ponto da rede onde seja pedida*.

A informação digital (traduzida para 0 e 1) também pode ser qualificada de virtual na medida em que é inacessível enquanto tal ao ser humano. Só podemos tomar conhecimento direto *de sua atualização* por meio de alguma forma de exibição. Os códigos de computador, ilegíveis para nós, atualizam-se em alguns lugares, agora ou mais tarde, em textos legíveis, imagens visíveis sobre tela ou papel, sons audíveis na atmosfera.

Uma imagem que tenha sido observada durante a exploração de uma "realidade virtual" em geral não se encontrava gravada daquela forma em uma memória de computador. Na maioria das vezes, *foi calculada* em tempo real (no momento e a pedidos), a partir de uma matriz informacional que contém a descrição do mundo virtual. O computador sintetiza a imagem em função dos dados (constantes) dessa matriz e das informações (variáveis) a respeito da "posição" do explorador e de suas ações anteriores. Um mundo virtual — considerado como um conjunto de códigos digitais — é um *potencial de imagens*, enquanto uma determinada cena, durante uma imersão no mundo virtual, atualiza esse potencial em um contexto particular de uso. Essa dialética do potencial, do cálculo e da exibição contextual caracteriza a maioria dos documentos ou conjuntos de informações de suporte digital.

Indiretamente, o desenvolvimento das redes digitais interativas favorece outros movimentos de virtualização que não o da informação propriamente dita. Assim, a comunicação continua, com o digital, um movimento de virtualização iniciado há muito tempo pelas técnicas mais antigas, como a escrita, a gravação de som e imagem, o rádio, a televisão e o telefone. O ciberespaço encoraja um estilo de relacionamento quase independente dos lugares geográficos (telecomunicação, telepresença) e da coincidência dos tempos (comunicação assíncrona). Não chega a ser uma novidade absoluta, uma vez que o telefone já nos habituou a uma comunicação interativa. Com o correio (ou a escrita em geral), chegamos a ter uma tradição bastante antiga de comunicação recíproca, assíncrona e a distância. Contudo, apenas as particularidades técnicas do ciberespaço permitem que os membros de um grupo humano (que podem ser tantos quantos se quiser) se coordenem, cooperem, alimentem e consultem uma memória comum, e isto quase em tempo real, apesar da distribuição geográfica e da diferença de horários. O que nos conduz diretamente à virtualização das *organizações* que, com a ajuda das ferramentas da cibercultura, tornam-se cada vez menos dependentes de lugares determinados, de horários de trabalho fixos e de planejamentos a longo prazo. Da mesma forma, ao continuar no ciberespaço, as transações econômicas e financeiras acentuam ainda mais o caráter virtual que possuem desde a invenção da moeda e dos bancos.

Resumindo, a extensão do ciberespaço acompanha e acelera uma virtualização geral da economia e da sociedade. Das substâncias e dos objetos, voltamos aos processos que os produzem. Dos territórios, pulamos para a nascente, em direção às redes móveis que os valorizam e os desenham. Dos processos e das redes, passamos às competências e aos cenários que as determinam, mais virtuais ainda. Os suportes de inteligência coletiva do ciberespaço multiplicam e colocam em sinergia as competências. Do design à estratégia, os cenários são alimentados pelas simulações e pelos dados colocados à disposição pelo universo digital.

Ubiquidade da informação, documentos interativos interconectados, telecomunicação recíproca e assíncrona em grupo e entre grupos: as características virtualizante e desterritorializante do ciberespaço fazem dele o vetor de um universo aberto. Simetricamente, a extensão de um novo espaço universal dilata o campo de ação dos processos de virtualização.

O DIGITAL

Digitalizar uma informação consiste em traduzi-la em números. Quase todas as informações podem ser codificadas desta forma. Por exemplo, se fizermos com que um número corresponda a cada letra do alfabeto, qualquer texto pode ser transformado em uma série de números.

Uma imagem pode ser transformada em pontos ou pixels (*picture elements*). Cada um destes pontos pode ser descrito por dois números que especificam suas coordenadas sobre o plano e por outros três números que analisam a intensidade de cada um dos componentes de sua cor (vermelho, azul e verde por síntese aditiva). Qualquer imagem ou sequência de imagens é portanto traduzível em uma série de números.

Um som também pode ser digitalizado se for feita uma amostragem, ou seja, se forem tiradas medidas em intervalos regulares (mais de 60 mil vezes por segundo, a fim de capturar as altas frequências). Cada amostra pode ser codificada por um número que descreve o sinal sonoro no momento da medida. Qualquer sequência sonora ou musical pode ser, portanto, representável por uma lista de números.

As imagens e os sons também podem ser digitalizados, não apenas ponto a ponto ou amostra por amostra mas também, de forma mais econômica, a partir de descrições das estruturas globais das mensagens iconográficas ou sonoras. Para tanto, usamos sobretudo funções senoidais para o som e funções que geram figuras geométricas para as imagens.

Em geral, não importa qual é o tipo de informação ou de mensagem: se pode ser explicitada ou medida, pode ser traduzida digitalmente.[3] Ora, todos os números podem ser expressos em linguagem binária, sob forma de 0 e 1. Portanto, no limite, todas as informações podem ser representadas por esse sistema. Há três motivos pelos quais essa binarização interessa.

Por um lado, há dispositivos técnicos bastante diversos que podem gravar e transmitir números codificados em linguagem binária. De fato, os números binários podem ser representados por uma grande variedade de dispositivos de dois estados (aberto ou fechado, plano ou furado, negativo ou positivo etc.). É assim que os *dígitos* circulam nos fios elétricos, informam circuitos eletrônicos, polarizam fitas magnéticas, se traduzem em lampejos nas fibras óticas, microssulcos nos discos óticos, se encarnam em estruturas de moléculas biológicas etc.

A seguir, as informações codificadas digitalmente podem ser transmitidas e copiadas quase indefinidamente *sem perda de informação*, já que a mensagem original pode ser quase sempre reconstituída integralmente apesar das degradações causadas pela transmissão (telefônica, hertziana) ou cópia. O que não é, evidentemente, o caso dos sons e imagens gravados de forma analógica, os quais se degradam irremediavelmente a cada nova cópia ou transmissão. A codificação analógica de uma informação estabelece uma relação proporcional entre um certo parâmetro da informação a ser traduzida e um certo parâmetro da informação traduzida. Por exemplo, o volume de um som será codificado pela intensidade de um sinal elétrico (ou a criação de um sulco em um disco de vinil): quanto maior o volume, mais intenso o sinal elétrico (ou mais fundo o sulco). A informação analógica é, portanto, representada por uma *sequência contínua de valores*. Por outro lado, a informação digital usa apenas dois valores, nitidamente diferenciados, o que torna a reconstituição da informação danificada incomparavelmente mais simples, graças a diversos processos de controle da integridade das mensagens.

---

[3] Por exemplo, uma imagem será decomposta em pixels. Cada pixel de uma imagem a cores é representado em um computador por cinco números: dois números para as coordenadas do ponto e três números para a intensidade de cada uma das três componentes elementares da cor. Essa codificação pode gerar perdas de informação. Quanto mais fino for o "grau de resolução" da codificação, menos perdas haverá. Por exemplo, uma imagem pode ser codificada em 256 pixels (256 x 5 números), ou em 1.024 pixels (1.024 x 5 números). A perda de informação será menor no segundo caso. A partir de um certo grau de resolução, contudo, a perda de informação não é mais perceptível por seres humanos.

Por último, o mais importante, os números codificados em binário podem ser objeto de cálculos aritméticos e lógicos executados por circuitos eletrônicos especializados. Mesmo se falamos muitas vezes de "imaterial" ou de "virtual" em relação ao digital, é preciso insistir no fato de que os processamentos em questão são sempre operações físicas elementares sobre os representantes físicos dos 0 e 1: apagamento, substituição, separação, ordenação, desvio para determinado endereço de gravação ou canal de transmissão.

Após terem sido tratadas, as informações codificadas em binário vão ser traduzidas (automaticamente) no sentido inverso, e irão manifestar-se como textos legíveis, imagens visíveis, sons audíveis, sensações tácteis ou proprioceptivas, ou ainda em ações de um robô ou outro mecanismo.

Mas por que há uma quantidade crescente de informações sendo digitalizadas e, cada vez mais, sendo *diretamente produzidas nesta forma* com os instrumentos adequados? A principal razão é que a digitalização permite um tipo de tratamento de informações eficaz e complexo, impossível de ser executado por outras vias.

PROCESSAMENTO AUTOMÁTICO, RÁPIDO,
PRECISO, EM GRANDE ESCALA

A informação digitalizada pode ser processada automaticamente, com um grau de precisão quase absoluto, muito rapidamente e em grande escala quantitativa. Nenhum outro processo a não ser o processamento digital reúne, *ao mesmo tempo*, essas quatro qualidades. A digitalização permite o controle das informações e das mensagens "bit a bit", número binário a número binário, e isso na velocidade de cálculo dos computadores.

Comecemos com um exemplo simples, um romance de trezentas páginas digitalizado. Por meio de um programa de processamento de textos, posso ordenar a meu computador que substitua todas as ocorrências de "Durand" por "Dupont". O computador executará a ordem em poucos segundos. Em meu disco rígido, a memória magnética permanente do computador onde as informações estão codificadas em binário, todos os nomes foram alterados quase instantaneamente. Se o texto tivesse sido impresso, a mesma operação levaria, necessariamente, muito mais tempo. Posso também inverter a ordem de dois capítulos e alterar a numeração das páginas em poucos segundos. Posso mudar a fonte dos caracteres, enquanto essa mesma operação com caracteres de chumbo exigiria uma nova composição do texto, e assim por diante.

Tomemos agora os sons. Uma vez que um trecho tocado ao violino, por exemplo, tenha sido digitalizado, programas específicos de processamento de áudio permitem que o andamento seja retardado ou acelerado sem modificar as frequências dos sons (graves e agudos). Também é possível isolar o timbre do instrumento e usá-lo para tocar outra melodia. Podemos, tocando o mesmo trecho, calcular (e reproduzir) uma transição contínua do timbre do violino para o de um piano. Também neste caso, temos resultados praticamente impossíveis de se obter de forma rápida e automática fora do processamento digital.

Vamos terminar com alguns exemplo na manipulação de imagens. Se um filme for digitalizado, programas especializados podem transformar automática e quase instantaneamente a cor de uma flor ou de um vestido em todas as imagens do filme. Em uma foto digitalizada, o tamanho de um objeto pode ser reduzido em 17%, por exemplo, sem que sua forma seja modificada. Caso seja uma representação em três dimensões, podemos calcular automaticamente uma nova perspectiva quando o ponto de vista da cena for girado em nove graus para a esquerda... e todas essas operações podem ser efetuadas quase imediatamente.

Mais uma vez, é porque as informações estão codificadas como números que podemos manipulá-las com tamanha facilidade: os números estão sujeitos a cálculos, e computadores calculam rápido.

As informações podem não só ser tratadas automaticamente, mas também produzidas dessa forma. Alguns sintetizadores musicais emitem sons que resultam de uma amostragem de sons naturais, enquanto outros fazem vibrar os alto-falantes por meio de modelos físicos do som a ser produzido, ou mesmo de uma descrição matemática das vibrações do instrumento a ser imitado. Da mesma forma, há filmes digitais que não provêm do tratamento de uma imagem desenhada à mão ou captada por uma câmera, mas de modelos geométricos dos volumes a serem representados, das leis da refração da luz, de funções que descrevem os movimentos dos personagens ou da câmera virtual etc. Programas de *síntese*, incorporando modelos formais dos objetos a seres simulados, fazem com que os computadores calculem sons ou imagens.

Desmaterialização ou virtualização?

A digitalização pode ser considerada como "desmaterialização" da informação? Para entender melhor o que está em questão, pensemos em um exemplo. Começamos pegando um fotografia de uma cerejeira florida, obtida pela captura ótica da imagem e da reação química com cloreto de prata. Digitalizamos a foto com a ajuda de um scanner. Ela encontra-se agora sob a forma de números no disco rígido do computador. Em um sentido, a foto foi "desmaterializada", já que a série de números é uma *descrição* muito precisa da foto da cerejeira florida e não mais uma imagem bidimensional. Contudo, a descrição em si não pode subsistir sem um suporte físico: ocupa uma porção determinada do espaço, requer um material de inscrição, todo um maquinário que custa e pesa, necessita de uma certa energia física para ser gravada e restituída. Pois podemos fazer com que o computador traduza em imagem visível essa descrição codificada sobre diversos tipos de suportes, por exibição na tela, impressão ou outros processos.[4] A codificação digital da imagem da cerejeira florida não é "imaterial" no sentido próprio, mas ocupa menos espaço e pesa menos que uma foto sobre papel; precisamos de menos energia para modificar ou falsear a imagem digital do que a imagem em prata. Mais fluida, mais volátil, a gravação digital ocupa uma posição muito particular na sucessão das imagens, anterior a sua manifestação visível, não irreal nem imaterial, mas *virtual*.

A partir de um só negativo, a foto clássica já pode ser ampliada, retocada, revelada e reproduzida em grande número de exemplares. Qual o ganho trazido pela digitalização? Onde se encontra a diferença qualitativa? Não apenas a imagem digitalizada pode ser modificada com mais facilidade, mas sobretudo pode tornar-se visível *de acordo com outras modalidades que não a reprodução em massa*. Por exemplo, através dos programas de computador adequados, a cerejeira poderá ser exibida com ou sem folhas de acordo com a estação, em um tamanho diferente de acordo com o local do jardim onde a colocar-

---

[4] Note-se que nem mesmo a foto, enquanto objeto material de papel, comporta de fato a imagem: não é uma cerejeira florida nem para a formiga que caminha sobre ela nem para o rato que rói o papel. A rigor, trata-se de um suporte físico de pigmentos, cuja disposição é interpretada como uma cerejeira florida por nossa mente ou, se quisermos, pelos "cálculos" de nosso sistema nervoso central.

mos, ou ainda a cor das flores — funcionando como sinal — dependerá do percurso anterior da pessoa que consulta a imagem, e assim por diante.

Contemplemos ainda uma vez a imagem da cerejeira florida. Pode ter sido desenhada, fotografada ou digitalizada a partir de uma foto clássica e depois retocada em computador. Pode ainda ter sido inteiramente sintetizada através de um programa. Se considerarmos o computador como uma ferramenta para tratar ou produzir esta imagem, ele nada mais é do que um instrumento a mais, cuja eficácia e graus de liberdade são superiores aos do pincel e da máquina fotográfica. A imagem enquanto tal, ainda que produzida por computador, não possui nenhum estatuto ontológico ou propriedade estética fundamentalmente diferente de qualquer outro tipo de imagem. Contudo, se considerarmos não mais uma única imagem (ou um único filme), mas o conjunto de todas as imagens (ou de todos os filmes), diferentes umas das outras, que poderiam ter sido produzidas automaticamente por um computador a partir do mesmo engrama numérico, penetramos em um novo universo de geração dos signos. A partir de um estoque de dados iniciais, de uma coleção de descrições ou modelos, um programa pode calcular um número indefinido de diferentes manifestações visíveis, audíveis ou tangíveis, de acordo com a situação presente ou as necessidades dos usuários. O computador, então, não é apenas uma ferramenta a mais para a produção de textos, sons e imagens, é antes de mais nada um operador de *virtualização da informação*.

Hiperdocumentos

Um CD-ROM (Compact-Disc Read Only Memory) ou um CD-I (Compact-Disc Interactive) são suportes de informação digital com leitura a laser. Contêm sons, textos e imagens (fixas ou em movimento) que são exibidos em telas de computador no caso dos CD-ROMs, ou em televisões no caso dos CD-I (com a utilização de equipamento especial). Quem consulta um CD-ROM "navega" pelas informações, passa de uma página-tela ou de uma sequência animada para outra indicando com um simples gesto os temas de interesse ou as linhas de leitura que deseja seguir. Esta navegação é feita por meio de "cliques" executados com o mouse sobre ícones na tela, apertando uma tecla do teclado, manipulando um controle remoto ou acionando joysticks quando se trata de jogos. Enciclopédias, títulos com temas artísticos, musicais ou lúdicos, os CD-ROMs são as formas de hiperdocumento mais conhecidas do público no final dos anos 90. Os CD-ROMs (capazes de conter o texto de uma enciclopédia de trinta volumes) serão em breve substituídos pelos DVD (Digital Video Disc),[5] cuja memória, seis vezes superior, poderá comportar um filme de vídeo em "tela cheia".

Se tomarmos a palavra "texto" em seu sentido mais amplo (que não exclui nem sons nem imagens), os hiperdocumentos também podem ser chamados de hipertextos. A abordagem mais simples do hipertexto é descrevê-lo, em oposição a um texto linear, como um texto estruturado em rede. O hipertexto é constituído por nós (os elementos de informação, parágrafos, páginas, imagens, sequências musicais etc.) e por links entre esses nós, referências, notas, ponteiros, "botões" indicando a passagem de um nó a outro.

Um romance é percorrido, em princípio, da primeira à última linha, um filme da primeira à última imagem. Mas como ler uma enciclopédia? Pode-se começar consultando o sumário ou o índice remissivo, que nos remete a um ou mais artigos. No final de um artigo, são mencionados outros artigos correlacionados etc. Cada qual entra nesta "navegação" de acordo com os assuntos de seu interesse, e caminha de forma original na soma das informações, usando as ferramentas de orientação que são os dicionários, léxicos, sumário, índice remissivo, atlas, tabela de números e índice de tópicos que são, em si mesmos, pequenos hipertextos. Mantendo ainda a definição de "texto em rede" ou de rede de documentação, uma biblioteca pode ser considerada como um hipertexto. Nesse caso, a ligação entre os volumes é mantida pelas remissões, as notas de pé de página, as citações e as bibliografias. Fichários e catálogos constituem os instrumentos de navegação global na biblioteca.

Entretanto, o suporte digital traz uma diferença considerável em relação aos hipertextos que antecedem a informática: a pesquisa nos sumários, o uso dos instrumentos de orientação, a passagem de um nó a outro são feitos, no computador, com grande rapidez, da ordem de alguns segundos. Por outro lado, a digitalização permite a associa-

---

[5] Não existe, na verdade, um consenso sobre o significado da sigla DVD, que tanto pode ser Digital Versatile Disc, mais comum, como Digital Video Disc, conforme diz o autor. (N. do T.)

ção na mesma mídia e a mixagem precisa de sons, imagens e textos. De acordo com esta primeira abordagem, o hipertexto digital seria definido como informação multimodal disposta em uma rede de navegação rápida e "intuitiva". Em relação às técnicas anteriores de ajuda à leitura, a digitalização introduz uma pequena revolução copernicana: não é mais o navegador que segue os instrumentos de leitura e se desloca fisicamente no hipertexto, virando as páginas, deslocando volumes pesados, percorrendo a biblioteca. Agora é um texto móvel, caleidoscópico, que apresenta suas facetas, gira, dobra-se e desdobra-se à vontade frente ao leitor.

Está sendo inventada hoje uma nova arte da edição e da documentação, que tenta explorar ao máximo essa nova velocidade de navegação entre as massas de informação que são condensadas em volumes cada vez menores.

De acordo com uma segunda abordagem, complementar, a tendência contemporânea à hipertextualização dos documentos pode ser definida como uma tendência à indeterminação, à mistura das funções de leitura e de escrita. Pensemos inicialmente a coisa do ponto de vista do leitor. Se definirmos um hipertexto como um espaço de percurso para leituras possíveis, um texto aparece como uma leitura particular de um hipertexto. O navegador participa, portanto, da *redação* do texto que lê. Tudo se dá como se o autor de um hipertexto constituísse *uma matriz de textos potenciais*, o papel dos navegantes sendo o de realizar alguns desses textos colocando em jogo, cada qual à sua maneira, a combinatória entre os nós. O hipertexto opera a virtualização do texto.

O navegador pode tornar-se autor de maneira mais profunda do que ao percorrer uma rede preestabelecida: ao participar da estruturação de um texto. Não apenas irá escolher quais links preexistentes serão usados, mas irá criar novos links, que terão um sentido para ele e que não terão sido pensados pelo criador do hiperdocumento. Há sistemas igualmente capazes de gravar os percursos e reforçar (tornar mais visíveis, por exemplo) ou enfraquecer os links de acordo com a forma pela qual são percorridos pela comunidade de navegadores.

Finalmente, os leitores podem não apenas modificar os links, mas também acrescentar ou modificar nós (textos, imagens etc.), conectar um hiperdocumento a outro e dessa forma transformar em um único documento dois hipertextos que antes eram separados ou, de acordo com o ponto de vista, traçar links hipertextuais entre um grande número de documentos. Atente-se para o fato de que essa prática encontra-

-se hoje em pleno desenvolvimento na Internet, sobretudo na Web.[6] Nestas duas últimas modalidades de navegação, os documentos não se encontram mais fixados em um CD-ROM, mas são acessíveis on-line para uma comunidade de pessoas. Quando o sistema de visualização em tempo real da estrutura do hipertexto (ou sua cartografia dinâmica) é bem concebido, ou quando a navegação pode ser efetuada de forma natural e intuitiva, os hiperdocumentos abertos acessíveis por meio de uma rede de computadores são poderosos instrumentos de *escrita-leitura coletiva*.

Do ponto de vista do autor, agora, constatemos que as grandes massas de informação reunidas pelos hiperdocumentos provêm de fontes bastante diversas. O corte e a estruturação dessas informações em rede podem ser considerados como uma de suas "leituras" possíveis.

A *atualidade do virtual*

Plano: a imagem de vídeo mostra uma jovem em carne e osso soprando uma espécie de apito. Contraplano: na tela, as sementes de uma flor de dente-de-leão em imagem de computação gráfica destacam-se da extremidade do caule e voam aos quatro ventos. Plano: a jovem continua soprando no mesmo dispositivo. Contraplano: na tela do computador, uma pluma em imagens de computação gráfica flutua suavemente ao sabor das correntes de ar virtuais modeladas por Edmont Couchot, Michel Bret e Marie-Hélène Tramus.

O CD-ROM *Actualité du virtuel*,[7] publicado pela *Revue Virtuelle* do centro Pompidou[8] define o estado atual das realizações e da reflexão a respeito das artes digitais, in-

---

[6] Em sentido estrito, essa "prática" *só é possível* na Web, uma vez que a Internet, em si, é apenas o suporte físico para a informação. Quase todos os outros serviços hoje utilizados na Internet e que não fazem parte da Web (ou seja, não usam HTML, como é o caso do FTP ou do mIRC) não permitem a estruturação de hipertextos de forma alguma. (N. do T.)

[7] Para maiores informações sobre esse CD-ROM, consulte <http://www.cnac-gp.fr/editions/index-cat.htm>. (N. do T.)

[8] <http://www.cnac-gp.fr/> (N. do T.)

terativas e em rede. Nele estão reunidas as 25 conferências que foram proferidas no âmbito da revista entre 1992 e 1996, assim como 155 trechos de obras e dispositivos interativos apresentados ao público.

As imagens de Karl Sims são animadas por meio de programas de "vida artificial" que simulam o crescimento, as mutações genéticas e as interações de populações imaginárias. Fibrilações, expansões de formas, propagações de cores e intensidades, surgimento de figuras imprevistas animam os quadrados de um estranho quadro que não é nunca o mesmo e que reage, em tempo real, aos estímulos tácteis do espectador-interagente.

Anne-Marie Duguet explica as afinidades profundas que unem as artes virtuais à videoarte e às pesquisas dos últimos cinquenta anos sobre "instalações". Há quem creia que a arte digital é nova porque a técnica o é, enquanto outros denunciam uma mistificação. A palavra "mistificação" torna-se vermelha quando o cursor passa sobre a linha onde ela se encontra. Ao clicar sobre essa palavra escarlate, ela torna-se azul. Aparecem então, no alto da tela, os títulos dos parágrafos onde está presente a noção de mistificação em outras conferências. Clicando sobre o nome de um parágrafo cujo autor é Jean-Baptiste Barrière, do Ircam,[9] seu texto é apresentado na tela. As obras virtuais estão à procura de uma nova "arte total" ou os artistas que usam recursos digitais conseguem apenas dar à luz videogames melhorados? À esquerda, é possível deslocar-se rapidamente pelo texto através da coluna de resumo. Na extrema esquerda aparece a borda de uma imagem interativa que ilustra o texto e que pode ser trazida para o centro da tela.

Frente à face digital programada por Keith Waters, a primeira pergunta é: como reagir. Tomando coragem, você decide deslocar a mãozinha que substitui o cursor sobre a face sintetizada. Surpresa: a face franze as sobrancelhas e tenta desesperadamente, através de gestos frenéticos, livrar-se do contato embaraçoso que você lhe impõe. As reações

---

[9] Institut de Recherche et Coordination Acoustique/Musique (<http://www.ircam.fr>). (N. do T.)

não são as mesmas caso você "faça cócegas" nos olhos, nariz ou boca.

Voltando ao texto de Jean-Baptiste Barrière, você segue o link hipertextual que leva a uma conferência de Alain Le Diberder sobre videogames, também ilustrada fartamente. No caminho, você clica em "Glossário", fazendo com que sejam exibidas em azul marinho todas as palavras do parágrafo para as quais há uma definição contextualizada e bastante didática. Basta clicar em uma das palavras para ver a explicação. Da conferência de Alain Le Diberder, você vai para a de Florian Roetzer, que explica como os videogames estão em sintonia com as novas competências cognitivas necessárias para as novas formas de trabalho: velocidade, capacidade de manipulação de modelos complexos, descoberta de regras não explícitas por meio de exploração etc.

Em quase toda a parte, as ilustrações desdobram o tema da interatividade. Em um exemplo, um quadro se transforma em função do deslocamento do olhar do observador (a imagem da face do espectador é captada por uma câmera oculta e analisada por um programa). Em outro, explora-se um ambiente segurando na mão uma grande bola semelhante ao globo ocular. O dispositivo "enxerga" como se tivéssemos um olho na extremidade da mão. Em um terceiro exemplo, atua-se sobre os movimentos de um enxame de borboletas em computação gráfica, deslocando o facho de uma lanterna sobre a superfície de projeção da imagem.

Seguindo os links hipertextuais, você chega ao texto de David Le Breton, que acredita que as tecnologias virtuais fazem com que o corpo desapareça, ou então o reificam, e que são apenas a continuação do velho projeto ocidental, machista e judaico-cristão de dominação da natureza. Claramente, David Le Breton não explorou *Osmose*. Na parte inferior da tela, as faces de alguns conferencistas são exibidas por alguns segundos, substituídas em seguida por outras faces de conferencistas. Ao clicar sobre a face de Derrick de Kerckhove, com curiosidade, sua voz gravada explica que as tecnologias do virtual e da telepresença estendem e exaltam o sentido do toque. Algo que contradiz o que você acabara de ler. O CD-ROM foi organizado de forma a simular uma espécie de conversa fictícia entre os conferencistas, cada um citando exemplos que apoiam suas teses, enquanto o navegador permanece mestre do ritmo e dos rumos dessa conversa virtual, mestre do degelo desse discurso plural gravado em disco. Para que os exploradores não andem em círculos, os links já seguidos não são exibidos novamente na mesma sessão de consulta.

A imagem de um homem se transforma progressiva e imperceptivelmente na imagem de um macaco: *morphing*. O digital é o meio das metamorfoses.

Voxelmann, o atlas anatômico virtual, permite a obtenção de todos os cortes imagináveis sobre o modelo digital de um corpo. Incrível a complexidade dos seios.

Five Into One, a cidade virtual de Matt Mulican, coloca no espaço tridimensional um conceito filosófico, uma cosmologia abstrata. A imagem virtual anuncia uma passagem para o sensível do mundo das ideias?[10]

O bordo japonês modelado pelo Centro Internacional de Pesquisas sobre Agricultura e Desenvolvimento (Cirad) surge primeiro em seu aspecto invernal, com o vento soprando na trilha sonora. Depois os brotos nascem, os galhos são cobertos por um verde tenro, os pássaros gorjeiam. A folhagem se torna mais abundante, mais densa, seu verde escurece, enquanto ressoa o coaxar dos sapos, característico das noites de verão. Finalmente as folhas ficam amarelas, vermelhas, caem, e chega de novo o inverno. Poesia simples das estações, atraente contração do tempo evocada pela computação gráfica.

O autor ou, na maioria dos casos, a equipe de criação usam além disso máquinas, programas e características de interfaces preexistentes na constituição de seu hiperdocumento. Este resulta de uma navegação particular entre informações, materiais, programas disponíveis. O hiperdocumento editorado, portanto, é em si mesmo um percurso em meio a um hiperdocumento mais vasto e mais vago.

[10] Que a imagem virtual seja a passagem para o sensível do mundo das ideias postulado pela filosofia, esta é uma das teses do interessante livro de Jean-Clet Martin, *op. cit.*

A escrita e a leitura trocam seus papéis. Aquele que participa da estruturação de um hipertexto, do traçado pontilhado das possíveis dobras do sentido, já é um leitor. Simetricamente, aquele que atualiza um percurso, ou manifesta determinado aspecto da reserva documental, contribui para a redação, finaliza temporariamente uma escrita interminável. Os cortes e remissões, os caminhos de sentidos originais que o leitor inventa podem ser incorporados à própria estrutura dos corpus. Com o hipertexto, toda leitura é uma escrita potencial.

Multimídia ou unimídia?

A palavra "multimídia" gera tanta confusão que é necessário, antes de falarmos desse assunto, definir algumas palavras-chave do universo da informação e da comunicação.

A *mídia* é o suporte ou veículo da mensagem. O impresso, o rádio, a televisão, o cinema ou a Internet, por exemplo, são mídias.

A recepção de uma mensagem pode colocar em jogo diversas *modalidades perceptivas*. O impresso coloca em jogo sobretudo a visão, em segundo lugar o tato. Desde que o cinema é falado, ele envolve dois sentidos: visão e audição. As realidades virtuais podem colocar em jogo a visão, a audição, o tato e a cinestesia (sentido interno dos movimentos do corpo).

Uma mesma modalidade perceptiva pode permitir a recepção de diversos *tipos de representações*. Por exemplo, o impresso (que mobiliza apenas a visão) carrega texto e imagem. O disco de áudio (que utiliza apenas a audição) permite a transmissão da palavra e da música.

A *codificação*, analógica ou numérica, refere-se ao sistema fundamental de gravação e transmissão das informações. O disco de vinil codifica o som da forma analógica, ao passo que o CD de áudio codifica-o digitalmente. O rádio, a televisão, o cinema e a fotografia podem ser analógicos ou digitais.

O *dispositivo informacional* qualifica a estrutura da mensagem ou o modo de relação dos elementos de informação. A mensagem pode ser linear (como ocorre com a música normal, o romance ou o cinema) ou em rede. Os hiperdocumentos codificados digitalmente não foram os criadores da estrutura em rede já que, como vimos, um dicionário (no qual cada palavra nos remete implicitamente a outras palavras e que em geral não lemos do início ao fim), uma enciclopédia (com seu índice, tesauro e remissões múltiplas), uma biblioteca (com seus fichários e referências cruzadas de um livro para outro) já possuem uma estrutura reticulada. O ciberespaço fez com que surgissem dois dispositivos informacionais que são originais em relação às mídias precedentes: o mundo virtual e a informação em fluxo. O *mundo virtual* dispõe as informações em um espaço contínuo — e não em uma rede — e o faz em função da posição do explorador ou de seu representante dentro deste mundo (princípio de imersão). Neste sentido, um videogame já é um mundo virtual. A *informação em fluxo* designa dados em estado contínuo de modificação, dispersos entre memórias e canais interconectados que podem ser percorridos, filtrados e apresentados ao cibernauta de acordo com suas instruções, graças a programas, sistemas de cartografia dinâmica de dados ou outras ferramentas de auxílio à navegação. Note-se que o mundo virtual e a informação em fluxo tendem a reproduzir em grande escala, e graças a suportes tecnicamente avançados, uma relação "não midiatizada" com a informação. A noção de dispositivo informacional é, em princípio, independente da mídia, da modalidade perceptiva em jogo ou do tipo de representação transportada pelas mensagens.

Por último, o *dispositivo comunicacional* designa a relação entre os participantes da comunicação. Podemos distinguir três grandes categorias de dispositivos comunicacionais: um-todos, um-um e todos-todos. A imprensa, o rádio e a televisão são estruturados de acordo com o princípio um-todos: um centro emissor envia suas mensagens a um grande número de receptores passivos e dispersos. O correio ou o telefone organizam relações recíprocas entre interlocutores, mas apenas para contatos de indivíduo a indivíduo ou ponto a ponto. O ciberespaço torna disponível um dispositivo comunicacional original, já que ele permite que comunidades constituam de forma progressiva e de maneira cooperativa um contexto comum (dispositivo todos-todos). Em uma conferência eletrônica, por exemplo, os participantes enviam mensagens que podem ser lidas por todos os outros membros da comunidade, e às quais cada um deles pode responder. Os mundos virtuais para diversos participantes, os sistemas para ensino ou trabalho cooperativo, ou até mesmo, em uma escala gigante, a WWW, podem todos ser considerados sistemas de comunicação todos-todos. Mais uma vez, o dispositivo comunicacional independe dos sentidos implicados pela recepção, e também do modo de representação da informação. Insisto nesse ponto porque *são os novos dispositivos infor-*

Quadro 1
DIFERENTES DIMENSÕES DA COMUNICAÇÃO

	Definição	*Exemplos*
Mídia	Suporte de informação e de comunicação.	Impressos, cinema, rádio, televisão, telefone, CD-ROM, Internet (computadores + telecomunicação) etc.
Modalidade perceptiva	Sentido implicado pela recepção da informação.	Visão, audição, tato, odor, gosto, cinestesia.
Linguagem	Tipo de representação.	Línguas, músicas, fotografias, desenhos, imagens animadas, símbolos, dança etc.
Codificação	Princípio do sistema de gravação e de transmissão das informações.	Analógico, digital.
Dispositivo informacional	Relações entre elementos de informação.	Mensagens com estrutura linear (textos clássicos, música, filmes). Mensagens com estrutura em rede (dicionários, hiperdocumentos). Mundos virtuais (a informação é o espaço contínuo; o explorador ou seu representante estão imersos no espaço). Fluxos de informações.
Dispositivo comunicacional	Relação entre os participantes da comunicação.	Dispositivo um-todos, em estrela (imprensa, rádio e televisão). Dispositivo um-um, em rede (correio, telefone). Dispositivo todos-todos, no espaço (conferências eletrônicas, sistemas para ensino ou trabalho cooperativo, mundos virtuais com diversos participantes, WWW).

macionais *(mundos virtuais, informação em fluxo) e comunicacionais (comunicação todos-todos) que são os maiores portadores de mutações culturais*, e não o fato de que se misture o texto, a imagem e o som, como parece estar subentendido na noção vaga de multimídia.

O termo "multimídia" significa, em princípio, aquilo que emprega diversos suportes ou diversos veículos de comunicação. Infelizmente, é raro que seja usado nesse sentido. Hoje, a palavra refere-se geralmente a duas tendências principais dos sistemas de comunicação contemporâneos: a multimodalidade e a integração digital.

Em primeiro lugar, a informação tratada pelos computadores já não diz mais respeito apenas a dados numéricos ou textos (como era o caso até os anos 70), mas também, e cada vez mais, a imagens e sons. Portanto, seria muito mais correto, do ponto de vista linguístico, falar de informações ou de mensagens multimodais, pois colocam em jogo diversas modalidades sensoriais (a visão, a audição, o tato, as sensações proprioceptivas). Quando empregado para designar os CD-ROMs, o termo "multimídia" é, em minha opinião, enganador. Se o sentido deve ser "multimodal", o termo não descreve suficientemente bem a especificidade deste novo suporte, já que uma enciclopédia, ou alguns livros manipuláveis para crianças, ou brochuras ilustradas acompanhadas por fitas cassete (tais como os métodos de ensino de línguas) já são multimodais (texto, imagem, som, tato), ou mesmo multimídia. Sendo rigoroso, seria preciso definir os CD-ROMs e CD-I como *documentos multimodais interativos de suporte digital* ou, de forma breve, como hiperdocumentos.

Em segundo lugar, a palavra "multimídia" remete ao movimento geral de digitalização que diz respeito, de forma mais imediata ou mais distante, às diferentes mídias que são a informática (por definição), o telefone (em andamento), os discos musicais (já feito), a edição (parcialmente realizado com os CD-ROMs e CD interativos), o rádio, a fotografia (em andamento), o cinema e a televisão. Se a digitalização encontra-se em marcha acelerada, a integração de todas as mídias continua sendo, em contrapartida, uma tendência a longo prazo. É possível, por exemplo, que a televisão, mesmo digital e mais "interativa" que atualmente, ainda continue por bastante tempo como uma mídia relativamente distinta.

O termo "multimídia" é corretamente empregado quando, por exemplo, o lançamento de um filme dá lugar, simultaneamente, ao lançamento de um videogame, exibição de uma série de televisão, camisetas, brinquedos etc. Neste caso, estamos de fato frente a uma "estratégia multimídia". Mas se desejamos designar de maneira clara a confluência de mídias separadas em direção à mesma rede digital integrada, deveríamos usar de preferência a palavra "unimídia". O termo multimídia pode induzir ao erro, já que parece indicar uma variedade de suportes ou canais, ao passo que a tendência de fundo vai, ao contrário, rumo à interconexão e à integração.

Em resumo, quando ouvimos ou lemos o termo "multimídia", em um contexto no qual ele não parece designar um tipo particular de suporte (ver a discussão sobre os CD-ROMs) ou de processamento, é necessário ser caridoso e atribuir ao enunciador a intenção de designar um *horizonte de unimídia multimodal*, ou seja, a constituição progressiva de uma estrutura de comunicação integrada, digital e interativa.

Enfim, a palavra "multimídia", quando empregada para designar a emergência de uma nova mídia, parece-me particularmente inadequada, já que chama atenção sobre as formas de *representação* (textos, imagens, sons etc.) ou de suportes, enquanto a novidade principal se encontra nos *dispositivos informacionais* (em rede, em fluxo, em mundos virtuais) e no *dispositivo de comunicação* interativo e comunitário ou, em outras palavras, em um modo de relação entre as pessoas, em uma certa qualidade de laço social.

Simulações

Antes do primeiro voo de um avião, é recomendável testar, de alguma forma, o modo pelo qual suas asas irão reagir aos ventos, à pressão do ar e às turbulências atmosféricas. Por razões evidentes de custo, na verdade seria preferível ter uma ideia da resistência das asas antes de construir um protótipo. Para tanto, é possível construir um modelo em escala do avião e submetê-lo a ventos violentos em um túnel de vento. Durante muito tempo, este foi o procedimento adotado. Com o aumento da potência de cálculo dos computadores e a redução de seu custo, tornou-se agora mais rápido e mais barato fornecer ao computador uma descrição do avião, uma descrição do vento e fazer com que ele calcule, a partir desses dados, uma descrição do efeito do vento sobre as superfícies de sustentação. Dizemos então que o computador *simulou* a resistência do ar para o avião. Para que a resposta do computador seja correta, é preciso que as descrições fornecidas, tanto as do avião como as do vento, sejam rigorosas, precisas e coerentes. Chamamos de *modelos* essas descrições rigorosas dos objetos ou fenômenos a serem simulados.

O resultado da simulação pode ser retornado como uma série de números indicando, por exemplo, a pressão máxima por centímetro quadrado das asas. Mas o mesmo resultado pode ser mostrado através de imagens representando a superfície do avião, onde cada quadrado desta recebe uma cor em função da maior pressão a que foi submetido. Em vez de uma imagem fixa, o sistema de simulação pode exibir uma representação em três dimensões, que o engenheiro pode girar à vontade na tela, a fim de observar a superfície do avião sob todos os pontos de vista possíveis. O sistema também pode apresentar uma representação dinâmica, como um desenho animado, visualizando os fenômenos de turbilhonamento, a pressão exercida, a temperatura e outras variáveis importantes (a critério do usuário) à medida que o vento se torna cada vez mais forte. Finalmente, o sistema de simulação permite ao engenheiro modificar facilmente certos parâmetros da descrição do vento, ou a forma e as dimensões do avião, e também visualizar imediatamente o efeito dessas modificações. Passamos sem sentir da noção simples de simulação numérica à noção de *simulação gráfica interativa*. O fenômeno simulado é visualizado, podemos atuar em tempo real sobre as variáveis do modelo e observar imediatamente na tela as transformações resultantes. Podemos simular de forma gráfica e interativa fenômenos muito complexos ou abstratos, para os quais não existe nenhuma "imagem" natural: dinâmica demográfica, evolução de espécies biológicas, ecossistemas, guerras, crises econômicas, crescimento de uma empresa, orçamentos etc. Neste caso, a modelagem traduz de forma visual e dinâmica aspectos em geral não visíveis da realidade e pertence, portanto, a um tipo particular de *encenação*.

Tais simulações podem servir para testar fenômenos ou situações em todas suas variações imagináveis, para pensar no conjunto de consequências e de implicações de uma hipótese, para conhecer melhor objetos ou sistemas complexos ou ainda para explorar universos fictícios de forma lúdica. Repetimos que todas as simulações baseiam-se em descrições ou modelos numéricos dos fenômenos simulados e que elas valem tanto quanto as descrições.

Lugares

A segunda instalação de Jeffrey Shaw em *Artifices*, em 1996, chama-se "Places" em inglês ou "Lugares" em português. No centro de uma grande sala em formato cilíndrico encontra-se uma torre sobre a qual o visitante pode girar uma espécie de canhão que projeta sobre a parede circular, usada como tela, uma imagem de 120 graus. Após familiarizar-se com o manuseio do equipamento (virar à esquerda ou direita, avançar ou recuar na imagem), o visitante começa a explorar o universo que lhe é mostrado. Trata-se de um complexo de doze cilindros achatados, comparáveis em sua forma à sala onde se encontra a instalação. Quando o visitante consegue penetrar (virtualmente) em um dos cilindros, um controle especial permite que ele se coloque automaticamente no centro e efetue uma panorâmica. Executando uma rotação completa, o canhão de imagens projeta na parede da sala o panorama "contido" no cilindro. Descobre-se, por exemplo, uma paisagem industrial com grandes reservatórios de gás, gasolina e petróleo ou, em outro cilindro, uma visão magnífica de cumes cobertos com neve e florestas alpinas. Note-se que o visitante, em cima da torre, "gira" com o canhão de imagens de forma a estar sempre frente à imagem projetada, mas atrás dele há 240 graus de tela, na parede circular, que estão em branco. O visitante tem o poder, portanto, de "criar" e "projetar" a imagem explorada, a qual não possui nenhuma permanência independente de seus atos sensório-motores de atualização. Deslocando-se sempre em frente neste mundo virtual, é possível perceber sua natureza fundamentalmente circular já que, mesmo que os cilindros pareçam estar dispostos em um plano infinito, uma vez que o décimo primeiro tenha sido ultrapassado, retorna-se ao primeiro. A estrutura "curva" desse território virtual, tal como o dispositivo circular de atualização dos panoramas, ilustra claramente a característica das "novas imagens" da cibercultura: são imagens sem fronteiras, sem molduras, sem limites. Você se encontra imerso em um universo virtual fechado sobre si mesmo, que o envolve à medida que você o cria. Atrás de você não há nada. Mas basta virar-se para fazer com que uma imagem seja exibida e reconstituir um mundo contínuo.

Muitos visitantes à sua volta se interessam por alguns instantes pelo dispositivo, querem tocar nos controles, exploram o mundo virtual fazendo girar a torre como se pilotassem um veículo de combate no deserto. Depois se cansam: "É divertido. Mas o que ele quis dizer?". Deixam o lugar então para outros visitantes, aqueles que, enquanto aguardavam na sala pouco antes, encontravam-se entre o canhão de imagens e a parede, projetando portanto sua sombra na paisagem virtual.

Esperamos muitas vezes das artes do virtual um fascínio espetacular, uma compreensão imediata, intuitiva, sem cultura. Como se a novidade do suporte devesse anular a profundeza temporal, a espessura de sentido, a paciência da contemplação e da interpretação. Mas a cibercultura não é, justamente, a civilização do *zapping*. Antes de encontrar o que procuramos na World Wide Web, é preciso aprender a navegar e familiarizar-se com o assunto. Para integrar-se a uma comunidade virtual, é preciso conhecer seus membros e é preciso que eles o reconheçam como um dos seus. As obras e os documentos interativos em geral não fornecem nenhuma informação ou emoção *imediatamente*. Se não lhes forem feitas perguntas, se não for dedicado um tempo para percorrê-los ou compreendê-los, permanecerão selados. Ocorre o mesmo com as artes do virtual. Ninguém se choca com o fato de ser necessário conhecer a vida dos santos cristãos para entender os afrescos religiosos da Idade Média, as especulações esotéricas da Renascença ou os provérbios flamengos para ler as telas de Hieronymus Bosch, ou conhecer um mínimo de mitologia para entender o tema das telas de Rubens.

Pensando nisso, escutam-se as observações desaforadas dos outros visitantes. Aparentemente, poucos deles reconheceram a árvore sefirótica da cabala no mundo virtual proposto por Jeffrey Shaw. O diagrama da árvore está, por sinal, impresso como uma planta do mundo virtual ao lado dos controles do "canhão". Na verdade, a disposição dos cilindros é idêntica à dos *sephiroth* (dimensões do divino) nos esquemas da tradição mística judaica. Além disso, cada um dos panoramas contidos nos cilindros ilustra o significado da *sephira* correspondente. Por exemplo, a paisagem da montanha corresponde à *sephira kéther*, que evoca o contato com o infinito e a transcendência; o panorama dos grandes reservatórios industriais expressa a *sephira malkhout*, que é a da imanência, das reservas de energia e dos tesouros de bem-aventurança que Deus destina às criaturas.

Com esta obra, Jeffrey Shaw quis propor um mundo virtual que não seja a representação ou a simulação de um lugar tridimensional físico ou realista (ainda que imaginário). O visitante é convidado a explorar um espaço diagramático e simbólico. Aqui, o mundo virtual não remete a uma ilusão de realidade, mas sim a um outro mundo virtual, não técnico, eminentemente real ainda que ele nunca esteja "presente" na forma de uma entidade física. Não há qualquer sinal de representação na obra de Jeffrey Shaw. As paisagens fotográficas simbolizam o infigurável, e as disposições respectivas dos cilindros deixam ler as relações abstratas entre os atributos ou energias do Adão primordial. Único sinal de presença concreta no dispositivo, as sombras dos visitantes que furam a imagem virtual, traços intempestivos dos seres vivos perturbando a ordem simbólica e que evocam esta frase do Talmude: "Deus é a sombra do homem".

ESCALA DOS MUNDOS VIRTUAIS

Alguns sistemas de informação são concebidos:
— para *simular* uma interação entre uma situação dada e uma pessoa;
— para permitir que o explorador humano tenha um controle rígido e em tempo real sobre seu representante no modelo da situação simulada.

Esses sistemas dão ao explorador do modelo a sensação subjetiva (embora a ilusão completa seja muito rara) de *estar em interação pessoal e imediata com a situação simulada*.

No exemplo da simulação da resistência das asas à pressão do vento, embora o explorador pudesse alterar o ângulo de visão, a visualização das variáveis pertinentes, a velocidade do vento ou a forma do avião, ele mesmo não estava representado no modelo, e agia do exterior. Vamos continuar na aviação e pensar agora em um simulador de voo. Em um sistema desse tipo, o aprendiz de piloto se encontra em uma cabine de pilotagem que se parece com as cabines reais. Consulta mostradores e telas idênticos aos que estão presentes nas cabines de verdade. Segura o manche e controles parecidos com os de um avião que voe. Mas em vez de comandar o voo de um avião, seus atos alimentam com dados um programa de simulação. Em função do fluxo de dados fornecido pelo aprendiz de piloto, bem como de modelos digitais muito precisos do avião e do lugar geográfico, o programa vai calcular a posição, a velocidade e a direção que um avião de verdade teria em resposta aos controles. Graças a esses cálculos efetuados em altíssima velocidade, o sistema de simulação projeta na tela a paisagem exterior que o piloto veria, exibe nos mostradores os números que ele leria etc.

A realidade virtual

A "realidade virtual", no sentido mais forte do termo, especifica um tipo particular de simulação interativa, na qual o explorador tem a sensação física de estar imerso na situação definida por um banco de dados. O efeito de imersão sensorial é obtido, em geral, pelo uso de um capacete especial e de *datagloves*. O capacete possui duas telas colocadas a poucos milímetros dos olhos do usuário e que lhe dão uma visão estereoscópica. As imagens exibidas nas telas são calculadas em tempo real em função dos movimentos de cabeça do explorador, de forma que ele possa conhecer o modelo digital como se estivesse situado "dentro" ou "do outro lado da tela". Fones estéreo completam a sensação de imersão. Por exemplo, um som ouvido à esquerda ficará à direita após uma volta de 180 graus. As *datagloves* permitem a manipulação de objetos virtuais. Em outras palavras, o explorador vê e sente que a imagem de sua mão no mundo virtual (sua mão virtual) é comandada pelos movimentos efetivos de sua mão, e pode modificar o aspecto ou a posição de objetos virtuais. Movimentos simples da mão transformam o conteúdo da base de dados, e essa modificação é devolvida ao explorador imediatamente de forma sensível. O sistema calcula em tempo real as imagens e os sons resultantes da modificação executada na descrição digital da situação e remete essas imagens e sons às telas e fones do capacete do explorador. Diversos processos técnicos (mecânicos, magnéticos, óticos) são usados para captar os movimentos da cabeça e da mão do explorador. Um grande poder de processamento é necessário para calcular imagens de alta resolução em tempo real, o que explica a característica esquemática que muitos dos "mundos virtuais" possuíam em 1996. Há várias pesquisas em andamento acelerado para melhorar o desempenho visual e sonoro dos sistemas de realidade virtual e dar aos exploradores sensações tácteis e proprioceptivas mais precisas.

Ao manter uma *interação sensório-motora com o conteúdo de uma memória de computador*, o explorador consegue a ilusão de uma "realidade" na qual estaria mergulhado: aquela que é descrita pela memória digital. Na verdade, o explorador de uma realidade virtual não pode esquecer que o universo sensorial no qual está imerso é apenas virtual, já que as imagens e o som não terão, por muito tempo ainda, a definição que possuem no cinema, já que há sempre um pequeno atraso entre os movimentos e suas repercussões sensoriais, já que os equipamentos são relativamente pesados e, sobretudo, já que o explorador *sabe* que está interagindo com uma realidade virtual. Assim como o cinema ou a televisão, a realidade virtual é da ordem da *convenção*, com seus códigos, seus rituais de entrada e saída. Não podemos confundir a realidade virtual com a realidade cotidiana, da mesma forma como não podemos confundir um filme ou um jogo com a "verdadeira realidade".

A virtualidade no sentido do dispositivo informacional
(sentido mais fraco que o anterior)
Um mundo virtual pode simular fielmente o mundo real, mas de acordo com escalas imensas ou minúsculas. Pode permitir ao explorador que construa uma imagem virtual muito diferente de sua aparência física cotidiana. Pode simular ambientes físicos imaginários ou hipotéticos, submetidos a leis diferentes daquelas que governam o mundo comum. Pode, finalmente, simular espaços não físicos, do tipo simbólico ou cartográfico, que permitam a comunicação por meio de um universo de signos compartilhados.

Um mapa não é uma foto realista, mas uma semiotização, uma descrição útil de um território. Por analogia, um mundo virtual pode ser da família dos mapas e não da família das cópias ou das ilusões.

Além disso, o território cartografado ou simulado pelo mundo virtual não é necessariamente o universo físico tridimensional. Pode dizer respeito a modelos abstratos de situação, a universos de relações, a complexos de significações, a conhecimentos, a jogos de hipóteses, até mesmo a combinações híbridas de todos estes "territórios".

Em um sentido mais fraco que o implicado numa ilusão sensorial "realista", a noção de mundo virtual não implica, necessariamente, a simulação de espaços físicos nem o uso de equipamentos pesados e caros, tais como os capacetes para visão estereoscópica e as *datagloves*.

As duas características distintivas do mundo virtual, em sentido mais amplo, são a imersão e a navegação por proximidade. Os indivíduos ou grupos participantes são imersos em um mundo virtual, ou seja, eles possuem *uma imagem de si mesmos e de sua situação*. Cada ato do indivíduo ou do grupo modifica o mundo virtual e sua imagem no mundo virtual. Na navegação por proximidade, o mundo virtual *orienta* os atos do indivíduo ou do grupo. Além dos instrumentos de pesquisa e endereçamento clássicos (índices, links hipertextuais, pesquisa por palavras-chave etc.), as demarcações, pesquisas e comunicações são feitas *por proximidade* em um espaço contínuo. Um mundo virtual, mesmo não "realista", é portanto fundamentalmente organizado de acordo com uma modalidade "táctil" e proprioceptiva (real ou transposta). O explorador de um mundo virtual (não necessariamente "realista") deve poder controlar seu acesso a um imenso banco de dados de acordo com princípios e reflexos mentais análogos aos que o fazem controlar o acesso a seu ambiente físico imediato.

Um número crescente de programas e a maior parte dos videogames baseiam-se em um princípio idêntico de cálculo em tempo real de uma interação de um modelo digital do explorador com o modelo de uma situação, enquanto o explorador controla os feitos e gestos do modelo que o representa na simulação.

A *virtualidade informática (sentido ainda mais fraco)*

Diremos que uma imagem é virtual *se sua origem for uma descrição digital em uma memória de computador*. Note-se que, para ser vista, a imagem deve estar em uma tela, ser impressa em papel, queimada sobre um filme, requerendo, portanto, que o código binário seja traduzido. Se quiséssemos manter um paralelo com o sentido filosófico, diríamos que a imagem é virtual na memória do computador e

Quadro 2
OS DIFERENTES SENTIDOS DO VIRTUAL, DO MAIS FRACO AO MAIS FORTE

	Definição	Exemplos
Virtual no sentido comum	Falso, ilusório, irreal, imaginário, possível.	
Virtual no sentido filosófico	Existe em potência e não em ato, existe sem estar presente.	A árvore na semente (por oposição à atualidade de uma árvore que tenha crescido de fato). Uma palavra na língua (por oposição à atualidade de uma ocorrência de pronúncia).
Mundo virtual no sentido da possibilidade de cálculo computacional	Universo de possíveis calculáveis a partir de um modelo digital e de entradas fornecidas por um usuário.	Conjunto das mensagens que podem ser emitidas respectivamente por: — programas para edição de texto, desenho ou música, — sistemas de hipertexto, — bancos de dados, — sistemas especializados, — simulações interativas etc.
Mundo virtual no sentido do dispositivo informacional	A mensagem é um espaço de interação por proximidade dentro do qual o explorador pode controlar diretamente um representante de si mesmo.	— mapas dinâmicos de dados apresentando a informação em função do "ponto de vista", da posição ou do histórico do explorador, — RPG[11] em rede, — videogames, — simuladores de voo, — realidades virtuais etc.
Mundo virtual no sentido tecnológico estrito	Ilusão de interação sensório-motora com um modelo computacional.	Uso de óculos estereoscópicos, *datagloves* ou *datasuits* para visitas a monumentos reconstituídos, treinamento em cirurgias etc.

[11] Role Playing Games, jogos onde cada participante assume um papel ou personalidade dentro de uma aventura. (N. do T.)

atual na tela. A imagem é ainda mais virtual, por assim dizer, quando sua descrição digital não é um depósito estável na memória do computador, mas quando é calculada em tempo real por um programa a partir de um modelo e de um fluxo de dados de entrada.

Os hipertextos, hiperdocumentos, simulações e, em geral, todos os objetos lógicos, tais como os programas, bancos de dados e seus conteúdos, dizem respeito a uma virtualidade informática no sentido amplo. Essa virtualidade, resultante da digitalização, designa o processo de geração automática ou de cálculo de uma grande quantidade de "textos", mensagens, imagens sonoras, visuais ou tácteis, de resultados de todos os tipos, em função de uma matriz inicial (programa, modelo) e de uma interação em progresso.

Para o espectador, um desenho animado projetado no cinema ou visto na televisão, mesmo quando feito por computador, continua tendo a mesma natureza que um desenho animado traçado à mão. O fato de alguns efeitos especiais mostrarem a origem numérica não altera a natureza da relação com a imagem. Apenas a equipe de criação teve realmente contato com a virtualidade. Por outro lado, em um videogame, o jogador encontra-se diretamente confrontado com o caráter virtual da informação. O mesmo cartucho de jogo contém (virtualmente!) uma infinidade de partidas, ou seja, de sequências de imagens diferentes das quais o jogador só vai atualizar uma partida.

Manuais de instruções técnicas acompanham uma instalação industrial. Esses manuais desdobram em suas páginas, textos, diagramas, legendas, índice, toda a informação que eles contêm. Neles, tudo se encontra manifesto. Se a instalação for suficientemente complexa (avião de guerra, nave espacial, central nuclear, refinaria etc.) é impossível listar todas as situações de falha possíveis. O manual contenta-se em apresentar exemplos dos casos mais frequentes e em indicar princípios de solução de problemas para os outros casos. Na prática, apenas técnicos experientes poderão executar os reparos.

Por outro lado, na informática, um sistema especializado em ajuda à solução de problemas da mesma instalação contém, explicitamente, apenas algumas centenas ou milhares de regras (que cabem em poucas páginas). Em cada situação particular, o usuário alimenta o sistema com "fatos" que descrevem o problema enfrentado. A partir da "base de regras" e dos "fatos", o programa elabora um raciocínio adaptado e uma resposta precisa (ou um leque de respostas) para a situação do usuário. Desta forma, até mesmo os novatos poderão executar os reparos. Se fosse preciso imprimir (atualizar previamente) todas as situações, todos os raciocínios e todas as respostas, teríamos um documento de milhões ou bilhões de páginas, impossível de usar. É o caráter virtual do sistema especializado que o torna um instrumento mais avançado do que o simples manual em papel. Suas respostas, em quantidades praticamente infinitas, preexistem apenas virtualmente. Elas são calculadas e atualizadas no contexto.

Um mundo virtual, no sentido amplo, é um universo de possíveis, calculáveis a partir de um modelo digital. Ao interagir com o mundo virtual, os usuários o exploram e o atualizam simultaneamente. Quando as interações podem enriquecer ou modificar o modelo, o mundo virtual torna-se um vetor de inteligência e criação coletivas.

Computadores e redes de computadores surgem, então, como a infraestrutura física do novo universo informacional da virtualidade. Quanto mais se disseminam, quanto maior sua potência de cálculo, capacidade de memória e de transmissão, mais os mundos virtuais irão multiplicar-se em quantidade e desenvolver-se em variedade.

4.
A INTERATIVIDADE

Para além das páginas

Ao mesmo tempo fino, delicado e bem-humorado, *Beyond Pages* de Masaki Fujihata deve ser considerado uma das mais belas ilustrações das "artes da interatividade" emergentes.

Entra-se em um lugar pequeno e fechado. Na frente há uma mesa real sobre a qual encontra-se projetada a imagem de um livro. No fundo do aposento há uma projeção da imagem de uma porta fechada. Sentando-se à mesa, pega-se uma espécie de caneta eletrônica, com a qual é possível "tocar" a imagem do livro. A imagem do livro fechado é então substituída pela de um livro aberto. Como se o livro tivesse sido "aberto". Que fique bem claro: não há um livro de papel de verdade para abrir, apenas uma sucessão de duas imagens controlada por um dispositivo interativo. O livro de *Beyond Pages* de Masaki Fujihata não é uma imagem fixa clássica, e também não é uma imagem de animação que passa imperturbavelmente, é um objeto estranho, meio signo (é uma imagem), meio coisa (é possível atuar sobre ele, transformá-lo, explorá-lo dentro de certos limites). Estamos acostumados a interagir com telas graças aos videogames, à Internet e aos CD-ROMs, mas nesse caso a imagem interativa do livro encontra-se sobre uma mesa de madeira e não em uma tela de vídeo. Ao abrir esse estranho livro, vemos escrita sobre a página direita a palavra "maçã" em inglês, no alfabeto romano, e em japonês, com caracteres kanji. Até aí, nada demais: signos de escrita sobre uma página. Mas na página esquerda há a imagem de uma bela maçã vermelha em *trompe l'oeil*, uma maçã cuja sombra está nitidamente recortada sobre a página imaculada. Mais ou menos como se a página da direita nos mostrasse signos e a da esquerda uma coisa. A sensação de que a maçã é realmente uma coisa colocada sobre a página e não apenas uma imagem é reforçada pelo que se descobre progressivamente "folheando o livro": a maçã encontra-se cortada na página seguinte, sendo progressivamente consumida à medida que a "leitura" continua, até que só é possível achar, entre as páginas, um caroço. A cada vez que as páginas são viradas, ouve-se claramente o som de uma mandíbula que se fecha sobre um pedaço de maçã, mordendo-a. No entanto, em nenhum momento a ilusão é completa. Sabe-se que tanto a maçã como o som são gravações. É impossível comer a maçã. Comer a maçã surge como uma metáfora para "ler um livro". Algo foi consumido, foi produzida uma irreversibilidade, ainda que nada tenha sido alterado: as páginas continuam no mesmo lugar, os signos também. Ao contrário das maçãs, o consumo ou o prazer que possamos ter com os signos não os destroem.

Essa oscilação entre signo e coisa, signo que faz barulho, age, interage e parece esgotar-se como uma coisa, coisa impalpável e indestrutível como um signo, essa oscilação continua até que a "leitura do livro" tenha sido terminada. As pedrinhas que podem ser deslocadas com a caneta rangem sobre a imagem do papel. Acionar a imagem de uma maçaneta faz com que seja aberta a porta na parede do fundo, de onde surge uma garota adorável, nua e sorridente, que aparecerá mais de uma vez.

Ao contrário das folhas secas dos herbários, o ramo de folhas verdes que se agita entre as páginas de *Beyond Pages* ainda é agitado pelo vento e pleno de seiva. A flor ou a folha seca dos herbários está lá, morta, mas bem real, entre as páginas. *Beyond Pages* nos leva para um além da página onde as imagens "vivas" das coisas vivas parecem surgir de imagens de páginas.

No final do livro, os signos aflorados resolvem falar. Os rabiscos transformam-se milagrosamente em escrita japonesa de caligrafia perfeita e claramente pronunciada pelo "livro". Desta forma, esse livro "fala". Possui uma voz que o permite ler a si mesmo, e convida-nos a contribuir para sua escrita.

Um dos recursos de *Beyond Pages* é o anel de Moebius, passagem contínua e insensível de uma ordem de realidade a outra: do signo à coisa, depois da coisa ao signo, da imagem ao caractere, depois do caractere à imagem, da leitura à escrita, depois da escrita à leitura. Imagem de um livro (e portanto, duplamente signo) entre as páginas do qual encontram-se coisas... que não são nada mais do que signos, mas signos ativos, vivos, que nos respondem. Não a ilusão de realidade, como o virtual é muitas vezes descrito, já que temos sempre consciência de tratar-se de um jogo, de um artifício, mas uma verdade lúdica ou emocional de uma ilusão experimentada como tal.

A INTERATIVIDADE VISTA COMO PROBLEMA

Como a interatividade é muitas vezes invocada a torto e a direito, como se todos soubessem perfeitamente do que se trata, gostaria de tentar, neste pequeno capítulo, uma abordagem *problemática* dessa noção.

O termo "interatividade" em geral ressalta a participação ativa do beneficiário de uma transação de informação. De fato, seria trivial mostrar que um receptor de informação, a menos que esteja morto, nunca é passivo. Mesmo sentado na frente de uma televisão sem controle remoto, o destinatário decodifica, interpreta, participa, mobiliza seu sistema nervoso de muitas maneiras, e sempre de forma diferente de seu vizinho. Além disso, como os satélites e o cabo dão acesso a centenas de canais diferentes, conectados a um videocassete permitem a criação de uma videoteca e definem um dispositivo televisual evidentemente mais "interativo" que aquele da emissora única sem videocassete. A possibilidade de reapropriação e de recombinação material da mensagem por seu receptor é um parâmetro fundamental para avaliar o grau de interatividade do produto. Encontramos esse parâmetro também em outras mídias: Podemos acrescentar nós e links a um hiperdocumento? Podemos conectar esse hiperdocumento a outros? No caso da televisão, a digitalização poderia aumentar ainda mais as possibilidades de reapropriação e personalização da mensagem ao permitir, por exemplo, uma descentralização da emissora do lado do receptor: escolha da câmera que filma um evento, possibilidade de ampliar imagens, alternância personalizada entre imagens e comentários, seleção dos comentaristas etc.

Estamos querendo dizer, ao falar de interatividade, que o canal de comunicação funciona nos dois sentidos? Neste caso, o modelo da mídia interativa é incontestavelmente o telefone. Ele permite o diálogo, a reciprocidade, a comunicação efetiva, enquanto a televisão, mesmo digital, navegável e gravável, possui apenas um espetáculo para oferecer. Mas ainda assim temos vontade de dizer que um videogame clássico também é mais interativo do que a televisão, ainda que não ofereça, estritamente falando, reciprocidade ou comunicação com outra pessoa. Mas em vez de desfilar suas imagens imperturbavelmente na tela, o videogame reage às ações do jogador, que por sua vez reage às imagens presentes: interação. O telespectador pula entre os canais, seleciona, o jogador age. Ora, a possibilidade de interromper uma sequência de informações e de reorientar com precisão o fluxo informacional em tempo real não é uma característica apenas dos videogames e dos hiperdocumentos com suporte informático, mas também uma característica da comunicação telefônica. A diferença é que, neste último caso, estamos em comunicação com uma pessoa e, no primeiro, com uma matriz de informações, um modelo capaz de gerar uma quantidade quase infinita de "partidas" ou de percursos diferentes (mas todos coerentes). Aqui, a interatividade remete ao virtual.

Tentemos abordar as diferenças entre telefone e vídeo por outro aspecto. Para que todas as coisas sejam iguais no restante, vamos supor que um jogo em rede permita a dois adversários jogar um contra o outro: essa situação aproxima ao máximo o videogame do telefone. No videogame, cada jogador, ao agir sobre o joystick, *dataglove* ou outros controles, modifica em um primeiro tempo *sua imagem no espaço do jogo*. O personagem vai evitar um projétil, avançar rumo a seu objetivo, explorar uma passagem, ganhar ou perder armas, "poderes", "vidas" etc. É essa imagem modificada do personagem reatualizado que modifica, em um segundo tempo lógico, o próprio espaço do jogo. Para envolver-se de verdade, o jogador deve projetar-se no personagem que o representa e, portanto, ao mesmo tempo, no campo de ameaças, forças e oportunidades em que vive, no mundo virtual comum. A cada "golpe", o jogador envia a seu parceiro uma outra imagem de si mesmo e de seu mundo comum, imagens que o parceiro *recebe diretamente* (ou pode descobrir explorando) e que o afetam imediatamente. A mensagem é a imagem dupla da situação e do jogador.

Por outro lado, na comunicação telefônica, o interlocutor A transmite ao interlocutor B uma mensagem que supostamente deve ajudar B a construir, por inferência, uma imagem de A e da situação comum a A e B. B faz o mesmo em relação a A. A informação transmitida a cada "golpe" de comunicação é muito mais limitada do que no jogo em realidade virtual. O equivalente do espaço de jogo, ou seja, o contexto ou a situação, compreendendo a posição respectiva e a identidade dos parceiros, não é compartilhado por A e B sob forma de uma representação explícita, uma imagem completa e explorável. Isso se deve ao fato de que o contexto, aqui, é *a priori* ilimitado, enquanto é circunscrito no jogo; mas também se deve à diferença entre os próprios dispositivos de comunicação. Com o telefone, a imagem reatualizada da situação deve ser constantemente reconstruída pelos parceiros, cada um por si e separadamente. O videofone não muda absolutamente nada, já que o contexto que importa, o universo de significações, a situação pragmática (os recursos, o campo de forças, de ameaças, de oportunidades, o conjunto de coisas que podem afetar os projetos, a identidade ou a sobrevivência dos participantes) não será muito melhor compartilhada se acrescentarmos uma imagem da aparência corporal da pessoa e de seu ambiente físico imediato. Por outro lado, sistemas que permitam o acesso compartilhado e a distância a documentos, fontes de informação ou espaços de trabalho nos aproximam progressivamente da comunicação por um mundo virtual, até aqueles que admitem uma ou mais imagens ativas das pessoas (agentes de software que filtram, *infobots*, perfis de busca personalizados e outros).

A comunicação por mundos virtuais é, portanto, em certo sentido, mais interativa que a comunicação telefônica, uma vez que implica, na mensagem, tanto a imagem da pessoa como a da situação, que são quase sempre aquilo que está em jogo na comunicação. Mas, em outro sentido, o telefone é mais interativo, porque nos coloca em contato com o *corpo* do interlocutor. Não apenas uma imagem de seu corpo, mas sua voz, dimensão essencial de sua manifestação física. A voz de meu interlocutor está de fato presente quando a recebo pelo telefone. Não escuto uma imagem de sua voz, mas a voz em si. Por meio desse contato corporal, toda uma dimensão afetiva atravessa "interativamente" a comunicação telefônica. O telefone é a primeira mídia de *telepresença*. Hoje, numerosos projetos de pesquisa e de desenvolvimento tentam estender e generalizar a telepresença a outras dimensões corporais: telemanipulação, imagens tridimensionais dos corpos, realidade virtual, ambientes de realidade ampliada para videoconferências sem impressão de restrição etc.

Reteremos dessa breve reflexão que o grau de interatividade de uma mídia ou de um dispositivo de comunicação pode ser medido em eixos bem diferentes, dos quais destacamos:

— as possibilidades de apropriação e de *personalização* da mensagem recebida, seja qual for a natureza dessa mensagem;

— a *reciprocidade* da comunicação (a saber, um dispositivo comunicacional "um-um" ou "todos-todos");

— a *virtualidade*, que enfatiza aqui o cálculo da mensagem em tempo real em função de um modelo e de dados de entrada (ver o terceiro sentido no quadro sobre o virtual, página 76);

— a *implicação* da imagem dos participantes nas mensagens (ver o quarto sentido no quadro sobre o virtual);

— a *telepresença*.

Como exemplo, o quadro que se segue cruza dois eixos entre todos os que poderíamos destacar na análise da interatividade.

Mídias híbridas e mutantes proliferam sob o efeito da virtualização da informação, do progresso das interfaces, do aumento das potências de cálculo e das taxas de transmissão. Cada dispositivo de comunicação diz respeito a uma análise pormenorizada, que por sua vez remete à necessidade de uma teoria da comunicação renovada, ou ao menos a uma cartografia fina dos modos de comunicação. O estabelecimento dessa cartografia torna-se ainda mais urgente, já que as questões políticas, culturais, estéticas, econômicas, sociais, educativas e até mesmo epistemológicas de nosso tempo são, cada vez mais, condicionadas a configurações de comunicação. A interatividade assinala muito mais um problema, a necessidade de um novo trabalho de observação, de concepção e de avaliação dos modos de comunicação, do que uma característica simples e unívoca atribuível a um sistema específico.

Quadro 3
OS DIFERENTES TIPOS DE INTERATIVIDADE

Dispositivo de comunicação	Relação com a mensagem		
	Mensagem linear não alterável em tempo real	*Interrupção e reorientação do fluxo informacional em tempo real*	*Implicação do participante na mensagem*
Difusão unilateral	Imprensa. Rádio. Televisão. Cinema.	— Bancos de dados multimodais. — Hiperdocumentos fixos. — Simulações sem imersão nem possibilidade de modificar o modelo.	— Videogames com um só participante. — Simulações com imersão (simulador de voo) sem modificação possível do modelo.
Diálogo, reciprocidade	Correspondência postal entre duas pessoas.	— Telefone. — Videofone.	Diálogos através de mundos virtuais, cibersexo.
Diálogo entre vários participantes	— Rede de correspondência. — Sistema das publicações em uma comunidade de pesquisa. — Correio eletrônico. — Conferências eletrônicas.	— Teleconferência ou videoconferência com vários participantes. — Hiperdocumentos abertos acessíveis on-line, frutos da escrita/leitura de uma comunidade. — Simulações (com possibilidade de atuar sobre o modelo) como suportes de debates de uma comunidade.	— RPG multiusuário no ciberespaço. — Videogame em "realidade virtual" com vários participantes. — Comunicação em mundos virtuais, negociação contínua dos participantes sobre suas imagens e a imagem de sua situação comum.

5.
O CIBERESPAÇO
OU A VIRTUALIZAÇÃO DA COMUNICAÇÃO

Navegações na World Wide Web
ou a caçada e a pilhagem

Esta obra não é um guia prático de navegação na WWW, mas sim um ensaio sobre as implicações culturais do desenvolvimento do ciberespaço. O leitor interessado no aspecto prático das coisas, mas que não possua experiência pessoal, poderá consultar um grande número de guias práticos para dar seus primeiros passos, ou pedir que uma pessoa já "conectada" o "acompanhe" durante alguns minutos ou algumas horas. Depois disso, adquire-se rapidamente uma autonomia relativa. Para uma escolha dos melhores sites, há várias revistas à venda nas bancas de jornais que oferecem uma seleção temática periodicamente atualizada. Mas assim que penetramos no universo da Web, descobrimos que ele constitui não apenas um imenso "território" em expansão acelerada, mas que também oferece inúmeros "mapas", filtros, seleções para ajudar o navegante a orientar-se. O melhor guia para a Web é a própria Web. Ainda que seja preciso ter a paciência de explorá-la. Ainda que seja preciso arriscar-se a ficar perdido, aceitar a "perda de tempo" para familiarizar-se com esta terra estranha. Talvez seja preciso ceder por um instante a seu aspecto lúdico para descobrir, no desvio de um link ou de um *motor de pesquisa*, os sites que mais se aproximam de nossos interesses profissionais ou de nossas paixões e que poderão, portanto, alimentar da melhor maneira possível nossa jornada pessoal.

Podemos definir duas grandes atitudes de navegação opostas, cada navegação real ilustrando geralmente uma mistura das duas. A primeira é a "caçada". Procuramos uma informação precisa, que desejamos obter o mais rapidamente possível. A segunda é a "pilhagem". Vagamente interessados por um assunto, mas prontos a nos desviar a qualquer instante de acordo com o clima do momento, não sabendo exatamente o que procuramos, mas acabando sempre por encontrar alguma coisa, derivamos de site em site, de link em link, recolhendo aqui e ali coisas de nosso interesse.

Como podemos achar praticamente tudo e qualquer coisa na Internet (ou, senão tudo de fato, com certeza as *referências* para tudo), qualquer exemplo será necessariamente muito parcial, e nenhum poderá dar a ideia da infinidade de navegações possíveis. Um de meus amigos, que recentemente comprou um velho harmônio e desejava consertá-lo (ao mesmo tempo em que temia o custo da restauração), contou-me que encontrou na Net dois sites que explicavam em detalhes os passos a seguir para consertar harmônios e um newsgroup no qual obteve as respostas às últimas perguntas que o perturbavam. Com exceção do valor gasto nas peças, o harmônio foi restaurado de graça.

Já que não há exemplos "significativos", visto que cada navegação é única, decidi simplesmente contar minhas duas últimas sessões na Internet, uma dizendo respeito à caçada e outra à pilhagem.

Caçada

Uma noite, minha mulher me disse: "Há três anos que não tenho notícias de meu amigo Olaf Mansis (este não é seu nome verdadeiro). E não tenho a menor ideia de onde ele possa estar. Já que você diz que é possível encontrar tudo na Internet, será que eu poderia encontrá-lo também?". Pego de surpresa, pergunto inicialmente se ela acha que seu amigo possui um endereço eletrônico, já que há sites e mecanismos de pesquisa especiais para esse tipo de caçada. Ela me diz ter quase certeza de que não, já que ele é do tipo de gente que foge das novas tecnologias. Devemos, portanto, procurar de outra forma. Após verificar que meu modem estava de fato conectado à linha telefônica, clico sobre um ícone especial na tela de meu computador, e o procedimento que me conecta com meu provedor de acesso à Internet é iniciado. Um barulho característico, parecido com o que ouvimos ao passar um fax, nos revela esse processo de conexão. Depois que o contato foi estabelecido, abro um aplicativo (um programa) especialmente projetado para a navegação na Internet. Esses aplicativos são comumente chamados de "browsers" ou *navegadores*. Com a ajuda desse programa, consulto uma lista de sites que eu mesmo selecionei (aqueles que visito mais frequentemente). Dentre esses sites, seleciono o AltaVista, que é um dos *mecanismos de pesquisa* mais práticos e mais usados. Abro a conexão com o AltaVista. Após alguns segundos, a página de abertura do mecanismo de pesquisa aparece em minha tela, inclusive algumas propagandas que não olho por um segundo sequer, já que vou escrever diretamente no espaço destinado a esse fim a seguinte chave de pesquisa: Olaf E Mansis. Isso significa que pesquiso todos os documentos que possuam ambas as cadeias de caracteres. Alguns segundos após ter iniciado a pesquisa, recebo a resposta: há catorze sites que respondem à minha pergunta. Clicando sobre cada um dos catorze itens da lista que se encontra agora em minha tela, posso acessar diretamente os sites correspondentes. Vou, portanto, olhar pacientemente todos os sites, um a um. Alguns correspondem a atas de colóquios de medicina muito especializados, em sueco, em alemão e em inglês, nos quais apresentaram-se pessoas chamadas X Mansis e Olaf Y. Trata-se certamente de uma pista falsa, já que o Olaf Mansis que procuramos é um pintor. Após examinar diversos sites sem qualquer pertinência, começamos a perder as esperanças, até que, finalmente, caímos no décimo segundo site da lista, pertencente a um marchand canadense, no qual descobrimos uma lista de obras vendidas em leilão na qual aparecia uma tela assinada por nosso pintor. Bastante animados, usamos o endereço do marchand para enviar-lhe uma mensagem na qual explicamos nosso problema e pedimos que nos dê as coordenadas de Olaf Mansis, caso as tenha. Em um último site, de uma universidade holandesa, há uma lista de estudantes com seus endereços eletrônicos, na qual diversos Olaf X encontram-se próximos a uma Margaret Mansis. Como Olaf Mansis veio da Holanda, é possível que essa seja uma parente, ainda que distante, e que talvez possa nos dar algum indício. Mais uma vez, usamos o correio eletrônico para fazer a pergunta a essa estudante.

Dois dias depois, recebemos uma resposta do marchand que lamenta não poder nos ajudar. Ele vendeu a obra, mas não conhece as coordenadas do pintor. Uma semana mais tarde, tivemos o prazer de receber uma mensagem eletrônica de Margaret Mansis, que nos informa ser parente do pintor (uma sobrinha-neta, na verdade), e que aceita nos ajudar, contanto que lhe déssemos alguns detalhes sobre nossa identidade e sobre os motivos de nossa pesquisa. Após uma troca de mensagens, ficamos felizes ao receber as coordenadas completas de Olaf Mansis, que nossa correspondente havia obtido em um jantar de família.

Vemos por esse exemplo que, mesmo quando não é possível obter a informação diretamente na Internet, pode-se ao menos contatar pessoas ou instituições aptas a fornecê-la. Note-se ainda que essa pesquisa nos tomou inicialmente quinze minutos, sem que tivéssemos que sair de casa, custando quinze minutos de um telefonema local, enquanto seria obviamente muito mais dispendioso em termos de tempo, esforço e dinheiro executar um processo que começaria, por exemplo, por uma consulta a todos os catálogos telefônicos do planeta... Note-se, enfim, que o objetivo da operação era o de reaproximar dois amigos que haviam se distanciado. O virtual não "substitui" o "real", ele multiplica as oportunidades para atualizá-lo.

Pilhagem

De tempos em tempos visito o site parisiense da Virgin para consultar as críticas (atualizadas todos os meses) dos últimos discos lançados. A música, os livros e os vídeos estão classificados por estilos, e consulto preferencialmente as páginas correspondentes aos estilos "gaia" e "tecno". Descubro na seleção "gaia" deste mês que Gavin Bryars acaba de lançar um novo disco: *Farewell to Philosophy*. Ao lado da resenha de cada álbum encontra-se, geralmente, um ícone que permite a telerrecepção de um trecho sonoro do disco, bem como um ou mais links com sites relacionados aos músicos. Sigo o link que leva ao site de Gavin Bryars e, após alguns segundos de espera, posso consultar sua biografia e consultar sua discografia completa. Descubro então que ele gravou muito mais discos do que eu pensava.

Anoto os títulos que me parecem interessantes, depois retorno ao site da Virgin.

É interessante notar que essa possibilidade de aprofundamento de um tema que tenha sido apenas superficialmente tratado em um site através do link imediato com outro site mais especializado (que pode estar fisicamente situado em qualquer parte do mundo — no caso de Gavin Bryars, na Inglaterra) é uma das grandes originalidades e uma das mais impressionantes vantagens da Web.

A partir da página de abertura do site da Virgin para a qual voltei agora, sigo um link que leva a um debate sobre uma notícia atual. Trata-se da condenação do grupo NTM por insulto à polícia. Para estimular a discussão, os editores do site colocaram à disposição dos internautas diversas canções francesas de todas as épocas que falavam mal da polícia. Meio entretido, meio irritado, leio as contribuições do fórum sobre a condenação do NTM. O debate é bastante agitado e, apesar de algumas declarações extremadas e pouco fundamentadas, encontro depoimentos e ideias muito bem expostas, tanto em um "campo" (a favor da condenação) como no outro. De volta à página de abertura, sigo um link que leva a um museu dadaísta imaginário. Trata-se basicamente de links para sites relativos ao dadaísmo, ao surrealismo e ao letrismo, complementados por fotos de obras de Max Ernst, Marcel Duchamp, Man Ray etc. Encontram-se também notas sobre músicos inspirados pelo dadaísmo como, por exemplo, Frank Zappa, com links que levam a sites especializados na vida e obra dos músicos em questão. Entre os diversos pontos de partida para outros sites, destaco os seguintes no museu dadaísta imaginário:

— o Web Museum (um dos mais antigos e notáveis "museus virtuais" de iniciativa privada, executado por franceses);

— o *Surrealism Server*;

— o site *From Dada to Wave*;

— diversos sites sobre Alfred Jarry e Ubu;

— o site do movimento artístico Fluxus;

— um site dedicado à Internacional Situacionista etc.

Decido seguir alguns desses links e surpreendo-me ao encontrar no site da Internacional Situacionista uma crítica a um artigo de Bruno Latour publicado no jornal *Libération* a respeito do suicídio de Guy Debord (o famoso autor da *Sociedade do espetáculo* e um dos principais fundadores da IS).

No site do Fluxus[1] encontro fotos de instalações e relatos de performances, cada uma mais estranha do que a outra. Em particular, há uma imagem de *Vagin Painting* que me deixa estupefato. Fico feliz por ver enfim uma instalação de Nam June Paik da qual havia ouvido falar por alto, mas que não conseguia materializar em minha mente. Trata-se de um Buda (Nam June Paik é coreano) em meditação em frente a um monitor de vídeo. Sobre a tela encontra-se uma câmera que filma o Buda ao vivo, e a tela mostra, evidentemente, a imagem do Iluminado. Fui imediatamente tocado pela superioridade dessa instalação frente à estátua tradicional em termos de dar uma ilustração prática da meditação. Afinal, uma estátua é uma imagem fixa, um bloco maciço, sólido, quase removido do tempo. Ora, a meditação é uma atenção ao presente constantemente renovada, muito bem representada pela dimensão do *loop* em tempo real e do processo em andamento — ainda que, aparentemente, não aconteça nada — da instalação de Nam June Paik.

O site de Fluxus contém, ele próprio, links para diversos outros sites que possuem um caráter artístico, entre os quais o *Media Filter*, que organiza um fórum e um arquivo, alimentados por todos os colaboradores voluntários do planeta, sobre abusos policiais.

Parando de seguir links, decido ir "diretamente" ao site do Rhizome[2] a partir de minha própria lista de sites favoritos. Rhizome, que possui correspondentes em quase todas as partes do mundo, envia semanalmente (de graça!) a seus assinantes (como eu), através do correio eletrônico, uma seleção de textos e de informações sobre a arte con-

---

[1] <http://www.fluxus.org> (N. do T.)

[2] <http://panoramix.univ-paris1.fr/UFR04/rhizome/> (N. do T.)

temporânea. Nesse site podem ser encontrados artigos e links com outros sites que permitem uma tomada de conhecimento direto das obras comentadas nos artigos. Podem ser trabalhos "clássicos" — como alguns "retratos" em placas de alumínio realizados a partir de fragmentos de código genético que contemplo no site do artista. Mas as referências dizem respeito também a obras cuja cena natural é a Internet. Assim, por exemplo, o mundo virtual construído por Julia Sher em Ada Web, que joga com o masoquismo (*soft*) e a paranoia dos internautas para fazer com que se percam em um universo interativo de clínicas angustiantes, de televigilância generalizada e de fóruns sobre o prazer de ser dominado, sobre os quais nos perguntamos se os participantes de sexo indefinido são reais ou ficcionais, de tão bem escritas que são suas contribuições.

Termino minha navegação em um site de um amigo brasileiro que mora nos Estados Unidos que acaba de me avisar por e-mail que uma de suas novas obras (*Rara Avis*) já está na Internet.[3] Trata-se da imagem de vídeo em tempo real (atualizada a cada sessenta segundos) de uma gaiola contendo um papagaio de uma espécie rara. De fato, a cada minuto a imagem muda. Este tipo de trabalho experimental, cujo princípio está se generalizando cada vez mais na Internet, prenuncia uma relação com a imagem de vídeo completamente diferente daquela à qual fomos acostumados pela televisão. Poderemos em breve "ir ver" por vontade própria um número cada vez maior de lugares no planeta cuja imagem estará disponível na Web. Já estive observando dessa forma, em tempo real, o interior de alguns laboratórios da NASA, um cruzamento em algum lugar de Washington, um canto perdido na Antártida, a Terra vista de um satélite etc.

Poderia contar outras sessões, como a que terminou com a transferência, pela rede, de textos de Nagarjuna (o grande filósofo budista do "caminho do meio"), ou a que me permitiu participar da elaboração coletiva de um léxico da ciberfilosofia. Mas foi preciso esco-

[3] <http://ekac.org/raraavis.html> (N. do T.)

lher, e preferi falar sobre uma sessão comum, "uma qualquer", a mais recente.

Essa sessão de navegação tomou-me pouco mais de uma hora, e estimo que tenha me enriquecido muito mais do que a leitura de uma ou duas revistas em papel durante o mesmo período de tempo. A "pilhagem" na Internet pode apenas ser comparada com o vagar em uma imensa biblioteca-discoteca ilustrada, com o acréscimo da facilidade de acesso, do tempo real, do caráter interativo, participativo, impertinente e lúdico. Essa midiateca é povoada, mundial e aumenta constantemente. Ela contém o equivalente a livros, discos, programas de rádio, revistas, jornais, folhetos, *curriculum vitae*, videogames, espaços de discussão e de encontros, mercados, tudo isso interligado, vivo, fluido. Longe de se uniformizar, a Internet abriga a cada ano mais línguas, culturas e variedade. Cabe apenas a nós continuar a alimentar essa diversidade e exercer nossa curiosidade para não deixar dormir, enterradas no fundo do oceano informacional, as pérolas de saber e de prazer — diferentes para cada um de nós — que esse oceano contém.

O QUE É O CIBERESPAÇO?

A palavra "ciberespaço" foi inventada em 1984 por William Gibson em seu romance de ficção científica *Neuromancer*. No livro, esse termo designa o universo das redes digitais, descrito como campo de batalha entre as multinacionais, palco de conflitos mundiais, nova fronteira econômica e cultural. Em *Neuromancer*, a exploração do ciberespaço coloca em cena as fortalezas de informações secretas protegidas pelos programas ICE, ilhas banhadas pelos oceanos de dados que se metamorfoseiam e são trocados em grande velocidade ao redor do planeta. Alguns heróis são capazes de entrar "fisicamente" nesse espaço de dados para lá viver todos os tipos de aventuras. O ciberespaço de Gibson torna sensível a geografia móvel da informação, normalmente invisível. O termo foi imediatamente retomado pelos usuários e criadores de redes digitais. Existe hoje no mundo uma profusão de correntes literárias, musicais, artísticas e talvez até políticas que se dizem parte da "cibercultura".

Eu defino o ciberespaço como *o espaço de comunicação aberto pela interconexão mundial dos computadores e das memórias dos computadores*. Essa definição inclui o conjunto dos sistemas de comunicação eletrônicos (aí incluídos os conjuntos de redes hertzianas e telefônicas clássicas), na medida em que transmitem informações provenientes de fontes digitais ou destinadas à digitalização.[4] Insisto na codificação digital, pois ela condiciona o caráter plástico, fluido, calculável com precisão e tratável em tempo real, hipertextual, interativo e, resumindo, virtual da informação que é, parece-me, a marca distintiva do ciberespaço. Esse novo meio tem a vocação de colocar em sinergia e interfacear todos os dispositivos de criação de informação, de gravação, de comunicação e de simulação. A perspectiva da digitalização geral das informações provavelmente tornará o ciberespaço o principal canal de comunicação e suporte de memória da humanidade a partir do início do próximo século.

Iremos agora examinar os principais modos de comunicação e de interação possibilitados pelo ciberespaço. É claro que aquilo que podia ser feito pela televisão, rádio ou telefone clássicos *também* pode ser feito por rádios, televisões ou telefones digitais; não é preciso expor em detalhes aquilo que já é conhecido. Irei desenvolver, portanto, em particular as inovações em relação às grandes técnicas de comunicação anteriores.

ACESSO A DISTÂNCIA E TRANSFERÊNCIA DE ARQUIVOS

Uma das principais funções do ciberespaço é o *acesso a distância aos diversos recursos de um computador*. Por exemplo, contanto que eu tenha esse direito, posso, com a ajuda de um pequeno computador pessoal, conectar-me a um enorme computador situado a milhares de quilômetros e fazer com que ele execute, em alguns minutos ou algumas horas, cálculos (cálculos científicos, simulações, síntese de imagens etc.) que meu computador pessoal levaria dias ou meses para executar. Isso significa que o ciberespaço pode *fornecer uma potência de cálculo*, em tempo real, mais ou menos como as grandes com-

[4] Nossa definição de ciberespaço aproxima-se, embora seja mais restritiva, daquela fornecida por Esther Dyson, George Gilder, Jay Keyworth e Alvin Toffler em "A Magna Carta for the Knowledge Age", *New Perspectives Quarterly*, outono de 1994, pp. 26-37. Para estes autores, o ciberespaço é a "terra do saber" ("the land of knowledge"), a "nova fronteira" cuja exploração poderá ser, hoje, a tarefa mais importante da humanidade ("the exploration of that land can be the civilization's truest highest calling").

panhias de fornecimento de eletricidade distribuem energia. Do ponto de vista estritamente técnico, não é mais necessário ter um grande computador no local, basta que a potência de cálculo esteja disponível em algum lugar no ciberespaço.

Com um terminal convenientemente preparado para esse fim (computador pessoal, televisão avançada, telefone celular especial, PDA etc.) também me é possível *acessar o conteúdo de bancos de dados ou, em geral, a memória de um computador distante.* Contanto que eu disponha do software de interface necessário e de uma taxa de transmissão adequada, tudo acontece como se eu estivesse consultando a memória de meu próprio computador. Se o custo da conexão for baixo, não é mais necessário, portanto, dispor da informação no local em que me encontro. Uma vez que uma informação pública se encontra no ciberespaço, ela está virtual e imediatamente à minha disposição, independentemente das coordenadas espaciais de seu suporte físico. Posso não apenas ler um livro, navegar em um hipertexto, olhar uma série de imagens, ver um vídeo, interagir com uma simulação, ouvir uma música gravada em uma memória distante, mas também *alimentar* essa memória com textos, imagens etc. Torna-se possível, então, que comunidades dispersas possam *comunicar-se por meio do compartilhamento de uma telememória* na qual cada membro lê e escreve, qualquer que seja sua posição geográfica.

Uma outra função importante do ciberespaço é a *transferência de dados* ou *upload*. Transferir um arquivo consiste em copiar um pacote de informações de uma memória digital para outra, geralmente de uma memória distante para a de meu computador pessoal ou aquela do local onde trabalho fisicamente. Claro que a informação transferida do computador do CERN em Genebra para o PC de um estudante de física de Melbourne não desaparecerá do computador do CERN. Esse arquivo pode ser, por exemplo, a última versão atualizada de um banco de dados com os resultados das experiências mais recentes do laboratório de física de alta energia, ou um banco de fotos das colisões das partículas elementares em uma câmara de bolhas, ou o texto de um artigo científico, ou um vídeo didático de apresentação das instalações, ou um modelo interativo que permita visualizar a teoria das hipercordas, ou um sistema especializado de ajuda ao diagnóstico de falhas no ciclotron etc. O estudante de Melbourne só poderá copiar todos esses arquivos caso eles tenham sido classificados como de domínio público pelos administradores do computador do CERN, e portanto possam ser acessados por qualquer um. Caso contrário, será preciso saber a senha ou pagar a taxa exigida.

Entre todos os arquivos que é possível copiar a distância, há obviamente os programas em si. Nesse caso, a transferência de arquivos permite a distribuição muito rápida, por intermédio do próprio canal do ciberespaço, de operadores (os programas) que melhoram seu funcionamento. Foi assim que grande parte dos programas que otimizam a comunicação entre computadores e a pesquisa de informações no ciberespaço disseminaram-se.

O CORREIO ELETRÔNICO

As funções de *troca de mensagens* encontram-se entre as mais importantes e mais usadas do ciberespaço. Cada pessoa ligada a uma rede de computadores pode ter uma caixa postal eletrônica identificada por um endereço especial, receber mensagens enviadas por seus correspondentes e enviar mensagens a todos aqueles que possuam um endereço eletrônico acessível através de sua rede. Essas mensagens são, hoje, basicamente texto, mas serão cada vez mais multimodais no futuro.

Para entender melhor o interesse despertado pelo correio eletrônico ("e-mail", em inglês), é preciso compará-lo ao correio tradicional e ao fax. Em primeiro lugar, as mensagens recebidas em uma caixa postal eletrônica são obtidas em formato digital. Podem, portanto, ser facilmente apagadas, modificadas e classificadas na memória do computador do receptor, sem passar pelo papel. De forma simétrica, não é mais necessário imprimir o texto para fazer com que chegue a seu destinatário: pode ser enviado diretamente em sua forma digital inicial. Essa característica é ainda mais interessante quando levamos em conta que muitas mensagens são produzidas, hoje, por meio de computadores.

Em qualquer lugar onde haja uma possibilidade de conexão telefônica ou hertziana, mesmo indireta, com o computador que gerencia minha caixa postal eletrônica (ou seja, em *quase qualquer lugar*), posso tomar conhecimento das mensagens que me são endereçadas ou enviar novas mensagens.

O correio eletrônico permite enviar, de uma só vez, uma mesma mensagem a uma lista (que pode ser longa) de correspondentes, bastando indicar essa lista. Assim, não é necessário fazer fotocópias do documento, nem digitar diversos números telefônicos, um após o outro. Se cada membro de um grupo de pessoas possui a lista dos endereços eletrônicos dos outros, surge a possibilidade de comunicação de coletivo para coletivo: cada um pode emitir para a totalidade do grupo e sabe que os outros também terão recebido as mensagens que ele lê.

Teste atômico

Como faço todas as noites, consulto meu correio eletrônico. Abro uma mensagem enviada por um dos organizadores de um importante colóquio internacional sobre as artes do virtual, do qual devo participar. Sou avisado, em inglês, que será criada uma "mailing list" para permitir o início das discussões antes de nosso encontro físico. Para participar dessa lista, basta enviar a mensagem "I subscribe" para determinado endereço eletrônico. Como estou interessado, sigo o procedimento indicado. Na noite seguinte, além das mensagens de meus correspondentes habituais, recebo as primeiras mensagens da mailing list sobre artes digitais.

Um professor de uma escola de arte de Minneapolis explica a incompreensão que seus colegas demonstram frente a seus ensinamentos sobre a *multimídia*.

Uma artista holandesa fala das instalações de captura do som do mar que ela monta na costa... e sobre as enormes conchas artificiais que repercutem esse som em lugares escolhidos no interior das terras.

Um estudante de direito de Detroit teme que a indústria da multimídia padronize, por motivos comerciais, as interfaces visuais, sonoras ou tácteis que os artistas gostariam, ao contrário, que fossem deixadas em aberto para a livre exploração das possibilidades alternativas.

No dia seguinte, minha caixa de correio já contém respostas às mensagens precedentes. Algumas complementando as primeiras, outras contradizendo-as. Muitos artistas lamentam não terem sido convidados para expor suas obras no colóquio, ainda que tenham apresentado um projeto. Eles aproveitam a mailing list para indicar à comunidade um endereço na Web onde se pode obter uma descrição ou um exemplo de seu trabalho. Um dos responsáveis pelo colóquio responde no dia seguinte que ele lamenta, mas que o orçamento era limitado, e que oitenta artistas do mundo inteiro poderão mostrar suas instalações, o que já é muito.

No decorrer dos dias, alguns temas parecem estabilizar-se: questões institucionais e pedagógicas, problemas estéticos, informações sobre os programas etc. A maioria das mensagens são rotuladas como respostas a uma mensagem anterior, o que frequentemente é também uma resposta, e assim por diante. Pode-se assim reconstituir linhas de conversa relativamente independentes. Com o tempo, algumas trocas sobre o mesmo assunto contam com vinte ou trinta "cartas" ou mais. Outras mensagens geram apenas cinco ou seis, e a conversa se extingue por si mesma.

É hábito dos cibernautas retomar em suas próprias mensagens a mensagem à qual respondem, de forma que uma mensagem se parece muitas vezes com um comentário da anterior. Podemos, assim, ter diversas "camadas" de texto (às vezes quatro ou cinco) no interior de uma mensagem, cada "dobra" tornando-se, de certa forma, o "envelope" da anterior. Os programas de correio eletrônico facilitam essa prática pois reproduzem (com uma marca especial no começo de cada linha) automaticamente na réplica a mensagem que está sendo respondida. Alguns assinantes da mailing list reclamam contra o abuso dessa prática que incha artificialmente as mensagens, como bolas de neve em uma ladeira, enchendo suas caixas postais.

As missivas vêm de todas as partes do mundo, com uma nítida predominância da América do Norte e da Europa. Como muitas vezes ocorre nas conferências eletrônicas, mesmo se houver 250 assinantes (que, portanto, recebem as mensagens), apenas cerca de trinta pessoas participam ativamente da conversa e alimentam regularmente a conferência. Pouco a pouco, os receptores da mailing list vão descobrindo o estilo desses animadores naturais, que provavelmente reflete seu caráter. Alguns demonstram um comportamento espontâneo, emotivo, e redigem em um inglês descuidado, quase fonético. Outros respondem ponto a ponto, de forma quase maníaca, aos enunciados de seus correspondentes ou compõem, usando uma linguagem clássica, verdadeiros minitratados com diversos capítulos e subcapítulos. Quando as coisas esquentam, moderadores (que imagino serem "mais velhos") aparecem e tentam acalmar os ânimos.

Algumas vezes, quando ares de uma Paris poluída vem bater nas janelas de meu apartamento, quando meus olhos cansados se esforçam para ler os caracteres na tela, um correspondente se afasta do assunto da conferência para falar do tempo em Oslo, ou do retiro, sem computador nem acesso à Net, que ele acaba de fazer nas montanhas do Colorado. Deitado nas encostas floridas, ele sentiu o frescor do vento dos cumes trazendo o aroma dos pinheiros e deixou-se levar pela pura profundeza do azul celeste.

A rotina da conferência é interrompida pela mensagem de um músico australiano, um certo Wesson (este não é seu verdadeiro nome), protestando violentamente contra as experiências atômicas francesas no Pacífico. Essa mensagem gera diversas respostas nos dias seguintes. Algumas pessoas simpatizam com a causa de Wesson. Outras lembram-no de que esse não é o objetivo desta mailing list e que há diversos outros fóruns na Internet onde ele poderia discutir o assunto com pessoas interessadas. Ao que outras pessoas respondem que os artistas não podem excluir *a priori* um assunto de discussão: os artistas sempre estiveram envolvidos nos assuntos da cidade, que têm agora dimensões planetárias. A discussão fica mais acalorada. Alguns participantes ameaçam cancelar suas inscrições na conferência caso o fluxo de mensagens sobre experiências atômicas não diminua. Wesson, cada vez mais animado, envia uma mensagem na qual confessa ter começado a aprender francês, mas agora arrepende-se de ter se interessado pela língua. Desta vez, ninguém fica de seu lado. Ele tem que enfrentar aquilo que os cibernautas chamam de *flame*, ou seja, um bombardeio de mensagens que chegam de todas as partes do mundo. Franceses, belgas, suíços, canadenses do Quebec respondem a Wesson na língua de Molière. Uma alemã, um inglês e um dinamarquês também respondem em francês em solidariedade a uma língua minoritária insultada. Alguns professores americanos tentam acalmar Wesson ao mesmo tempo que o criticam por ter desrespeitado a ética da Net. Como tantos outros, apesar de ter me contentado antes em ler as mensagens, deixo agora meu distanciamento para dirigir-me a Wesson (em inglês). Explico-lhe que está misturando pelo menos duas coisas: uma língua e um povo, um povo e um governo. Como alguém que se diz pacifista, ele deveria perceber que é esse tipo de confusão grosseira e de identificação de seres humanos com categorias nacionais, étnicas, linguísticas ou religiosas que torna as guerras possíveis.

Wesson faz, então, uma espécie de confissão pública. Lamenta sua mensagem a respeito da língua francesa e pede a todos que o perdoem. Quando redigiu aquela lamentável mensagem, estava sozinho em frente à tela. Estava quase pensando em voz alta, sem lembrar que havia pessoas do outro lado da rede. Indivíduos vivos, possuidores de sentimentos, que poderiam ser magoados por palavras, assim como ele. E dentre esses indivíduos, justamente alguns daqueles que a televisão e os jornais que ele lia diariamente apontavam em massa para a vingança dos australianos. Wesson havia sido excitado pelo falatório antifrancês das mídias que o cercavam. No entanto, a rede lhe havia dado uma consciência planetária muito mais concreta do que aquela que pensava ter. Aquela resultante do contato direto com pessoas que exprimem suas emoções e pensamentos. Além dessa mensagem para todos, surpreendi-me ao encontrar uma mensagem pessoal de Wesson, que não podia ser lida pelos outros membros da mailing list. Disse que havia ficado comovido com a sinceridade e clareza de minha resposta e desejava conhecer-me. Trocamos então algumas mensagens pessoais que terminaram com uma promessa recíproca de nos encontrarmos durante o colóquio.

O verão passou.

Uma manhã de setembro, na sala de imprensa do simpósio internacional, um jovem barbudo e sorridente vem falar comigo.

— *Mister Lévy?*
— *Yes.*
— *I'm Paul Wesson...*

As conferências eletrônicas

Mais complexo que o simples correio eletrônico, um sistema de *conferências eletrônicas* é um dispositivo sofisticado que permite que grupos de pessoas discutam em conjunto sobre temas específicos. As mensagens são normalmente classificadas por assuntos e por subtópicos. Alguns assuntos são fechados quando são abandonados e outros são abertos quando os membros do grupo acham necessário. Em um sistema de conferências eletrônicas, as mensagens não são dirigidas a pessoas, mas sim a temas ou subtemas. O que não impede os indivíduos de responderem uns aos outros, já que as mensagens são assinadas. Além disso, indivíduos que tenham entrado em contato em uma conferência eletrônica podem em geral comunicar-se pelo correio eletrônico clássico, de pessoa a pessoa.

Há sistemas especiais que permitem uma comunicação direta entre todas as pessoas que estejam conectadas a uma conferência eletrônica *no mesmo momento*. As mensagens trocadas nesse tipo de conferência eletrônica em geral não são gravadas. Os indivíduos que se comunicam compartilham uma espécie de espaço virtual de comunicação efêmera onde são inventados novos estilos de escrita e de interação.

Alguns sistemas de mensagens e de conferências eletrônicas funcionam apenas em redes especializadas de grandes empresas ou nas redes disponibilizadas por alguns serviços comerciais. Contudo, há uma tendência para o estabelecimento de conexões entre esses sistemas locais e o grande sistema de conexão das redes que é a Internet.

Progressivamente, qualquer pessoa que possua uma caixa postal eletrônica em qualquer rede de computadores, o que brevemente equivalerá a dizer qualquer pessoa que possua um computador ou um PDA, poderá receber uma mensagem multimodal de qualquer outro ponto de entrada no ciberespaço, exatamente como a rede de telecomunicações coloca em contato todos os pontos de telefone.

As redes de redes, como a Internet, permitem o acesso a um número enorme de conferências eletrônicas. As conferências eletrônicas específicas da Internet são chamadas "newsgroups" ou "news". Ao dar uma visibilidade a estes grupos de discussão, que são feitos e desfeitos o tempo todo, o ciberespaço torna-se uma forma de contatar pessoas não mais em função de seu nome ou de sua posição geográfica, mas a partir de seus centros de interesses. É como se as pessoas que participam das conferências eletrônicas adquirissem um endereço no espaço móvel dos temas de debates e dos objetos de conhecimento.

Da conferência eletrônica ao groupware

Quando sistemas de indexação e de pesquisa são integrados a elas e todas as contribuições são gravadas, as conferências eletrônicas funcionam como memórias de grupo. Obtemos, então, bases de dados "vivas", alimentadas permanentemente por coletivos de pessoas interessadas pelos mesmos assuntos e confrontadas umas às outras. No limite, fica borrada a distinção entre um hiperdocumento acessível on-line, no qual todos os membros de uma comunidade podem ler e escrever, e um sistema de conferências eletrônica avançado. Fixado em CD-ROM, um hiperdocumento, mesmo que mantenha algumas das características interativas específicas do digital, oferece menos plasticidade, dinamismo e sensibilidade à evolução do contexto que um hiperdocumento enriquecido e reestruturado em tempo real por uma comunidade de autores e leitores em rede. Germinante, ramificante, bifurcante, rizoma dinâmico que exprime um saber plural em construção, acolhendo a memória múltipla e multiplamente interpretada de um coletivo, permitindo navegações em sentidos transversais, o hipertexto só desdobra todas as suas qualidades quando imerso no ciberespaço.

Alguns *dispositivos de ensino em grupo* são especialmente projetados para o compartilhamento de diversos recursos computacionais e o uso dos meios de comunicação próprios do hiperespaço. Falamos, então, de aprendizagem cooperativa assistida por computador (em inglês, Computer Supported Cooperative Learning, CSCL). Estes dispositivos permitem a discussão coletiva, a divisão de conhecimentos, as trocas de saberes entre indivíduos, o acesso a tutores on-line aptos a guiar as pessoas em sua aprendizagem e o acesso a bases de dados, hiperdocumentos e simulações. Nos sistemas mais aperfeiçoados, os hiperdocumentos encontram-se estruturados e enriquecidos em função das perguntas e navegações dos aprendizes.

Novas formas de *organização do trabalho* também surgem, que exploram ao máximo os recursos de hiperdocumentos compartilhados, das conferências eletrônicas, do acesso a distância e da teletransferência (download) de arquivos. O domínio do trabalho cooperativo assistido por computador (em inglês, Computer Supported Cooperative Work, CSCW) encontra-se hoje em rápida expansão. Caso seja bem concebida, uma organização cooperativa do trabalho por rede de computadores *também* é uma ferramenta de aprendizagem cooperativa. Os programas e sistemas a serviço do trabalho cooperativo são chamados de groupware. Sob o nome de Intranet, são cada vez mais usadas as ferramentas da Internet (correio, news, Web etc.) para a organização *interna* das empresas ou de redes empresariais. A Intranet, que tende a se impor como um padrão, possui instrumentos para correspondência, colaboração, compartilhamento de memória e de documentos imediatamente compatíveis com a grande rede externa. As transações mais diversas entre os sistemas de informação das organizações que usam a Intranet tornam-se "transparentes".

O BBS do Atelier:
um exemplo de comunidade virtual[5]

Jean-Michel Billaud é responsável pelo grupo de vigília e prospecção de um banco. Há muitos anos percebeu, muito antes que a imprensa se apossasse do assunto, que o desenvolvimento da comunidade digital on-line geraria profundas alterações econômicas, bem como uma redistribuição das cartas entre os atores financeiros. Como será o comércio quando grande parte das transações econômicas for feita no ciberespaço? O que sobrará das moedas nacionais quando o "cybercash" tornar-se corriqueiro? Não será necessário que os banqueiros reinventem seu papel tradicional quando diversas formas de crédito e de trocas on-line — ainda em fase experimental na rede — estiverem estabe-

---

[5] Criado em 1979, o Atelier é o departamento de análise do mercado de tecnologias da informação do Banco Paribas. O *Journal de l'Atelier* foi fundado em 1987, e serve como ponto de referência para a análise de tecnologia da informação na França. (N. do T.)

lecidas? Como influir desde agora sobre as evoluções em andamento? Quem pode tomar uma ação destas, e como? Estas são as questões que Jean-Michel Billaud começou a levantar na comunidade francesa dos banqueiros e dos organismos de crédito, através da revista de difusão restrita *L'Atelier de la Compagnie Bancaire*.[6] Juntando a experimentação à informação e à reflexão, esse visionário impulsionou o uso de um BBS no centro do departamento de vigília tecnológica de sua empresa, incitando os responsáveis por outros serviços a se conectar. Ele queria habituar os executivos do banco a receber informações direcionadas e filtradas por meios eletrônicos, iniciá-los na cultura das trocas transversais e da reflexão coletiva em suporte digital. O "BBS do Atelier" foi depois aberto a pessoas não pertencentes à empresa, interessadas pelas questões abordadas e também capazes de alimentá-lo com suas informações e experiências. Obviamente, uma parte das informações e dos grupos de discussão permaneceu reservada para os membros do banco. Mas a parte "pública" logo tomou uma dimensão impressionante. O BBS do Atelier, que acolhe centenas de pessoas, constitui hoje, em número, uma das mais importantes comunidades virtuais francesas, senão a mais importante delas.

Se você é, como eu, assinante do BBS do Atelier, há quatro serviços à sua disposição: correio eletrônico (com conexão à Internet), informações, fóruns, transferência de documentos e de programas. Vou detalhar abaixo a parte relativa às informações e aos fóruns.

As informações: os documentalistas e especialistas que trabalham no grupo de vigília do banco alimentam dossiês bem guarnecidos onde há uma multiplicidade de informações recolhidas em diversos newsgroups da Internet, em sites, em agências especializadas etc. Essas informações dizem respeito geralmente aos mercados e às tecnologias de informática e telecomunicações. Tendências do mercado, estatísticas, anúncios de compras ou de fusões, decisões de investimentos de determinado ator no domínio do ciber-

---

[6] <http://www.atelier.fr/> (N. do T.)

espaço, inovações financeiras na Internet... É possível assim acompanhar, dia a dia, o progresso da linguagem de programação Java para aplicações interativas na Web, ou o crescimento dos "network computers", máquinas especializadas na conexão à rede para o grande público (e custando um terço do preço dos computadores pessoais clássicos). Alguns dossiês propõem bibliografias e indicações documentais em vez de informações brutas. São encontrados também on-line todos os artigos publicados e a serem publicados no jornal *L'Atelier*.

Oferecendo um resumo e uma seleção das notícias do dia, a resenha cotidiana do BBS do Atelier é particularmente apreciada pelos assinantes. Ela é alimentada tanto a partir dos jornais especializados quanto pela grande imprensa. Como exemplo, os temas da resenha de 5 de fevereiro de 1997 eram os seguintes: serviços on-line, *monétique*, telefonia móvel, telecomunicações, informática, eletrônica, audiovisual, televisão digital.

Os fóruns: como em qualquer comunidade virtual, os fóruns do BBS do Atelier são espaços de trocas de informações e de debates. Alguns fóruns podem ser acessados por qualquer um, enquanto outros, muito técnicos, são frequentados apenas por especialistas. Encontramos igualmente no BBS reproduções de fóruns importados da Internet ou de outros BBSs. Eis aqui a lista de alguns dos fóruns próprios do BBS do Atelier: o comércio eletrônico, o pagamento seguro, a Bolsa, as autoestradas da informação, as questões jurídicas ligadas à cibercultura, a realidade virtual, o mundo dos BBSs, a democracia e as novas tecnologias da informação, as cidades digitais, os CD-ROMs etc. Além disso, o BBS abriga o fórum de discussão do *Club de L'Arche*, que tomou como sua missão sensibilizar os responsáveis políticos e econômicos para as questões emergentes da cibercultura. Um dos interesses dos fóruns do BBS do Atelier é que recebem uma parcela cada vez maior dos atores, dos promotores ou dos gestores dos domínios em questão. Foi assim que o grupo de pressão dos responsáveis econômicos franceses favoráveis à liberalização do uso das técnicas de criptografia organizou-se em grande parte via BBS.

Alguns espaços coletivos "reservados" só podem ser acessados por pessoas que possuam a palavra-chave necessária. São dedicados a negociações e transações econômicas. Para terminar, notemos que a leitura das informações on-line e a participação nas discussões "virtuais" não substituem — muito pelo contrário — os contatos em carne e osso. O Atelier organiza, várias vezes por semana, em Paris, encontros físicos entre os atores da "cibereconomia". Neles são apresentados novos produtos, iniciativas diversas tocando os temas centrais do Atelier, debates bastante abertos nos quais utopistas da democracia eletrônica e da inteligência coletiva ficam lado a lado com profissionais de marketing (algumas vezes são os mesmos) e podem tomar um drinque na companhia de Jean-Michel Billaud após terem se conhecido on-line.

Em resumo, o ciberespaço permite a combinação de vários modos de comunicação. Encontramos, em graus de complexidade crescente: o correio eletrônico, as conferências eletrônicas, o hiperdocumento compartilhado, os sistemas avançados de aprendizagem ou de trabalho cooperativo e, enfim, os mundos virtuais multiusuários.

A COMUNICAÇÃO ATRAVÉS DE MUNDOS VIRTUAIS COMPARTILHADOS

Como já vimos anteriormente, a interação com uma realidade virtual no sentido mais forte vem a ser, em seu princípio técnico, a possibilidade de explorar ou de modificar o conteúdo de um banco de dados por meio de gestos (movimentos da cabeça, das mãos, deslocamentos etc.) e perceber imediatamente, em um modo *sensível* (imagens, sons, sensações tácteis e proprioceptivas), os novos aspectos do banco de dados revelados pelos gestos que foram executados. O que equivale a manter uma relação sensório-motora com o conteúdo de uma memória de computador. Ora, as realidades virtuais servem cada vez mais como mídia de comunicação. De fato, várias pessoas geograficamente dispersas podem alimentar simultaneamente uma base de dados por meio de gestos e, em retorno, receber dela informações sensoriais. Quando uma das pessoas modifica o conteúdo da memória digital compartilhada, os outros percebem imediatamente o novo estado do ambiente comum. Como a posição e a imagem virtuais de cada um também encontram-se gravadas na base de dados, cada vez que um dos parceiros se move ou modifica a descrição de sua imagem, os outros percebem seu movimento. Esse tipo de dispositivo de comunicação pode servir a jogos, ambientes de aprendizagem ou de trabalho, a prefigurações urbanísticas, a simulações de combate etc. As realidades virtuais compartilhadas, que podem fazer comunicar milhares ou mesmo milhões de pessoas, devem ser consideradas como dispositivos de comunicação "todos-todos", típicos da cibercultura.

Podemos estender a noção de *comunicação através de mundo virtual compartilhado* a outros sistemas além daqueles que simulam uma interação no centro de um universo físico tridimensional "realista" cujo aspecto visual é calculado de acordo com as leis da perspectiva. Em outras palavras, é possível haver uma comunicação através de mundos virtuais, mesmo em um sentido mais fraco do que o das simulações por imersão.

Para que determinado dispositivo de comunicação seja considerado um mundo virtual, não é portanto necessário que ele calcule imagens e sons. Por exemplo, alguns jogos de aventura que envolvem milhares de participantes na Internet são verdadeiros mundos virtuais, com suas regras de funcionamento e capacidades de reação autônomas, ainda que sejam puramente textuais. Cada jogador contribui para construir o universo no qual participa sob o aspecto do "personagem" que ele encarna. Deslocando-se em um universo fictício, os jogadores ficam mais ou menos "próximos" uns dos outros e só interagem quando estão no mesmo "lugar" virtual. Temos aí um bom exemplo de comunicação por meio da construção cooperativa de um mundo, recorrendo evidentemente ao dispositivo "todos-todos".

NAVEGAÇÕES

Pessoas sem nenhum conhecimento de programação podem usar as funções de correio e de conferência eletrônica, ou consultar um hiperdocumento a distância dentro de uma mesma rede. Geralmente basta saber clicar nos botões corretos ou escolher as operações que se quer efetuar em um "menu" ou, na pior das hipóteses, digitar alguns comandos que são rapidamente decorados. Em contrapartida, a circulação de uma rede para outra no ciberespaço exigiu, durante muito tempo, competências relativamente avançadas em informática, ou ao menos uma aprendizagem lenta e árdua. Essa situação está para mudar.

Novas gerações de programas e de serviços de pesquisa automática livram os navegadores da manipulação de códigos esotéricos e de longas perambulações durante suas buscas por informações. Após haver tornado mais amigáveis as relações entre o humano e o computador, após haver descompartimentalizado o espaço de trabalho entre programas e aplicativos diferentes, após haver facilitado as conexões dos computadores com as impressoras, os scanners, os instrumentos de captura e de restituição da imagem e do som, o progresso das interfaces se dirige hoje à opacidade do ciberespaço.

Telefones móveis avançados, televisões digitais, assistentes pessoais digitais, todos esses terminais do ciberespaço serão dotados de capacidades importantes de cálculo e memória. Os sistemas operacionais desses aparelhos possuirão instrumentos de navegação e de orientação em um ciberespaço cada vez mais transparente.

Já existem hoje programas muito potentes capazes de "caçar" automaticamente informações e textos em centenas de bancos de dados e de bibliotecas dispersas no ciberespaço. É igualmente possível treinar agentes de software especializados, conhecidos como *knowbots* ("robôs do conhecimento"), para pesquisar periodicamente no ciberespaço informações multimodais interessantes e apresentá-las automaticamente sob a forma de "revista" estruturada interativa ou de hiperdocumentos especialmente compostos para uma pessoa.

Outros programas, os *gophers*, fornecem a seus usuários uma espécie de mapa inteligente capaz de levar aos lugares mostrados. Enfim, um sistema de interconexão e de pesquisa de documentos como a World Wide Web tem a capacidade de transformar a Internet em um hipertexto gigante, independente da localização física dos arquivos de computador. Na Web, cada elemento de informação contém ponteiros, ou links, que podem ser seguidos para acessar outros documentos sobre assuntos relacionados. A Web também permite o acesso por palavras-chave a documentos dispersos em centenas de computadores dispersos através do mundo, como se esses documentos fizessem parte do mesmo banco de dados ou do mesmo disco rígido.

Virtualmente, todos os textos formam um único hipertexto, uma única camada textual fluida. A análise também vale para as imagens que, virtualmente, constituem agora um único hiperícone, sem limites, caleidoscópico, em crescimento, sujeito a todas as quimeras. E as músicas, crescendo dos bancos de efeitos sonoros, dos repertórios de timbres sampleados, dos programas de síntese, de sequenciamento e de arranjo automáticos, compõem juntos uma polifonia inaudível, confluem na sinfonia de Babel. As pesquisas sobre as interfaces de navegação são orientadas, direta ou indiretamente, pela perspectiva última de transformar o ciberespaço em um único mundo virtual, imenso, infinitamente variado e perpetuamente mutante.

Segunda parte
PROPOSIÇÕES

6.
O UNIVERSAL SEM TOTALIDADE, ESSÊNCIA DA CIBERCULTURA

A cada minuto que passa, novas pessoas passam a acessar a Internet, novos computadores são interconectados, novas informações são injetadas na rede. Quanto mais o ciberespaço se amplia, mais ele se torna "universal", e menos o mundo informacional se torna totalizável. O universal da cibercultura não possui nem centro nem linha diretriz. É vazio, sem conteúdo particular. Ou antes, ele os aceita todos, pois se contenta em colocar em contato um ponto qualquer com qualquer outro, seja qual for a carga semântica das entidades relacionadas. Não quero dar a entender, com isso, que a universalidade do ciberespaço é "neutra" ou sem consequências, visto que o próprio fato do processo de interconexão já tem, e terá ainda mais no futuro, imensas repercussões na atividade econômica, política e cultural. Este acontecimento transforma, efetivamente, as condições de vida em sociedade. Contudo, trata-se de um universo indeterminado e que tende a manter sua indeterminação, pois cada novo nó da rede de redes em expansão constante pode tornar-se produtor ou emissor de novas informações, imprevisíveis, e reorganizar uma parte da conectividade global por sua própria conta.

O ciberespaço se constrói em sistema de sistemas, mas, por esse mesmo fato, é também *o sistema do caos*. Encarnação máxima da transparência técnica, acolhe, por seu crescimento incontido, todas as opacidades do sentido. Desenha e redesenha várias vezes a figura de um labirinto móvel, em expansão, sem plano possível, universal, um labirinto com qual o próprio Dédalo não teria sonhado. Essa universalidade desprovida de significado central, esse sistema da desordem, essa transparência labiríntica, chamo-a de "universal sem totalidade". Constitui a essência paradoxal da cibercultura.

Nesta parte, começarei lembrando as tendências da evolução técnica que fundam esse traço central da civilização emergente, e analisarei a seguir a nova pragmática das comunicações instaurada pelo ciberespaço. Essa análise nos conduzirá à explicitação teórica do conceito de universal sem totalidade. Nos próximos capítulos, mostrarei que este conceito permite a compreensão do movimento social que propaga a cibercultura, de suas formas estéticas e de sua relação com o saber. Terminarei, enfim, com uma discussão em profundidade das questões urbanísticas e políticas da cibercultura: como articular a virtualidade do ciberespaço e a territorialidade da cidade?

A UNIVERSALIDADE NO PLANO TÉCNICO

No primeiro capítulo, sobre o impacto das novas tecnologias, sugeri que é impossível fixar o significado humano de uma galáxia técnica em transformação contínua. As implicações culturais e sociais do digital se aprofundam e se diferenciam a cada nova interface, a cada aumento de potência ou capacidade, a cada nova ramificação para outros conjuntos de técnicas. Vimos, contudo, que entre toda essa variedade móvel, a *velocidade* da evolução se mantém como uma invariante paradoxal. Também coloquei em evidência, nos capítulos seguintes, a constante da *virtualização* da informação e da comunicação. Um outro traço imutável da cibercultura parece ser a tendência a "criar um sistema", a tensão rumo ao universal. Apenas no plano das infraestruturas técnicas, os promotores de sistemas operacionais (como Windows, Unix ou Mac OS), de linguagens de programação (como C ou Java) ou de programas aplicativos (como Word ou Netscape), em geral esperam que seus produtos se tornem — ou continuem a ser — "padrões". Um programa é tido como um padrão quando, para um determinado uso (gerenciar os recursos de um computador, programar aplicativos interativos para a Internet, escrever, navegar na Web etc.), ele é o mais utilizado no mundo. De fato, o ciberespaço funciona como alguns sistemas ecológicos: a longo prazo, um determinado "nicho" não pode acolher um número muito grande de espécies concorrentes. A variedade inicial desaparece em proveito de algumas formas de vida dominantes. Mesmo se muitas marcas coexistem, os *princípios técnicos* obedecerão, cedo ou tarde, a um pequeno número de normas internacionais. Quanto mais o digital se afirma como um suporte privilegiado de comunicação e colaboração, mais essa tendência à universalização marca a história da informática. Os documentos digitalizados devem poder circular de uma máquina para outra, desta empresa para a próxima. O usuário de um determinado computador quer poder comunicar-se com qualquer outro computador do planeta. Uma proposta técnica *incompatível* é, mais cedo ou mais tarde, vetada pelo mercado — ou seja, cada vez mais, pelos usuários finais dos produtos. Dizer que a inovação vencedora é aquela que consegue "criar um sistema" com o restante do ambiente tecnológico é quase o mesmo que enunciar uma tautologia.

Quaisquer que sejam seus avatares no futuro, podemos predizer que todos os elementos do ciberespaço continuarão progredindo rumo à integração, à interconexão, ao estabelecimento de sistemas cada vez mais interdependentes, universais e "transparentes". Esse traço caracteriza diversos sistemas técnicos contemporâneos como a aviação, o automóvel ou a produção e distribuição elétricas.[1] Ainda assim, o ciberespaço tende à universalidade e à sistematicidade (interoperabilidade, "transparência", irreversibilidade das escolhas estratégicas) em um sentido ainda mais forte que os outros grandes sistemas técnicos, por ao menos duas razões.

Em primeiro lugar, constitui a infraestrutura de comunicação e coordenação dos outros grandes sistemas técnicos. Melhor ainda, assegura a condição de possibilidade de uma progressão na universalização e coerência funcional, organizacional e operacional dos outros sistemas. O desenvolvimento do digital é, portanto, sistematizante e universalizante não apenas em si mesmo, mas também, em segundo plano, a serviço de outros fenômenos tecnossociais que tendem à integração mundial: finanças, comércio, pesquisa científica, mídias, transportes, produção industrial etc.

Por outro lado, o significado último da rede ou o valor contido na cibercultura é precisamente a universalidade. Essa mídia tende à interconexão geral das informações, das máquinas e dos homens. E portanto, se, como afirmava McLuhan, "a mídia é a mensagem", a mensagem dessa mídia é o universal, ou a sistematicidade transparente e ilimitada. Acrescentemos que esse traço corresponde efetivamente aos projetos de seus criadores e às expectativas de seus usuários.

---

[1] A respeito da noção do grande sistema técnico, ver Alain Gras, com a participação de Sophie Poirot-Delpech, *Grandeur et dépendence: sociologie des macro-systèmes techniques*, Paris, PUF, 1993.

A escrita e o universal totalizante

Para realmente entender a mutação contemporânea da civilização, é preciso passar por um retorno reflexivo sobre a primeira grande transformação na ecologia das mídias: a passagem das culturas orais às culturas da escrita. A emergência do ciberespaço, de fato, provavelmente terá — ou já tem hoje — um efeito tão radical sobre a pragmática das comunicações quanto teve, em seu tempo, a invenção da escrita.

Nas sociedade orais, as mensagens linguísticas eram sempre recebidas no tempo e lugar em que eram emitidas. Emissores e receptores compartilhavam uma situação idêntica e, na maior parte do tempo, um universo semelhante de significação. Os atores da comunicação evoluíam no mesmo universo semântico, no mesmo contexto, no mesmo fluxo vivo de interações.

A escrita abriu um espaço de comunicação desconhecido pelas sociedades orais, no qual tornava-se possível tomar conhecimento das mensagens produzidas por pessoas que encontravam-se a milhares de quilômetros, ou mortas há séculos, ou então que se expressavam apesar de grandes diferenças culturais ou sociais. A partir daí, os atores da comunicação não dividiam mais necessariamente a mesma situação, não estavam mais em interação direta.

Subsistindo fora de suas condições de emissão e de recepção, as mensagens escritas mantêm-se "fora de contexto". Esse "fora de contexto" — que inicialmente diz respeito apenas à ecologia das mídias e à pragmática da comunicação — foi legitimado, sublimado, interiorizado pela cultura. Irá tornar-se o centro de determinada racionalidade e levará, finalmente, à noção de universalidade.

No entanto, é difícil compreender uma mensagem fora de seu contexto vivo de produção. É este o motivo pelo qual, do lado da recepção, foram inventadas as artes da interpretação, da tradução, toda uma tecnologia linguística (gramáticas, dicionários etc.). Do lado da emissão, foi feito um esforço para compor mensagens que pudessem circular em toda parte, independentemente de suas condições de produção, e que, na medida do possível, contêm em si mesmas suas chaves de interpretação, ou sua "razão". A esse esforço prático corresponde a ideia do universal. Em princípio, não é necessário apelar para um testemunho vivo, uma autoridade exterior, hábitos ou elementos de um ambiente cultural em particular para compreender e admitir, por exemplo, as proposições enunciadas nos *Elementos* de Euclides. Esse texto contém em si mesmo as definições e os axiomas dos quais decorrem necessariamente os teoremas. Os *Elementos* são um dos melhores exemplos do tipo de mensagem autossuficiente, autoexplicativa, abrangendo suas próprias razões, que não teria pertinência em uma sociedade oral.

A filosofia e a ciência clássicas, cada uma à sua própria maneira, visam a universalidade. Minha hipótese é que isso se deve ao fato de não poderem ser separadas do dispositivo de comunicação instaurado pela escrita. Todas as religiões "universais" (e não falo apenas dos monoteísmos: pensemos no budismo) são fundadas em textos. Se desejo converter-me ao islamismo, posso fazê-lo em Paris, Nova York ou Meca. Mas se quero praticar a religião bororo (supondo que tal projeto faça sentido), minha única opção seria ir viver com os bororos. Os ritos, mitos, crenças e modos de vida dos bororos não são universais, mas sim contextuais ou locais. Não se apoiam de forma alguma em uma relação com textos escritos. Essa constatação não implica, evidentemente, nenhum julgamento de valor etnocêntrico: um mito bororo pertence ao patrimônio da humanidade e pode virtualmente emocionar qualquer ser pensante. Por outro lado, as religiões particularistas também têm seus textos: a escrita não *determina* automaticamente o universal, ela o *condiciona* (não há universalidade sem escrita).

Como os textos científicos ou filosóficos que pretensamente contêm suas próprias razões, seus próprios fundamentos, e carregam consigo suas condições de interpretação, os grandes textos das religiões universalistas englobam por construção a fonte de sua autoridade. Assim, a origem da verdade religiosa é a revelação. Ora, a Torá, os Evangelhos, o Corão, *são a revelação em si* ou a narração autêntica da revelação. O discurso não se apoia mais numa tradição que recebe sua autoridade do passado, dos ancestrais ou da evidência compartilhada de uma cultura. Apenas o texto (a revelação) funda a verdade, escapando assim a qualquer contexto condicionante. Graças ao regime de verdade que se apoia num texto-revelação, as religiões do livro se libertam da dependência de um meio particular e tornam-se universais.

Observamos nesse ponto que o autor (típico das culturas escritas) é, originalmente, *a fonte da autoridade*, enquanto o intérprete (figura central das tradições orais) apenas atualiza ou modula uma autoridade que vem de fora. Graças à escrita, os autores, demiúrgicos, inventam a autoposição do verdadeiro.

No universal fundado pela escrita, aquilo que deve se manter imutável pelas interpretações, traduções, difusões, conservações, é o sentido. O significado da mensagem deve ser o mesmo em toda parte, hoje e no passado. Este universal é indissociável de uma visada de fechamento semântico. Seu esforço de totalização luta contra a pluralidade aberta dos contextos atravessados pelas mensagens, contra a diversidade das comunidades que os fazem circular. Da invenção da escrita decorrem as exigências muito especiais da descontextualização dos discursos. A partir desse acontecimento, o domínio englobante do significado, a pretensão ao "todo", a tentativa de instaurar em todos os lugares o mesmo sentido (ou, na ciência, a mesma exatidão) encontram-se, para nós, associadas ao universal.

Mídias de massa e totalidade

As mídias de massa: imprensa, rádio, cinema, televisão, ao menos em sua configuração clássica, dão continuidade à linhagem cultural do universal totalizante iniciado pela escrita. Uma vez que a mensagem midiática será lida, ouvida, vista por milhares ou milhões de pessoas dispersas, ela é composta de forma a encontrar o "denominador comum" mental de seus destinatários. Ela visa os receptores no mínimo de sua capacidade interpretativa. Este não é o lugar adequado para desenvolver todas as distinções entre os efeitos culturais das mídias eletrônicas e os da imprensa. Quero apenas destacar uma semelhança. Circulando em um espaço privado de interação, a mensagem midiática não pode explorar o contexto particular no qual o destinatário evolui, e negligencia sua singularidade, seus links sociais, sua microcultura, sua situação específica em um momento dado. É este dispositivo ao mesmo tempo muito redutor e conquistador que fabrica o "público" indiferenciado das mídias de "massa". Por vocação, as mídias contemporâneas, ao se reduzirem à atração emocional e cognitiva mais "universal", "totalizam". Também é o caso, de forma muito mais violenta, da propaganda do partido único dos totalitarismos no século XX: fascismo, nazismo, stalinismo.

Entretanto, as mídias eletrônicas, como o rádio ou a televisão, possuem uma segunda tendência, complementar à primeira. A descontextualização que acabo de citar instaura, paradoxalmente, um outro contexto, holístico, quase tribal, mas em maior escala do que nas sociedades orais. A televisão, interagindo com as outras mídias, faz surgir um plano de existência emocional que reúne os membros da sociedade em uma espécie de macrocontexto flutuante, sem memória, em rápida evolução. O que pode ser percebido particularmente nos fenômenos da transmissão "ao vivo" e, em geral, quando as notícias são quentes. É preciso conceder a McLuhan o mérito de ter descrito, pela primeira vez, o caráter das sociedades midiáticas. A principal diferença entre o contexto midiático e o contexto oral é que os telespectadores, quando estão implicados *emocionalmente* na esfera dos espetáculo, nunca podem estar implicados *praticamente*. Por construção, no plano de existência midiática, jamais são atores.

A verdadeira ruptura com a pragmática da comunicação instaurada pela escrita não pode estar em cena com o rádio ou a televisão, já que estes instrumentos de difusão em massa não permitem nem uma verdadeira reciprocidade nem interações transversais entre participantes. O contexto global instaurado pelas mídias, em vez de emergir das interações vivas de uma ou mais comunidades, fica fora do alcance daqueles que dele consomem apenas a recepção passiva, isolada.

Complexidade dos modos de totalização

Grande parte das formas culturais derivadas da escrita tem vocação para a universalidade, mas cada uma totaliza sobre um atrator diferente: as religiões universais sobre o sentido, a filosofia (incluindo a filosofia política) sobre a razão, a ciência sobre a exatidão reprodutível (os fatos), as mídias sobre uma captação em um espetáculo siderante, batizado de "comunicação". Em todos os casos, a totalização ocorre sobre a identidade da significação. Cada uma à sua maneira, essas máquinas culturais tentam recolocar, no plano de realidade que inventam, uma forma de coincidência com elas mesmas dos coletivos que reúnem. O universal? Uma espécie de aqui e agora virtual da humanidade. Ora, ainda que levem a uma *reunião* por meio de um aspecto de sua ação, essas máquinas de produção de universal *decompõem* de outras formas diversas micrototalidades contextuais: paganismos, opiniões, tradições, saberes empíricos, transmissões comunitárias e artesanais. E tais destruições de locais são, por sua vez, imperfeitas, ambíguas, já que os produtos das máquinas universais são, por sua vez, quase sempre fagocitados, relocalizados, misturados com os particularismos que gostariam de transcender. Ainda que o universal e a totalização (a totalização, ou seja, o fechamento semântico, a unidade da razão, a redução ao denominador comum etc.) estejam desde sempre vinculados, sua conjunção emana tensões fortes, contradições dolorosas que a nova ecologia das mídias polarizada pelo ciberespaço talvez permita desatar. Tal desligamento, enfatizemos, não é de forma alguma garantido nem automático. A ecologia das técnicas de comunicação propõe, os atores humanos dispõem. São eles que decidem em última instância, deliberadamente ou na semi-inconsciência dos efeitos coletivos, do universo cultural que constroem juntos. É preciso ainda que tenham percebido a possibilidade de novas escolhas.

A CIBERCULTURA OU O UNIVERSAL SEM TOTALIDADE

O principal evento cultural anunciado pela emergência do ciberespaço é a desconexão desses dois operadores sociais ou máquinas abstratas (muito mais do que conceitos!) que são a universalidade e a totalização. A causa disso é simples: o ciberespaço dissolve a pragmática da comunicação que, desde a invenção da escrita, havia reunido o universal e a totalidade. Ele nos leva, de fato, à situação existente antes da escrita — mas em outra escala e em outra órbita — na medida em que a interconexão e o dinamismo em tempo real das memórias on-line tornam novamente possível, para os parceiros da comunicação, compartilhar o mesmo contexto, o mesmo imenso hipertexto vivo. Qualquer que seja a mensagem abordada, encontra-se conectada a outras mensagens, a comentários, a glosas em evolução constante, às pessoas que se interessam por ela, aos fóruns onde se debate sobre ela aqui e agora. Seja qual for o texto, ele é o fragmento talvez ignorado do hipertexto móvel que o envolve, o conecta a outros textos e serve como mediador ou meio para uma comunicação recíproca, interativa, interrompida. No regime clássico da escrita, o leitor encontrava-se condenado a reatualizar o contexto a um alto custo, ou então a restabelecê-lo a serviço das Igrejas, instituições ou escolas, empenhadas em ressuscitar e fechar o sentido. Ora, hoje, tecnicamente, devido ao fato da iminente colocação em rede de todas as máquinas do planeta, quase não há mais mensagens "fora de contexto", separadas de uma comunidade ativa. Virtualmente, todas as mensagens encontram-se mergulhadas em um banho comunicacional fervilhante de vida, incluindo as próprias pessoas, do qual o ciberespaço surge, progressivamente, como o coração.

O correio, o telefone, a imprensa, as editoras, as rádios, as inúmeras cadeias de televisão formam a partir de agora a extremidade imperfeita, os apêndices parciais e sempre diferentes de um espaço de interconexão aberto, animado por comunicações transversais, caótico, turbilhonante, fractal, movido por processos magmáticos de inteligência coletiva. É bem verdade que ninguém se banha duas vezes no mesmo rio informacional, mas a densidade dos links e a rapidez de circulação são tais que os atores da comunicação não possuem mais nenhuma dificuldade séria para compartilhar o mesmo contexto, ainda que essa situação seja ligeiramente escorregadia e muitas vezes confusa.

A interconexão generalizada, utopia mínima e motor primário do crescimento da Internet, emerge como uma nova forma de universal. Atenção! O processo em andamento de interconexão mundial atinge de fato uma forma de universal, mas não é o mesmo da escrita estática. Aqui, o universal não se articula mais sobre o fechamento semântico exigido pela descontextualização, muito pelo contrário. Esse universal não totaliza mais pelo sentido, ele conecta pelo contato, pela interação geral.

O UNIVERSAL NÃO É O PLANETÁRIO

Talvez alguém diga que esse não é exatamente um universal, mas sim um planetário, o fato geograficamente bruto da extensão das redes de transporte material e informacional, a constatação técnica do crescimento exponencial do ciberespaço. Pior que isso, sob o disfarce de universal, não estamos lidando apenas, pura e simplesmente, com o "global", o mesmo da "globalização" da economia ou dos mercados financeiros?

É fato que esse novo universal contém uma forte dose de global e de planetário, mas não fica limitado a isso. O "universal por contato" ainda é um universal, no sentido mais profundo, *porque ele é indissociável da ideia de humanidade*. Mesmo os mais ferozes detratores do ciberespaço homenageiam essa dimensão ao lamentar, com razão, que a maioria das pessoas se encontre excluída dele, ou que a África tenha uma presença tão pequena. O que nos revela a reivindicação do "acesso para todos"? Mostra que a participação nesse espaço que liga qualquer ser humano a qualquer outro, que permite a comunicação das comunidades entre si e consigo mesmas, que suprime os monopólios de difusão e permite que cada um emita para quem estiver envolvido ou interessado, essa reivindicação nos mostra, a meu ver, que a participação nesse espaço assinala um direito, e que sua construção se parece com uma espécie de imperativo moral.

Resumindo, *a cibercultura dá forma a um novo tipo de universal*: o universal sem totalidade. E, repetimos, trata-se ainda de um universal, acompanhado de todas as ressonâncias possíveis de serem encontradas com a filosofia das luzes, uma vez que possui uma relação profunda com a ideia de humanidade. Assim, o ciberespaço não engendra uma cultura do universal porque *de fato* está em toda parte, e sim porque sua forma ou sua ideia implicam *de direito* o conjunto dos seres humanos.

Quanto mais universal, menos totalizável

Por meio dos computadores e das redes, as pessoas mais diversas podem entrar em contato, dar as mãos ao redor do mundo. Em vez de se construir com base na identidade do sentido, o novo universal se realiza por *imersão*. Estamos todos no mesmo banho, no mesmo dilúvio de comunicação. Não pode mais haver, portanto, um fechamento semântico ou uma totalização.

Uma nova ecologia das mídias vai se organizando ao redor das bordas do ciberespaço. Posso agora enunciar seu paradoxo central: *quanto mais universal (extenso, interconectado, interativo), menos totalizável*. Cada conexão suplementar acrescenta ainda mais heterogeneidade, novas fontes de informação, novas linhas de fuga, a tal ponto que o sentido global encontra-se cada vez menos perceptível, cada vez mais difícil de circunscrever, de fechar, de dominar. Esse universal dá acesso a um gozo do mundial, à inteligência coletiva enquanto ato da espécie. Faz com que participemos mais intensamente da humanidade viva, mas sem que isso seja contraditório, ao contrário, com a multiplicação das singularidades e a ascensão da desordem.

Quanto mais o novo universal se concretiza ou se atualiza, menos ele é totalizável. Ficamos tentados a dizer que se trata finalmente do verdadeiro universal, porque não se confunde mais com uma dilatação do local nem com a exportação forçada dos produtos de uma cultura em particular. Anarquia? Desordem? Não. Essas palavras apenas refletem a nostalgia do fechamento. *Aceitar a perda de uma determinada forma de domínio significa criar uma chance para reencontrar o real.* O ciberespaço não desordenado exprime a diversidade do humano. Talvez cheguemos à conclusão de que será preciso inventar os mapas e instrumentos de navegação para esse novo oceano. Mas não é necessário congelar, estruturar *a priori*, cimentar uma paisagem que é por natureza fluida e variada: uma vontade excessiva de domínio não pode ter poder durável no ciberespaço. As tentativas de fechamento tornam-se praticamente impossíveis ou muito claramente abusivas.

Por que inventar um "universal sem totalidade" quando já dispomos do rico conceito de pós-modernidade? Justamente porque não se trata da mesma coisa. A filosofia pós-moderna descreveu bem o esfacelamento da totalização. A fábula do progresso linear e garantido não possui mais curso nem em arte, nem em política, nem em qualquer outro domínio. Quando já não há "um" sentido da história, mas uma multiplicidade de pequenas proposições lutando por sua legitimidade, como organizar a coerência dos eventos onde se encontra a vanguarda? Quem está à frente? Quem é progressista? Em poucas palavras, para retomar a expressão de Jean-François Lyotard, a pós-modernidade proclama o fim das "grandes narrativas" totalizantes. A multiplicidade e o entrelaçamento radical das épocas, dos pontos de vista e das legitimidades, traço distintivo do pós-moderno, encontram-se nitidamente acentuados e encorajados na cibercultura. Mas a filosofia pós-moderna confundiu o universal e a totalização. Seu erro foi jogar fora a bacia que é o universal junto com a água suja que é a totalidade.

O que é o universal? É a presença (virtual) da humanidade em si mesma. Quanto à totalidade, podemos defini-la como a conjunção estabilizada do sentido de uma pluralidade (discurso, situação, conjunto de acontecimentos, sistema etc.). Essa identidade global pode fechar-se no horizonte de um processo complexo, resultar do desequilíbrio dinâmico da vida, emergir das oscilações e contradições do pensamento. Mas qualquer que seja a complexidade das modalidades, a totalidade ainda permanece no horizonte do *mesmo*.

A cibercultura, por outro lado, mostra precisamente que existe uma outra forma de instaurar a presença virtual da humanidade em si mesma (o universal) que não seja por meio da identidade do sentido (a totalidade).

7.
O MOVIMENTO SOCIAL DA CIBERCULTURA

Pode parecer estranho falar de "movimento social" quando se trata de um fenômeno habitualmente considerado como "técnico". Eis, portanto, a tese que vou tentar sustentar: a emergência do ciberespaço é fruto de um verdadeiro movimento social, com seu grupo líder (a juventude metropolitana escolarizada), suas palavras de ordem (interconexão, criação de comunidades virtuais, inteligência coletiva) e suas aspirações coerentes.

TÉCNICA E DESEJO COLETIVO: O EXEMPLO DO VEÍCULO AUTOMOTIVO

Mesmo antes da noção de movimento social, podemos — à guisa de preliminar — reconhecer a existência de relações algumas vezes muito estreitas entre determinados desenvolvimentos tecnoindustriais e fortes correntes culturais ou fenômenos de mentalidade coletiva. O caso do automóvel é especialmente significativo quanto a isso. Não é possível atribuir unicamente à indústria automotiva e às multinacionais do petróleo o impressionante desenvolvimento do automóvel individual neste século, com todas as suas consequências sobre a estruturação do território, a cidade, a demografia, a poluição sonora e atmosférica etc. O automóvel respondeu a uma imensa necessidade de autonomia e de potência individual. Foi investido de fantasmas, emoções, gozos e frustrações. A densa rede das garagens e dos postos de gasolina, as indústrias associadas, os clubes, as revistas, as competições esportivas, a mitologia da estrada constituem um universo prático e mental fortemente investido por milhões de pessoas. Se não tivesse encontrado desejos que lhe respondem e a fazem viver, a indústria automobilística não poderia, com suas próprias forças, ter feito surgir esse universo. O desejo é motor. As formas econômicas e institucionais dão forma ao desejo, o canalizam, o refinam e, inevitavelmente, o desviam ou transformam.

A INFRAESTRUTURA NÃO É O DISPOSITIVO: O EXEMPLO DO CORREIO

Se a ascensão da maré automobilística que caracteriza o século XX corresponde principalmente a um desejo de potência individual, o crescimento do ciberespaço, por sua vez, corresponderia antes a um desejo de comunicação recíproca e de inteligência coletiva. A esse respeito, é um erro comum confundir a autoestrada eletrônica e o ciberespaço. O ciberespaço não é uma infraestrutura técnica particular de telecomunicação, mas uma certa forma de usar as infraestruturas existentes, por mais imperfeitas e disparatadas que sejam. A autoestrada eletrônica remete a um conjunto de normas de software, de cabos de cobre ou de fibras óticas, de ligações por satélite etc. Por outro lado, o ciberespaço visa, por meio de qualquer tipo de ligações físicas, *um tipo particular de relação entre as pessoas*. Uma analogia histórica poderá esclarecer esse ponto fundamental. As técnicas materiais e organizacionais do correio, usando cavalos e postos de troca, já existiam na China desde a mais remota Antiguidade. Conhecidas igualmente pelo Império Romano, foram esquecidas na Europa durante a alta Idade Média. O correio foi copiado da China pelo imenso Império Mongol do século XIII.[1] Os povos das estepes transmitiram o exemplo e princípios dessa técnica para um Ocidente que os havia esquecido há centenas de anos. A partir do século XV, alguns estados europeus implantaram sistemas de correio a serviço do governo central. Essas redes de comunicação serviam para receber notícias recentes de todos os pontos do reino e para enviar ordens o mais rápido possível. Tanto no Império Romano como na China, o correio jamais serviu para qualquer outra coisa. No entanto, a verdadeira inovação social, a que afetou as relações entre as pessoas, só iria chegar no século XVII, com o uso de técnica postal em proveito da distribuição do correio ponto a ponto, de indivíduo para indivíduo distante, e não mais apenas do centro para a periferia e da periferia para o centro. Essa evolução resultou de um movimento social que ultrapassa progressivamente o dispositivo inicial centro-periferia, a princípio na clandestinidade e na ilegalidade (uma ilegalidade tolerada, ou mesmo encorajada pelo Estado), depois de forma cada vez mais aberta e oficialmente

---

[1] Ver Didier Gazagnadou, *La Poste à relais: la diffusion d'une technique de pouvoir à travers l'Eurasie*, Paris, Kimé, 1994.

aprovada. Foi dessa forma que floresceram as correspondências econômicas e administrativas, a literatura epistolar, a república europeia dos espíritos (rede de sábios, de filósofos) e as cartas de amor... O correio, como sistema social de comunicação, encontra-se intimamente ligado à ascensão das ideias e das práticas que valorizam a liberdade de expressão e a noção de livre contrato entre indivíduos. Podemos ver claramente, nesse caso, como uma infraestrutura de comunicação pode ser investida por uma corrente cultural que vai, no mesmo movimento, transformar seu significado social e estimular sua evolução técnica e organizacional. Vale notar que, desde o momento em que o correio passou para o serviço público, em vez de ser monopolizado pelo Estado, ele tendeu a tornar-se uma atividade econômica rentável, explorada por grandes empresários do setor privado. Foi preciso aguardar o século XIX para que houvesse uma generalização para o conjunto da população europeia, sobretudo a rural. O correio como infraestrutura técnica existia havia séculos, mas os europeus da Idade Clássica, ao inventarem a nova prática da correspondência numerosa e normal entre indivíduos, atribuíram-lhe um âmbito de civilização, investiram-na de um profundo significado humano.

Ciberespaço e movimento social

Pensando na mesma direção, o movimento social californiano Computers for the People quis colocar a potência de cálculo dos computadores nas mãos dos indivíduos, liberando-os ao mesmo tempo da tutela dos informatas. Como resultado prático desse movimento "utópico", a partir do fim dos anos 70 o preço dos computadores estava ao alcance das pessoas físicas, e neófitos podiam aprender a usá-los sem especialização técnica. O significado social da informática foi completamente transformado. Não há dúvida de que a aspiração original do movimento foi recuperada e usada pela indústria. Mas é preciso reconhecer que a indústria também *realizou*, à sua maneira, os objetivos do movimento. Ressaltemos que a informática pessoal não foi decidida, e muito menos prevista, por qualquer governo ou multinacional poderosa. Seu inventor e principal motor foi um movimento social visando a reapropriação em favor dos indivíduos de uma potência técnica que até então havia sido monopolizada por grandes instituições burocráticas.

O crescimento da comunicação baseada na informática foi iniciado por um movimento de jovens metropolitanos cultos que veio à tona no final dos anos 80. Os atores desse movimento exploraram e construíram um espaço de encontro, de compartilhamento e de invenção coletiva. Se a Internet constitui o grande oceano do novo planeta informacional, é preciso não esquecer dos muitos rios que a alimentam: redes independentes de empresas, de associações, de universidades, sem esquecer as mídias clássicas (bibliotecas, museus, jornais, televisão etc.). É exatamente o conjunto dessa "rede hidrográfica", até o menor dos BBS, que constitui o ciberespaço, e não somente a Internet.

Aqueles que fizeram crescer o ciberespaço são em sua maioria anônimos, amadores dedicados a melhorar constantemente as ferramentas de software de comunicação, e não os grandes nomes, chefes de governo, dirigentes de grandes companhias cuja mídia nos satura. Seria preciso falar dos visionários dos primeiros anos, como Engelbart e Licklider que, desde o início dos anos 60, pensavam que deveríamos colocar as redes de computador a serviço da inteligência coletiva, dos técnicos que colocaram para funcionar os primeiros correios eletrônicos e os primeiros fóruns, os estudantes que desenvolveram, distribuíram e aperfeiçoaram os programas de comunicação entre computadores, os milhares de usuários e administradores de BBS... Símbolo e principal florão do ciberespaço, a Internet é um dos mais fantásticos exemplos de construção cooperativa internacional, a expressão técnica de um movimento que começou por baixo, constantemente alimentado por uma multiplicidade de iniciativas locais.

Assim como a correspondência entre indivíduos fizera surgir o "verdadeiro" uso do correio, o movimento social que acabo de mencionar inventa provavelmente o "verdadeiro" uso da rede telefônica e do computador pessoal: o ciberespaço como prática de comunicação interativa, recíproca, comunitária e intercomunitária, o ciberespaço como horizonte de mundo virtual vivo, heterogêneo e intotalizável no qual cada ser humano pode participar e contribuir. Qualquer tentativa para reduzir o novo dispositivo de comunicação às formas midiáticas anteriores (esquema de difusão "um-todos" de um centro emissor em direção a uma periferia receptora) só pode empobrecer o alcance do ciberespaço para a evolução da civilização, mesmo se compreendemos perfeitamente — é pena — os interesses econômicos e políticos em jogo.

O crescimento exponencial dos assinantes da Internet no final dos anos 80 é nitidamente anterior aos projetos industriais de "multimídia", assim como é anterior às palavras de ordem políticas de "supervias da informação", que foram manchete no início dos anos 90. Esses projetos oficiais representam tentativas de tomada do poder por parte dos governos, das grandes indústrias e das mídias sobre um ciberespaço emergente, cujos verdadeiros produtores inventam — muitas vezes de forma deliberada — uma civilização frágil, ameaçada, que eles desejam que seja nova e cujo programa vou agora detalhar.

O PROGRAMA DA CIBERCULTURA: A INTERCONEXÃO

Do mais básico ao mais elaborado, três princípios orientaram o crescimento inicial do ciberespaço: a interconexão, a criação de comunidades virtuais e a inteligência coletiva.

Uma das ideias, ou talvez devêssemos dizer uma das pulsões mais fortes na origem do ciberespaço é a da *interconexão*. Para a cibercultura, a conexão é sempre preferível ao isolamento. A conexão é um bem em si. Como Christian Huitema disse muito bem,[2] o horizonte técnico do movimento da cibercultura é a comunicação universal: cada computador do planeta, cada aparelho, cada máquina, do automóvel à torradeira, *deve* possuir um endereço na Internet. Este é o imperativo categórico da cibercultura. Se este programa se concretizar, o menor dos artefatos poderá receber informações de todos os outros e responder a eles, de preferência sem fio. Junto ao crescimento das taxas de transmissão, a tendência à interconexão provoca uma mutação na física da comunicação: passamos das noções de canal e de rede a uma sensação de espaço envolvente. Os veículos de informação não estariam mais *no* espaço, mas, por meio de uma espécie de reviravolta topológica, todo o espaço se tornaria um canal interativo. A cibercultura aponta para uma civilização da telepresença generalizada. Para além de uma física da comunicação, a interconexão constitui a humanidade em um contínuo sem fronteiras, cava um meio informacional oceânico, mergulha os seres e as coisas no mesmo banho de comunicação interativa. A interconexão tece um universal por contato.

---

[2] Christian Huitema, *Et Dieu créa l'Internet*, Paris, Eyrolles, 1995.

O PROGRAMA DA CIBERCULTURA: AS COMUNIDADES VIRTUAIS

O segundo princípio da cibercultura obviamente prolonga o primeiro, já que o desenvolvimento das comunidades virtuais se apoia na interconexão. Uma comunidade virtual é construída sobre as afinidades de interesses, de conhecimentos, sobre projetos mútuos, em um processo de cooperação ou de troca, tudo isso independentemente das proximidades geográficas e das filiações institucionais.

Para aqueles que não as praticaram, esclarecemos que, longe de serem frias, as relações on-line não excluem as emoções fortes. Além disso, nem a responsabilidade individual nem a opinião pública e seu julgamento desaparecem no ciberespaço. Enfim, é raro que a comunicação por meio de redes de computadores substitua pura e simplesmente os encontros físicos: na maior parte do tempo, é um complemento ou um adicional.

Mesmo se a afluência de recém-chegados por vezes a dilui, os participantes das comunidades virtuais desenvolveram uma forte moral social, um conjunto de leis consuetudinárias — não escritas — que regem suas relações. Essa "netiqueta" diz respeito, antes de mais nada, à pertinência das informações. Não se deve enviar uma mensagem a respeito de determinado assunto em uma conferência eletrônica que trata de outro assunto. É recomendável consultar a memória da conferência eletrônica antes de exprimir-se e, em particular, nunca fazer perguntas para a coletividade se as respostas já estiverem disponíveis nos arquivos da comunidade virtual. A publicidade comercial é não apenas desaconselhável mas, em geral, fortemente desencorajada em todos os fóruns eletrônicos. Percebe-se que essas regras tendem principalmente *a fazer com que os outros não percam seu tempo*. A moral implícita da comunidade virtual é em geral a da reciprocidade. Se aprendermos algo lendo as trocas de mensagens, é preciso também repassar os conhecimentos de que dispomos quando uma pergunta formulada on-line os torna úteis. A recompensa (simbólica) vem, então, da reputação de competência que é constituída a longo prazo na "opinião pública" da comunidade virtual. Os ataques pessoais ou argumentações pejorativas para qualquer categoria de pessoas (nacionalidade, sexo, idade, profissão etc.) em geral não são permitidas. Os que fazem isso de forma repetida são excluídos pelos administradores de sistema a pedidos dos organizadores das conferências eletrônicas. Excetuando-se esses casos particulares, a total liberdade de palavra é encorajada e os internautas são, como um todo, opostos a qualquer forma de censura.

A vida de uma comunidade virtual raramente transcorre sem conflitos, que podem exprimir-se de forma bastante brutal nas contendas oratórias entre membros ou nas *flames* durante as quais diversos membros "incendiam" aquele ou aquela que tenha infringido as regras morais do grupo. Por outro lado, afinidades, alianças intelectuais, até mesmo amizades podem desenvolver-se nos grupos de discussão, exatamente como entre pessoas que se encontram regularmente para conversar. Para seus participantes, os outros membros das comunidades virtuais são o mais humanos possível, pois seu estilo de escrita, suas zonas de competências, suas eventuais tomadas de posição obviamente deixam transparecer suas personalidades.

As manipulações e enganações sempre são possíveis nas comunidades virtuais, assim como o são em qualquer outro lugar: na televisão, nos jornais impressos, no telefone, pelo correio ou em qualquer reunião "em carne e osso".

A maioria das comunidades virtuais estrutura a expressão assinada de seus membros frente a leitores atentos e capazes de responder a outros leitores atentos. Assim, como eu havia sugerido acima, longe de encorajar a irresponsabilidade ligada ao anonimato, *as comunidades virtuais exploram novas formas de opinião pública*. Sabemos que o destino da opinião pública encontra-se intimamente ligado ao da democracia moderna. A esfera do debate público emergiu na Europa durante o século XVIII, graças ao apoio técnico da imprensa e dos jornais. No século XX, o rádio (sobretudo nos anos 30 e 40) e a televisão (a partir dos anos 60) ao mesmo tempo deslocaram, amplificaram e confiscaram o exercício da opinião pública. Não seria permitido, então, entrever hoje uma nova metamorfose, uma nova complicação da própria noção de "público", já que as comunidades virtuais do ciberespaço oferecem, para debate coletivo, um campo de prática mais aberto, mais participativo, mais distribuído que aquele das mídias clássicas?

Quanto às relações "virtuais", não substituem pura e simplesmente os encontros físicos, nem as viagens, que muitas vezes ajudam a preparar. Em geral é um erro pensar as relações entre antigos e novos dispositivos de comunicação em termos de substituição. Abordarei esse tema mais detalhadamente em um próximo capítulo, mas é preciso esboçar desde agora os principais argumentos a favor desta tese. O cinema não eliminou o teatro, deslocou-o. As pessoas continuam falando-se após a escrita, mas de outra forma. As cartas de amor não impedem os amantes de se beijar. As pessoas que mais se comunicam via telefone são também aquelas que mais encontram outras pessoas. O desenvolvimento das comunidades virtuais acompanha, em geral, contatos e interações de todos os tipos. A imagem do indivíduo "isolado em frente à sua tela" é muito mais próxima do fantasma do que da pesquisa sociológica. Na realidade, os assinantes da Internet (estudantes, pesquisadores, universitários, executivos sempre em deslocamento, trabalhadores intelectuais independentes etc.) provavelmente viajam mais do que a média da população. A única redução na frequência dos aeroportos nesses últimos anos deveu-se à Guerra do Golfo: a expansão do ciberespaço não teve nenhuma relação com ela. Ao contrário, na escala do século e do planeta, a comunicação e os transportes crescem juntos. Não nos deixemos, portanto, cair em armadilhas de palavras. Uma comunidade virtual não é irreal, imaginária ou ilusória, trata-se simplesmente de um coletivo mais ou menos permanente que se organiza por meio do novo correio eletrônico mundial.

Os amantes da cozinha mexicana, os loucos pelo gato angorá, os fanáticos por alguma linguagem de programação ou os intérpretes apaixonados de Heidegger, antes dispersos pelo planeta, muitas vezes isolados ou ao menos sem contatos regulares entre si, dispõem agora de um lugar familiar de encontro e troca. Podemos, portanto, sustentar que as assim chamadas "comunidades virtuais" realizam de fato uma verdadeira atualização (no sentido da criação de um contato efetivo) de grupos humanos que eram apenas potenciais antes do surgimento do ciberespaço. A expressão "comunidade atual" seria, no fundo, muito mais adequada para descrever os fenômenos de comunicação coletiva no ciberespaço do que "comunidade virtual".[3]

A cibercultura é a expressão da aspiração de construção de um laço social, que não seria fundado nem sobre links territoriais, nem sobre relações institucionais, nem sobre as relações de poder, mas sobre a reunião em torno de centros de interesses comuns, sobre o jogo, sobre o compartilhamento do saber, sobre a aprendizagem cooperativa, sobre processos abertos de colaboração. O apetite para as

---

[3] De acordo com a observação pertinente de Paul Soriano no BBS do Atelier, uma das mais importantes comunidades virtuais da França.

comunidades virtuais encontra um ideal de relação humana desterritorializada, transversal, livre. As comunidades virtuais são os motores, os atores, a vida diversa e surpreendente do universal por contato.

O PROGRAMA DA CIBERCULTURA: A INTELIGÊNCIA COLETIVA

Um grupo humano qualquer só se interessa em constituir-se como comunidade virtual para aproximar-se do ideal do coletivo inteligente, mais imaginativo, mais rápido, mais capaz de aprender e de inventar do que um coletivo inteligentemente gerenciado. O ciberespaço talvez não seja mais do que o indispensável desvio técnico para atingir a inteligência coletiva.

O terceiro princípio da cibercultura, o da inteligência coletiva, seria sua perspectiva espiritual, sua finalidade última. Esse projeto foi propagado pelos visionários dos anos 60: Engelbart (o inventor do mouse e das janelas das interfaces atuais), Licklider (pioneiro das conferências eletrônicas), Nelson (inventor da palavra e do conceito de hipertexto). O ideal da inteligência coletiva também é defendido por alguns gurus atuais da cibercultura como Tim Berners Lee (inventor da World Wide Web), John Perry Barlow (ex-letrista do grupo musical Grateful Dead, um dos fundadores e porta-vozes da Electronic Frontier Foundation) ou Marc Pesce (coordenador da norma VRML). A inteligência coletiva também é desenvolvida por comentaristas ou filósofos da cibercultura tais como Kevin Kelly,[4] Joël de Rosnay[5] ou mesmo eu.[6] É praticada sobretudo on-line por um número cada vez maior de surfistas da Net, de participantes de newsgroups e nas comunidades virtuais de todos os tipos.

A inteligência coletiva constitui mais um campo de problemas do que uma solução. Todos reconhecem que o melhor uso que podemos fazer do ciberespaço é colocar em sinergia os saberes, as imaginações, as energias espirituais daqueles que estão conectados a ele. Mas em que perspectiva? De acordo com qual modelo? Trata-se de construir

---

[4] Kevin Kelly, *Out of Control*, Nova York, Addison-Wesley, 1994.

[5] Joël de Rosnay, *L'Homme symbiotique*, op. cit.

[6] A questão da inteligência coletiva é amplamente debatida em minhas obras: *A inteligência coletiva*, op. cit. e *O que é o virtual?*, op. cit.

colmeias ou formigueiros humanos? Desejamos que cada rede dê à luz um "grande animal" coletivo? Ou o objetivo é, ao contrário, valorizar as contribuições pessoais de cada um e colocar os recursos dos grupos a serviço dos indivíduos? A inteligência coletiva é um modo de coordenação eficaz na qual cada um pode considerar-se como um centro? Ou, então, desejamos subordinar os indivíduos a um organismo que os ultrapassa? O coletivo inteligente é dinâmico, autônomo, emergente, fractal? Ou é definido e controlado por uma instância que se sobrepõe a ele? Cada um dentre nós se torna uma espécie de neurônio de um megacérebro planetário ou então desejamos constituir uma multiplicidade de comunidades virtuais nas quais cérebros nômades se associam para produzir e compartilhar sentido? Essas alternativas, que só coincidem parcialmente, definem algumas das linhas de fratura que recortam por dentro o projeto e a prática da inteligência coletiva.

A extensão do ciberespaço transforma as restrições que haviam ditado à filosofia política, às ciências da administração, às tradições de organização em geral o leque habitual de suas soluções. Hoje, um bom número de restrições desapareceu devido à disponibilidade de novas ferramentas de comunicação e de coordenação, e podemos pensar modos de organização dos grupos humanos, estilos de relações entre os indivíduos e os coletivos radicalmente novos, sem modelos na história e nas sociedades animais. Repetimos, mais que uma solução, a inteligência coletiva, cuja ambivalência indiquei por completo no primeiro capítulo sobre o "impacto", é um campo aberto de problemas e pesquisas práticas.

Um programa sem objetivo nem conteúdo

Está claro, o movimento social e cultural que o ciberespaço propaga, um movimento potente e cada vez mais vigoroso, não converge sobre um conteúdo particular, mas sobre uma forma de comunicação não midiática, interativa, comunitária, transversal, rizomática. Nem a interconexão generalizada, nem o apetite das comunidades virtuais, nem tampouco a exaltação da inteligência coletiva constituem os elementos de um programa político ou cultural no sentido clássico do termo. E ainda assim, todos os três talvez sejam secretamente movidos por dois "valores" essenciais: a autonomia e a abertura para a alteridade.

A interconexão para a interatividade é supostamente boa, quaisquer que sejam os terminais, os indivíduos, os lugares e momentos que ela coloca em contato. As comunidades virtuais parecem ser um excelente meio (entre centenas de outros) para socializar, quer suas finalidades sejam lúdicas, econômicas ou intelectuais, que seus centros de interesse sejam sérios, frívolos ou escandalosos. A inteligência coletiva, enfim, seria o modo de realização da humanidade que a rede digital universal felizmente favorece, sem que saibamos *a priori* em direção a quais resultados tendem as organizações que colocam em sinergia seus recursos intelectuais.

Em resumo, o programa da cibercultura é o universal sem totalidade. Universal, já que a interconexão deve ser não apenas mundial, mas quer também atingir a compatibilidade ou interoperabilidade generalizada. Universal, pois no limite ideal do programa da cibercultura qualquer um deve poder acessar de qualquer lugar as diversas comunidades virtuais e seus produtos. Universal, enfim, já que o programa da inteligência coletiva diz respeito tanto às empresas como às escolas, às regiões geográficas como às associações internacionais. O ciberespaço surge como a ferramenta de organização de comunidades de todos os tipos e de todos os tamanhos em coletivos inteligentes, mas também como o instrumento que permite aos coletivos inteligentes articularem-se entre si. Deste ponto em diante, são as mesmas ferramentas materiais e de software que suportam a política interna e a política externa da inteligência coletiva: Internet e Intranet.[7]

Interconexão geral, comunidades virtuais e inteligência coletiva são aspectos de um universal por contato, um universal que cresce como uma população, que faz crescer aqui e ali seus filamentos, um universal que se expande como a hera.

Cada um dos três aspectos constitui a condição necessária para isto: não há comunidade virtual sem interconexão, não há inteligência coletiva em grande escala sem virtualização ou desterritorialização das comunidades no ciberespaço. A interconexão condiciona a comunidade virtual, que é uma inteligência coletiva em potencial.

---

[7] Lembro que a palavra "Intranet" designa o uso dos protocolos técnicos (TCP/IP) e dos serviços de software típicos da Internet (Web, correio eletrônico, fóruns, transferência de arquivos etc.) *dentro* de uma organização ou de uma rede de organizações.

Mas essas formas são *a priori* vazias, nenhuma finalidade externa, nenhum conteúdo particular vêm fechar ou totalizar o programa da cibercultura que encontra-se por completo no processo inacabado de interconexão, de desenvolvimento de comunidades virtuais e de intensificação de uma inteligência coletiva fractal, reprodutível em todas as escalas e diferente em toda parte. O movimento contínuo de interconexão rumo a uma comunicação interativa de todos com todos é em si mesmo um forte indício de que a totalização não ocorrerá, que as fontes serão sempre mais heterogêneas, que os dispositivos mutagênicos e as linhas de fuga irão multiplicar-se.

8.
O SOM DA CIBERCULTURA

O objeto deste capítulo, bem como do seguinte, é explorar a dimensão artística ou estética da cibercultura. A partir de uma análise das configurações de comunicação e de interação que emergem no meio tecnossocial da cibercultura, minha proposta é analisar as *novas modalidades de produção e de recepção* das obras do espírito. A questão artística será portanto abordada sob o ângulo bem particular da *pragmática* da criação e da apreciação.

As artes do virtual

Os gêneros próprios da cibercultura são bastante diversos: composições automáticas de partituras ou de textos, músicas "tecno" resultantes de um trabalho recursivo de amostragem e arranjo de músicas já existentes, sistemas de vida artificial ou de robôs autônomos, mundos virtuais, sites com uma proposta de intervenção estética ou cultural, hipermídias, eventos federados pela rede ou envolvendo os participantes por meio de dispositivos digitais, hibridações diversas do "real" e do "virtual", instalações interativas etc.[1]

Apesar dessa variedade, é possível extrair alguns traços gerais da arte da cibercultura os quais, ainda que não estejam todos presentes em cada obra particular, são ainda assim representativos de suas principais tendências.

---

[1] Há numerosas manifestações, exposições e colóquios dedicados às artes do virtual. Lembremos duas das manifestações internacionais anuais que estão entre as mais importantes: Ars Electronica, realizada todos os anos em Linz, na Áustria, e ISEA (International Symposium of Electronic Arts, organizado pela International Society for Electronic Arts), realizado todos os anos em uma cidade diferente (por exemplo, Helsinque em 1994, Montreal em 1995, Roterdã em 1996, Chicago em 1997 etc.). Os catálogos das exposições e as atas dos colóquios dessas manifestações constituem uma boa introdução às obras, aos autores e às teorias das artes do virtual.

Uma das características mais constantes da ciberarte é a participação nas obras daqueles que as provam, interpretam, exploram ou leem. Nesse caso, não se trata apenas de uma participação na construção do sentido, mas sim uma coprodução da obra, já que o "espectador" é chamado a intervir diretamente na atualização (a materialização, a exibição, a edição, o desenrolar efetivo aqui e agora) de uma sequência de signos ou de acontecimentos.

Mais ou menos ligada, de acordo com os casos, à característica anterior, a organização de processos de criação coletiva é igualmente típica das artes do virtual: colaboração entre iniciadores (artistas) e participantes, colocação em rede de artistas concorrendo à mesma produção, registro de vestígios de interação ou de percurso que terminam constituindo a obra, colaboração entre artistas e engenheiros...

Tanto a criação coletiva como a participação dos intérpretes caminham lado a lado com uma terceira característica especial da ciberarte: a criação contínua. A obra virtual é "aberta" por construção. Cada atualização nos revela um novo aspecto. Ainda mais, alguns dispositivos não se contentam em declinar uma combinatória, mas suscitam, ao longo das interações, a emergência de formas absolutamente imprevisíveis. Assim, o evento da criação não se encontra mais limitado ao momento da concepção ou da realização da obra: o dispositivo virtual propõe uma máquina de fazer surgir eventos.

A música tecno colhe seu material na grande reserva de amostras de sons.[2] Se não fosse pelos problemas jurídico-financeiros que tolhem seus produtores, as hipermídias seriam muitas vezes construídas a partir de imagens e textos já disponíveis. Programas de computador montam textos "originais" por meio da recombinação de fragmentos de corpus preexistentes. Os sites remetem uns aos outros, sua estrutura hipertextual gerencia uma interpenetração das mensagens, um mergulho recíproco dos espaços virtuais. É, portanto, a questão dos limites da obra ou de seu contexto que, após as vanguardas do século XX, é recolocada de outra forma, e com uma intensidade particular, pela ciberarte.

Todas as características que acabo de enumerar: participação ativa dos intérpretes, criação coletiva, obra-acontecimento, obra-processo, interconexão e mistura dos limites, obra emergente — como uma Afrodite virtual — de um oceano de signos digitais, todas essas

---

[2] Em português, geralmente utiliza-se o termo inglês *samples*. (N. do T.)

características convergem em direção ao declínio (mas não ao desaparecimento puro e simples) das duas figuras que garantiram, até o momento, a integridade, a substancialidade e a totalização possível das obras: o autor e a gravação. Uma grande arte do virtual é possível e desejável, mesmo se essas figuras passarem para segundo plano. Mas a ciberarte requer novos critérios de apreciação e de conservação que entram muitas vezes em contradição com os hábitos atuais do mercado da arte, como a formação dos críticos e as práticas dos museus. Essa arte, que reencontra a tradição do jogo e do ritual, requer também a invenção de novas formas de colaboração entre os artistas, os engenheiros e os mecenas, tanto públicos como privados.

A tese defendida aqui pode ser exposta em uma frase: a forma do universal sem totalidade, característica da civilização das redes digitais em geral, também permite dar conta da especificidade dos gêneros artísticos próprios da cibercultura. Desenvolverei neste capítulo o caso particular da música (em especial da música tecno), e generalizarei essa tese para outras artes no capítulo seguinte.

A GLOBALIZAÇÃO DA MÚSICA

A música popular de hoje é ao mesmo tempo mundial, eclética e mutável, sem sistema unificador. Nela podemos reconhecer imediatamente alguns traços característicos do universal sem totalidade. Na escala histórica, esse estado é bastante recente. A primeira etapa rumo a uma música universal sem totalização foi rompida graças à gravação sonora e à transmissão radiofônica. Quando estudamos os primeiros catálogos de discos, datando do início do século XX, descobrimos uma paisagem musical muito mais fragmentada e congelada do que a atual. Nessa época, as pessoas não tinham um ouvido educado pela audição de músicas provenientes de horizontes distantes e queriam escutar aquilo que sempre conheceram. Cada país, ou mesmo cada região ou microrregião, tinha, portanto, seus cantores, suas canções em seu dialeto, apreciava melodias e instrumentos específicos. Quase todos os discos de música popular eram gravados por músicos locais, para um público local. Apenas os discos contendo a música erudita da tradição escrita ocidental tiveram inicialmente um auditório internacional.

Quase um século mais tarde, a situação mudou radicalmente, já que a música popular gravada é frequentemente "mundial". Além disso, encontra-se em permanente variação, já que não para de integrar as contribuições de tradições locais originais, assim como as expressões de novas correntes culturais e sociais.

Duas séries entrelaçadas de mutações explicam a passagem da cena musical internacional de um estado a outro: uma faz intervir as transformações gerais da economia e da sociedade (globalização, desenvolvimento das viagens, extensão de um estilo de vida urbano e suburbano internacional, movimentos culturais e sociais da juventude etc.) sobre as quais não insistirei aqui; a outra diz respeito às condições econômicas e técnicas da gravação, distribuição e audição da música.

A difusão das gravações provocou na música popular fenômenos de padronização comparáveis aos que a impressão teve sobre as línguas. De fato, no século XV, em países como a França, a Inglaterra e a Itália, havia tantos dialetos quanto eram as microrregiões rurais. Ora, uma livro devia visar um mercado suficientemente extenso para que sua impressão fosse rentável. Como as obras eram impressas em vernáculo, e não mais apenas em latim, era preciso escolher entre os dialetos locais para deles extrair "a" língua nacional. O toscano, o dialeto da Touraine, o inglês da corte tornaram-se o italiano, o francês e o inglês, relegando, com a ajuda das administrações reais, os outros dialetos à condição de patoá. Em sua tradução da Bíblia, Lutero amalgamou diferentes dialetos germânicos e contribuiu, assim, para forjar "a" língua alemã, ou seja, o alemão escrito.

Por motivos similares, a evolução dos catálogos de discos de músicas populares desde o início do século XX mostra que vão sendo criadas progressivamente, a partir da fragmentação inicial, músicas nacionais e internacionais. Essa mutação é particularmente sensível nos países não ocidentais, onde a urbanização e a influência cultural de um Estado central ainda eram relativamente limitadas no início do século. O fato de que a música seja independente das línguas (com a notável exceção das letras das canções) evidentemente facilitou esse fenômeno de rompimento do isolamento. Se a escrita descontextualiza a música, sua gravação e reprodução criam progressivamente um contexto sonoro mundial... e os ouvidos que lhe correspondem.

Até que a qualidade das gravações ultrapassasse um certo limite, o rádio transmitia apenas peças tocadas ao vivo. Quando as estações de frequência modulada, que só se disseminaram após a Segunda Guerra Mundial, começaram a transmitir discos com boa qualidade sonora, o fenômeno da música mundial de massa tomou vulto, sobretudo com o rock e o pop nos anos 60 e 70.

Poderíamos imaginar que a globalização da música traria uma homogeneização definitiva, uma espécie de entropia musical na qual os estilos, as tradições e as diferenças acabariam fundindo-se em uma única massa uniforme. Ora, se a "sopa" está de fato presente, felizmente a música popular do mundo não se reduz a ela. Algumas zonas da paisagem musical, pensando sobretudo naquelas irrigadas pela circulação de cassetes no Terceiro Mundo, continuam protegidas ou desconectadas do mercado internacional. A música mundial continua alimentando-se dessas ilhas imperceptíveis, mas muito vivas, de antigas tradições locais, assim como de uma criatividade poética e musical inesgotável e amplamente distribuída. Novos gêneros, novos estilos, novos sons surgem constantemente, recriando as diferenças de potencial que agitam o espaço musical planetário.

A dinâmica da música popular mundial é uma ilustração do universal sem totalidade. Universal pela difusão de uma música e de uma audição planetárias; sem totalidade, já que os estilos mundiais são múltiplos, em via de transformação e de renovação constantes.

Mas o aspecto exemplar do novo universal só aparece com toda sua precisão com a digitalização, e mais particularmente com a música tecno: o som da cibercultura. Para bem compreender a originalidade da música tecno, que se deve a seu processo de criação e de circulação, devemos, outra vez, fazer um desvio pelos modos anteriores de transmissão e renovação da música.

Música oral, escrita, gravada

Nas sociedades de cultura oral, a música é recebida por audição direta, difundida por imitação, e evolui por reinvenção de temas e de gêneros imemoriais. A maior parte das melodias não possui autor identificado, pertencendo à tradição. É claro que poetas e músicas são capazes de inventar canções, e até de ganhar em nome próprio concursos ou prêmios. O papel criador dos indivíduos não é, portanto, ignorado. Ainda assim, a figura do grande *intérprete*, aquele que transmite uma tradição dando-lhe vida nova, é mais disseminada nas culturas orais que a do grande "compositor".

A escrita da música permite uma nova forma de transmissão, não mais de corpo a corpo, do ouvido à boca e da mão ao ouvido, mas por meio do texto. Se a interpretação, ou seja, a atualização sonora, continua sendo objeto de uma iniciação, de uma imitação e reinvenção contínuas, a parte escrita da música, sua composição, a partir de agora encontra-se fixada, separada do contexto da recepção.

Baseada na escrita e em uma combinatória de sons tão neutra quanto possível (separada de aderências mágicas, religiosas ou cosmológicas), o sistema musical ocidental se apresenta como universal e é ensinado como tal nos conservatórios de todo o mundo.

O surgimento de uma tradição escrita reforça a figura do *compositor* que assina uma partitura e é pretensamente original. Em vez da variação insensível dos gêneros e dos temas, típica da temporalidade oral, a escrita condiciona uma evolução *histórica*, na qual cada inovação se destaca nitidamente das formas precedentes. Qualquer um pode constatar a característica intrinsecamente histórica da tradição erudita ocidental: pela simples audição de uma peça, é possível atribuir-lhe uma data aproximada, ainda que seu autor não nos seja conhecido.

Para fechar esse retrospecto sobre os efeitos da notação, ressaltemos o laço entre a escrita estática e essas três figuras culturais: a universalidade, a história, o autor.

A *escrita* levou a música de tradição oral para um outro ciclo cultural. Da mesma forma, a *gravação* fixou os estilos de interpretação da música escrita, ao mesmo tempo que regulou sua evolução. De fato, já não é mais apenas a estrutura abstrata de uma peça que pode ser transmitida e descontextualizada, mas também sua atualização sonora. A gravação torna-se responsável, à sua maneira, pelo arquivamento e pela preservação histórica de músicas que haviam permanecido na esfera da tradição oral (etnografia musical). Enfim, alguns gêneros musicais, como o jazz ou o rock, só existem hoje devido a uma verdadeira "tradição de gravação".

Quase no final dos anos 60, o estúdio de gravação tornou-se o grande integrador, o instrumento principal da criação musical. A partir dessa época, para um número cada vez maior de peças, *a referência original tornou-se o disco gravado em estúdio*, que a performance ao vivo nem sempre consegue reproduzir. Dentre os primeiros exemplos dessa situação paradoxal na qual o original torna-se a gravação, citemos algumas músicas do álbum *Sargent Pepper's Lonely Hearts Club Band* dos Beatles, cuja complexidade tornou necessárias técnicas de mixagem impossíveis de serem realizadas ao vivo.

A MÚSICA TECNO

Assim como o fizeram em sua época a notação e a gravação, a digitalização instaura uma nova pragmática da criação e da audição musicais. Observei acima que o estúdio de gravação havia se tornado o principal instrumento, ou metainstrumento, da música contemporânea. Ora, um dos primeiros efeitos da digitalização foi o de colocar o estúdio ao alcance dos orçamentos individuais de qualquer músico. Entre as principais funções do estúdio digital, comandado por um simples computador pessoal, citemos o *sequenciador* para o auxílio à composição, o sampler para a digitalização do som, os programas de *mixagem* e *arranjo* do som digitalizado e o *sintetizador*, que produz sons a partir de instruções ou de códigos digitais. Acrescentemos que o padrão MIDI (Musical Instrument Digital Interface) permite que uma sequência de instruções musicais produzida em qualquer estúdio digital seja "tocada" em qualquer sintetizador do planeta.

A partir de agora os músicos podem controlar o conjunto da cadeia de produção da música e eventualmente colocar na rede os produtos de sua criatividade *sem passar pelos intermediários que haviam sido introduzidos pelos sistemas de notação e de gravação* (editores, intérpretes, grandes estúdios, lojas). Em certo sentido, retornamos dessa forma à simplicidade e à apropriação pessoal da produção musical que eram próprias da tradição oral.

Ainda que a retomada de autonomia pelos músicos seja um elemento importante da nova ecologia da música, é sobretudo na dinâmica de criação e de audição coletivas que os efeitos da digitalização são mais originais.

É cada vez mais frequente que os músicos produzam sua música a partir da amostragem (sampling, em inglês) e da reordenação de sons, algumas vezes trechos inteiros, previamente obtidos no estoque das gravações disponíveis. Essas músicas feitas a partir de amostragens podem, por sua vez, ser também objeto de novas amostragens, mixagens e transformações diversas por parte de outros músicos, e assim por diante. Essa prática é particularmente difundida entre as diferentes correntes da música tecno. A título de exemplo, o gênero jungle só pratica a amostragem, o acid jazz é produzido a partir do sampling de velhos pedaços de jazz gravados etc.

A música tecno inventou uma nova modalidade da tradição, ou seja, uma forma original de tecer o laço cultural. Não é mais, como na tradição oral ou de gravação, uma repetição ou uma inspiração a partir de uma audição. Também não é mais, como na tradição escrita, a relação de interpretação que se cria entre a partitura e sua execução, nem a relação de referência, progressão e invenção competitiva que tem lugar entre compositores. No tecno, cada ator do coletivo de criação extrai matéria sonora de um fluxo em circulação em uma vasta rede tecnossocial. Essa matéria é misturada, arranjada, transformada, depois reinjetada na forma de uma peça "original" no fluxo de música digital em circulação. Assim, cada músico ou grupo de músicos funciona como um operador em um fluxo em transformação permanente em uma rede cíclica de cooperadores. Nunca antes, como ocorre nesse tipo de tradição digital, os criadores estiveram em relação tão íntima uns com os outros, já que o laço é traçado pela circulação do material musical e sonoro em si, e não apenas pela audição, imitação ou interpretação.

A gravação deixou de ser o principal fim ou referência musical. Não é mais do que o traço efêmero (destinado a ser sampleado, deformado, misturado) de um ato particular no seio de um processo coletivo. O que não quer dizer que a gravação não tenha mais nenhuma importância, nem que os músicos tecno sejam totalmente indiferentes ao fato de que suas produções sejam referências. No entanto, é mais importante criar um *happening* no circuito (por exemplo, durante uma festa *rave*) do que acrescentar um *item* memorável aos arquivos da música.

A cibercultura é fractal. Cada um de seus subconjuntos deixa aparecer uma forma semelhante à de sua configuração global. Podemos encontrar na música tecno os três princípios do movimento social da cibercultura que foram depreendidos acima.

A *interconexão* é evidente, com a padronização técnica (padrão MIDI), o uso da Internet, mas também com o fluxo contínuo de matéria sonora que circula entre os músicos e a possibilidade de digitalizar e tratar qualquer peça (interconexão virtual). Note-se que essa circulação em uma rede de amostragem recursiva onde cada operador nodal contribui para produzir o todo é valorizada em si mesma: é *a priori* uma "boa forma".

A música tecno está de acordo com o princípio de *comunidade virtual*, já que os acontecimentos musicais são muitas vezes produzidos durante festas *rave* e adquirem sentido em comunidades mais ou menos efêmeras de músicos ou disc-jóqueis.

Finalmente, quando um músico oferece uma obra acabada à comunidade, ele ao mesmo tempo faz um acréscimo à reserva a partir da qual os outros vão trabalhar. Cada um é, portanto, ao mesmo tempo produtor de matéria-prima, transformador, autor, intérprete e ouvinte em um circuito instável e auto-organizado de criação cooperativa, e de apreciação concorrente. Esse processo de *inteligência coletiva musical* estende-se constantemente e integra progressivamente o conjunto do patrimônio musical gravado.

A música tecno e, em geral, a música cuja matéria-prima é digital ilustram a figura singular do universal sem totalidade. É certo que a universalidade resulta da compatibilidade técnica e da facilidade de circulação dos sons no ciberespaço. Mas a universalidade da música digital prolonga também a *globalização musical* favorecida pela indústria do disco e das rádios FM. Todos os tipos de músicas étnicas, religiosas, clássicas ou outras são sampleadas, arrancadas de seu contexto original, mixadas, transformadas e finalmente oferecidas a uma escuta envolvida em uma aprendizagem permanente. O gênero transglobal underground, por exemplo, participa intensamente do processo em andamento de universalização do conteúdo por contato e mistura. Ele integra músicas tribais ou litúrgicas a sons eletrônicos, ou mesmo "industriais", sobre ritmos flutuantes ou frenéticos visando provocar efeitos de transe. Contrariamente ao que em um momento foi a vocação da música erudita ocidental de base escrita, o novo universal musical não instaura o mesmo sistema em toda parte: ele dissemina um universal por contato, transversal, eclético, constantemente mutante. Um fluxo musical em transformação constante inventa progressivamente o espaço que ele alastra. Esse fluxo é igualmente universal na medida em que, dando prosseguimento ao avanço da digitalização, alimenta-se do "todo" aberto da música, da mais moderna à mais arcaica.

E esse universal dispensa de fato a totalização, já que não repousa sobre qualquer sistema particular de escrita ou de combinatória dos sons. Os dois principais modos de *fechamento* da música que são a *composição* e a *gravação* certamente não desapareceram, mas surgem como nitidamente secundários, tendo em vista o processo recursivo e contínuo do sampling e da remixagem no seio de um fluxo contínuo de matéria sonora.

Reencontramos com a música tecno a fórmula dinâmica que define a essência da cibercultura: quanto mais universal for, menos totalizável será.

9.
A ARTE DA CIBERCULTURA

A ADEQUAÇÃO ENTRE AS FORMAS ESTÉTICAS DA
CIBERCULTURA E SEUS DISPOSITIVOS TECNOSSOCIAIS

O gênero canônico da cibercultura é o *mundo virtual*. Não devemos entender esse termo no sentido estrito da simulação computacional de um universo tridimensional explorado com um capacete estereoscópico e *datagloves*. Vamos antes apreender o conceito mais geral de uma reserva digital de virtualidades sensoriais e informacionais que só se atualizam na interação com os seres humanos. De acordo com os dispositivos, essa atualização é mais ou menos inventiva, imprevisível, e deixa uma parte variável para as iniciativas daqueles que nela mergulham. Os mundos virtuais podem eventualmente ser enriquecidos e percorridos coletivamente. Tornam-se, nesse caso, um lugar de encontro e um meio de comunicação entre seus participantes.

O *engenheiro de mundos* surge, então, como o grande artista do século XXI. Ele provê as virtualidades, arquiteta os espaços de comunicação, organiza os equipamentos coletivos da cognição e da memória, estrutura a interação sensório-motora com o universo dos dados.

A World Wide Web, por exemplo, é um mundo virtual que favorece a inteligência coletiva. Seus inventores — Tim Berners Lee e todos aqueles que programaram as interfaces que nos permitem navegar na Web — são engenheiros de mundos. Os inventores de programas para trabalho ou aprendizagem cooperativa, os criadores de videogames, os artistas que exploram as fronteiras dos dispositivos interativos ou dos sistemas de televirtualidade também são engenheiros de mundos.

Podemos distinguir dois grandes tipos de mundos virtuais:
— aqueles que são limitados e editados, como os CD-ROMs ou as instalações "fechadas" (off-line) de artistas;
— aqueles que são acessíveis por meio de uma rede e infinitamente abertos à interação, à transformação e à conexão com outros mundos virtuais (on-line).

Não há nenhum motivo para *opor* on-line e off-line como algumas vezes é feito. Complementares, eles se alimentam e se inspiram reciprocamente.

As obras off-line podem oferecer de forma cômoda uma projeção parcial e temporária da inteligência e da imaginação coletivas que se desdobram na rede. Podem também tirar proveito de restrições técnicas mais favoráveis. Em particular, não conhecem os limites devidos à insuficiência das taxas de transmissão. Trabalham, enfim, para constituir ilhas de originalidade e criatividade fora do fluxo contínuo da comunicação.

Simetricamente, os mundos virtuais acessíveis on-line podem alimentar-se com dados produzidos off-line e alimentá-los de volta. São essencialmente meios de comunicação interativa. O mundo virtual funciona, então, como depósito de mensagens, contexto dinâmico acessível a todos e memória comunitária coletiva alimentada em tempo real.

O desenvolvimento da infraestrutura técnica do ciberespaço abre a perspectiva de uma interconexão de todos os mundos virtuais. A reunião progressiva dos textos digitalizados do planeta em um único hipertexto[1] é apenas o prelúdio de uma interconexão mais geral, que unirá o conjunto das informações digitalizadas, com destaque para os filmes e os ambientes tridimensionais interativos.[2] Assim, a rede dará acesso a um gigantesco metamundo virtual heterogêneo que acolherá o fervilhamento dos mundos virtuais particulares com seus links dinâmicos, as passagens que os conectarão como poços, corredores ou tocas da *wonderland* digital. Esse metamundo virtual ou ciberespaço irá tornar-se o principal laço de comunicação, de transações econômicas, de aprendizagem e de diversão das sociedades humanas. Também é lá que experimentaremos a beleza que repousa na memória das antigas culturas, assim como aquela que nascerá das formas próprias da cibercultura. Assim como o cinema não substituiu o teatro mas constituiu um gênero original com sua tradição e seus códigos originais, os gêneros emergentes da cibercultura como a música tecno ou os mundos virtuais não substituirão os antigos. Irão acrescentar-se ao patrimônio da civilização enquanto reorganizam, simul-

---

[1] Graças ao padrão HTML que é usado na World Wide Web.

[2] Ainda na WWW, graças a ferramentas como a norma VRML e a linguagem de programação Java.

taneamente, a economia da comunicação e o sistema das artes. As características que já destaquei, como o declínio da figura do autor e do arquivo gravado, não dizem respeito, portanto, à arte ou a cultura em geral, mas apenas às obras diretamente ligadas à cibercultura. Mesmo off-line, a obra interativa requer a implicação daqueles que a experimentam. O interagente participa da estruturação da mensagem que recebe. Tanto quanto as obras dos engenheiros de mundos, os mundos virtuais multiparticipantes são criações coletivas de seus exploradores. Os testemunhos artísticos da cibercultura são obras-fluxo, obras-processo, ou mesmo obras-acontecimento pouco adequadas ao armazenamento e à conservação. Enfim, no ciberespaço, cada mundo virtual encontra-se potencialmente ligado a todos os outros, engloba-os e é contido por eles de acordo com uma topologia paradoxal, entrelaçando o interior e o exterior. Mesmo agora, muitas obras da cibercultura não possuem limites nítidos. São "obras abertas",[3] não apenas porque admitem uma multiplicidade de interpretações, mas sobretudo porque são fisicamente acolhedoras para a imersão ativa de um explorador e materialmente interpenetradas nas outras obras da rede. O grau dessa abertura é evidentemente variável de acordo com os casos; ora, quanto mais a obra explorar as possibilidades oferecidas pela interação, pela interconexão e pelos dispositivos de criação coletiva, mais será típica da cibercultura... e menos será uma "obra" no sentido clássico do termo.

A obra da cibercultura atinge uma certa forma de universalidade por presença ubiquitária na rede, por conexão com as outras obras e copresença, por abertura material, e não mais necessariamente pela significação válida ou conservada em todas as partes. Ora, essa forma de universalidade por contato caminha ao lado de uma tendência à destotalização. De fato, o fiador da totalização da obra, ou seja, do fechamento de seu sentido, é o autor. Mesmo se o significado da obra se pretende aberto ou múltiplo, devemos ainda assim pressupor um autor se quisermos *interpretar* intenções, decodificar um projeto, uma expressão social ou mesmo um inconsciente. O autor é a condição de possibilidade de qualquer horizonte de sentido estável. Mas tornou-se banal dizer que a cibercultura coloca muito em questão a importância e a função do signatário. O engenheiro de mundos não assina

---

[3] Umberto Eco, *A obra aberta*, São Paulo, Perspectiva, 1969.

uma obra acabada, mas um ambiente por essência inacabado, cabendo aos exploradores construir não apenas o sentido variável, múltiplo, inesperado, mas também a ordem de leitura a as formas sensíveis. Além disso, a metamorfose contínua das obras adjacentes e do meio virtual que sustenta e penetra a obra contribui para destituir um eventual autor de suas prerrogativas de fiador do sentido. Felizmente, sensibilidade, talentos, capacidades, esforços individuais de criação estão sempre na ordem do dia. Mas podem qualificar o intérprete, o "performer", o explorador, o engenheiro de mundos, cada membro da equipe de produção tanto quanto e talvez mais do que um autor cada vez menos discernível.

Depois do autor, a segunda condição para a totalização ou fechamento do sentido é o fechamento físico junto com a fixidez temporal da obra. A gravação, o arquivo, a peça suscetível de ser conservada em um museu é uma mensagem *acabada*. Um quadro, por exemplo, objeto de conservação, é ao mesmo tempo a obra em si e o arquivo da obra. Mas a obra-acontecimento, a obra-processo, a obra interativa, a obra metamórfica, conectada, atravessada, indefinidamente coconstruída da cibercultura dificilmente pode ser gravada enquanto tal, mesmo se fotografarmos um momento de seu processo ou se captarmos algum traço parcial se sua expressão. E, sobretudo, criar, gravar, arquivar, isso não tem mais, não pode mais ter o mesmo sentido de antes do dilúvio informacional. Quando os depósitos são raros, ou podem ao menos ser circunscritos, deixar traços significa entrar na memória de longo termo dos homens. Mas se a memória é praticamente infinita, em fluxo, transbordante, alimentada a cada segundo por uma miríade de captadores e milhões de pessoas, *entrar nos arquivos da cultura não basta mais para diferenciar*. Então, o ato de criação por excelência consiste em criar um acontecimento, aqui e agora, para uma comunidade, até mesmo constituir o coletivo para o qual o acontecimento advirá, ou seja, reorganizar parcialmente o metamundo virtual, a instável paisagem de sentido que abriga os humanos e suas obras.

Dessa forma, a pragmática da comunicação no ciberespaço encobre os dois grandes fatores clássicos de totalização das obras: totalização *por intenção* pelo autor, totalização *por extensão* pela gravação.

Com o rizoma e o plano de imanência, Deleuze e Guattari[4] descreveram filosoficamente um esquema abstrato que compreende:

---

[4] Ver Gilles Deleuze e Félix Guattari, *Mil platôs*, Rio de Janeiro/São Paulo,

— a proliferação, sem limites *a priori*, de conexões entre nós heterogêneos e a multiplicidade móvel dos centros em uma rede aberta;
— o fervilhamento das hierarquias entrelaçadas, os efeitos holográficos de encobrimentos parciais e sempre diferentes de conjuntos sobre suas partes;
— a dinâmica autopoietica e auto-organizadora de populações mutantes que estendem, criam, transformam um espaço qualitativamente variado, uma paisagem pontuada por singularidades.

Esse esquema é atualizado *socialmente* pela vida das comunidades virtuais, *cognitivamente* pelos processos de inteligência coletiva, *semioticamente* na forma do grande hipertexto ou do metamundo virtual da Web.

A obra da cibercultura participa destes rizomas, deste plano de imanência do ciberespaço. É portanto desde o princípio perfurada por túneis ou falhas que a abrem para um exterior inassinalável e conectado por natureza (ou à espera de conexão) com pessoas, com fluxos de dados.

Eis o hipertexto global, o metamundo virtual em metamorfose perpétua, o fluxo musical ou icônico na enchente. Cada um é chamado a tornar-se um operador singular, qualitativamente diferente, na transformação do hiperdocumento universal e intotalizável. Entre o engenheiro e o visitante de mundos virtuais, todo um contínuo se estende. Aqueles que se contentam em perambular irão talvez conceber sistemas ou esculpir dados mais à frente. Nada na evolução técnica garante essa reciprocidade; não é mais do que uma possibilidade favorável aberta por novos dispositivos de comunicação. Cabe aos atores sociais, aos ativistas culturais aproveitá-la, a fim de não reproduzir no ciberespaço a mortal dissimetria do sistema das mídias de massa.

O UNIVERSAL SEM TOTALIDADE: TEXTO, MÚSICA E IMAGEM

Para cada uma das grandes modalidades do signo, texto alfabético, música ou imagem, a cibercultura faz emergir uma nova forma e maneira de agir. O *texto* dobra-se, redobra-se, divide-se e volta a colar-se pelas pontas e fragmentos: transmuta-se em hipertexto, e os hi-

---

Editora 34, 5 vols., 1995-97, e, dos mesmos autores, *O que é a filosofia?*, Rio de Janeiro, Editora 34, 1992.

pertextos conectam-se para formar o plano hipertextual indefinidamente aberto e móvel da Web.

A *música* certamente pode prestar-se a uma navegação descontínua por meio de hiperlinks (passamos então de bloco sonoro a bloco sonoro de acordo com as escolhas do ouvinte), mas ganha muito menos com isso do que o texto. Sua principal mutação na passagem para o digital seria antes definida pelo processo recursivo aberto de sampling, mixagem e remixagem, isto é, pela extensão de um oceano musical virtualmente alimentado e transformado continuamente pela comunidade dos músicos.

Quanto à *imagem*, perde sua exterioridade de espetáculo para abrir-se à imersão. A representação é substituída pela virtualização interativa de um modelo, a simulação sucede a semelhança. O desenho, a foto ou o filme ganham profundidade, acolhem o explorador ativo de um modelo digital, ou até uma coletividade de trabalho ou de jogo envolvida com a construção cooperativa de um universo de dados.

Temos, portanto, três formas principais:

— o dispositivo hiperdocumental de leitura-escrita em rede para o texto;

— o processo recursivo de criação e transformação de uma memória-fluxo por uma comunidade de cooperadores diferenciados, no caso da música;

— a interação sensório-motora com um conjunto de dados que define o estado virtual da imagem.

Ora, nenhuma dessas formas exclui as outras. Mais, cada uma delas atualiza de forma diferente a mesma estrutura abstrata do universal sem totalidade, tão bem que em um certo sentido cada uma contém as outras duas.

Navega-se em um mundo virtual como em um hipertexto, e a pragmática do tecno supõe, por sua vez, um princípio de navegação virtual e diferida na memória musical. Além disso, algumas performances musicais em tempo real colocam em cena dispositivos do tipo hipermídia.

Em minha análise das novas tendências da música digital, coloquei em evidência *a transformação cooperativa e contínua de uma reserva informacional que simultaneamente ocupa o lugar de canal e de memória comum*. Ora, esse tipo de situação diz respeito tanto aos hipertextos coletivos e aos mundos virtuais da comunicação como à música tecno. Acrescentemos que as imagens e o texto são, cada vez mais, objeto de práticas de sampling e de remixagem. Na cibercultura, qualquer imagem é potencialmente matéria-prima de uma outra imagem, todo texto pode constituir o fragmento de um texto ainda maior, composto por um "agente" de software durante uma determinada pesquisa.

Enfim, a interação e a imersão, típicas das realidades virtuais, ilustram um *princípio de imanência da mensagem ao seu receptor* que pode ser aplicado a todas as modalidades do digital: a obra não está mais distante, e sim ao alcance da mão. Participamos dela, a transformamos, somos em parte seus autores.

A imanência das mensagens aos seus receptores, sua abertura, a transformação contínua e cooperativa de uma memória-fluxo dos grupos humanos, todas essas características atualizam o declínio da totalização.

Quanto ao novo universal, realiza-se na dinâmica de interconexão da hipermídia on-line, na divisão do oceano mnemônico ou informacional, na ubiquidade do virtual no seio das redes que o transportam. Em suma, a universalidade vem do fato de que nos banhamos todos no mesmo rio de informações, e a perda da totalidade, da enchente diluviana. Não contente de correr sempre, o rio de Heráclito agora transbordou.

O AUTOR EM QUESTÃO

Como acabamos de ver, o autor e a gravação garantem a totalização das obras, asseguram as condições de uma compreensão globalizante e de uma estabilidade do sentido. Se a cibercultura encontra sua essência no universal sem totalidade, devemos examinar, ainda que apenas a título de hipótese, as formas de uma arte e de uma cultura nas quais essas duas figuras passariam para o segundo plano. De fato, não creio que, após ter passado por um estado de civilização no qual o arquivo memorável e o gênio criador sejam tão presentes, possamos imaginar (salvo em caso de catástrofe cultural) uma situação na qual o autor e a gravação tenham desaparecido totalmente. Em contrapartida, devemos antever um estado futuro da civilização no qual esses dois ferrolhos da totalização em declínio teriam apenas um pequeno lugar nas preocupações daqueles que produzem, transformam e apreciam as obras do espírito.

Tanto a noção de autor em geral como as diferentes conceituações do autor em particular encontram-se fortemente ligadas a certas configurações da comunicação, ao estado das relações sociais nos planos econômico, jurídico e institucional.

Nas sociedades onde o principal modo de transmissão dos conteúdos culturais explícitos é a palavra, a noção de autor mostra-se secundária, ou mesmo inexistente. Os mitos, os ritos, as formas plásticas ou musicais tradicionais são imemoriais e em geral a elas não se associa nenhuma assinatura, a não ser a de um autor mítico. Observemos aqui que o próprio conceito de assinatura, como o de estilo pessoal, implica a escrita. Os artistas, cantores, bardos, contadores, músicos, dançarinos, escultores etc. são antes considerados como *intérpretes* de um tema ou motivo vindo do início dos tempos e pertencendo ao patrimônio da comunidade em questão. Entre a diversidade das épocas e culturas, a noção de intérprete (com a capacidade de distinguir e apreciar os grandes intérpretes) é muito mais disseminada do que a noção de autor.

Essa última obviamente toma certa importância com o surgimento e uso da escrita. Contudo, até o fim da Idade Média, não se considerava necessariamente como autor qualquer pessoa que redigisse um texto original. O termo era reservado para uma fonte de "autoridade", como, por exemplo, Aristóteles, enquanto o comentarista ou o copista glosador não mereciam essa denominação. Com a impressão, e, portanto, a industrialização da reprodução dos textos, tornou-se necessário definir de forma precisa o estatuto econômico e jurídico dos redatores. Foi então, enquanto seu "direito" ia sendo progressivamente estabelecido, que tomou forma a noção moderna de autor. Em paralelo, a Renascença viu o desenvolvimento do conceito do artista como criador demiúrgico, inventor ou conceitualizador, e não mais apenas como artesão ou transmissor mais ou menos inventivo de uma tradição.

Existem grandes obras, grandes criações culturais *sem autor*? Sem nenhuma ambiguidade, a resposta é *sim*. A mitologia grega, por exemplo, é uma das joias do patrimônio cultural da humanidade. Ainda assim, é incontestavelmente *uma criação coletiva*, sem autor, vinda de um fundo imemorial, polida e enriquecida por várias gerações de retransmissores inventivos. Homero, Sófocles ou Ovídio, enquanto intérpretes célebres dessa mitologia, evidentemente lhe deram um brilho particular. Mas Ovídio é o autor das *Metamorfoses*, não da mitologia; Sófocles escreveu *Édipo rei*, mas não inventou a saga dos reis de Tebas etc.

A Bíblia é um outro caso exemplar de uma obra maior do fundo espiritual e poético da humanidade, à qual, no entanto, não podemos atribuir um autor. Precursor do hipertexto, sua constituição resulta de uma seleção (de um sampling!) e de um amálgama tardio de um grande número de textos de gêneros heterogêneos redigidos em diversas épocas. A origem desses textos pode estar em antigas tradições orais do povo judeu (o Gênesis, o Êxodo), mas também na influência das civilizações da Mesopotâmia e Egito (certas partes do Gênesis, os livros de sabedoria), na fervorosa reação moral a determinada atualidade política e religiosa (livros proféticos), em uma divagação poética ou lírica (Salmos, Cântico dos Cânticos), em uma vontade de codificação legislativa e ritual (Levítico) ou de preservação de uma memória histórica (Crônicas etc.). Considera-se, portanto, com razão, a Bíblia como sendo *uma* obra, portadora de uma mensagem religiosa complexa e de todo um universo cultural.

Para permanecer na tradição judaica, observemos que dada interpretação de um doutor da Lei não possui verdadeira autoridade a não ser quando se torna anônima, quando a menção de seu autor se apaga e ela se integra ao patrimônio comum. Os talmudistas citam constantemente as opiniões e comentários dos sábios que os precederam, contribuindo assim para uma forma de imortalidade do que há de mais valioso em seu pensamento. Mas, paradoxalmente, o maior feito do sábio consiste em não mais ser citado nominalmente, e portanto em desaparecer enquanto autor, para que sua contribuição se funda e se identifique com o imemorial da tradição coletiva.

A literatura não é o único domínio onde grandes obras são anônimas. Os temas das ragas,[5] as pinturas de Lascaux, os templos de Angkor, as catedrais góticas e *A canção de Rolando* tampouco são assinadas.

Portanto, há grandes obras sem autor. Em contrapartida, reafirmemos que parece difícil apreciar belas obras sem a intervenção dos grandes intérpretes, ou seja, sem indivíduos talentosos que, inserindo-se em uma tradição, reativam-na e dão a ela um brilho particular. Ora, os intérpretes podem ser conhecidos, mas podem também não

---

[5] Gênero musical indiano.

ter uma face. Quem foi o arquiteto de Notre-Dame de Paris? Quem esculpiu os portais das catedrais de Chartres ou de Reims?

A figura do autor emerge de uma ecologia das mídias e de uma configuração econômica, jurídica e social bem particular. Não é, portanto, surpreendente que possa passar para segundo plano quando o sistema das comunicações e das relações sociais se transformar, desestabilizando o terreno cultural que viu crescer sua importância. Mas talvez nada disso seja tão grave, visto que a proeminência do autor não condiciona nem o alastramento da cultura nem a criatividade artística.

O declínio da gravação

Eu dizia acima que criar uma obra, deixar um traço, gravar, não têm mais o mesmo sentido, o mesmo valor que antes do dilúvio informacional. A desvalorização das informações é uma consequência natural de sua inflação. A partir de então, o propósito do trabalho artístico se desloca para o acontecimento, ou seja, em direção à reorganização da paisagem de sentido que, fractalmente, em todas as escalas, habita o espaço de comunicação, as subjetividades de grupo e a memória sensível dos indivíduos. *Ocorre alguma coisa* na rede dos signos, assim como no tecido humano.

Evitemos mal-entendidos. Certamente não se trata de prever um deslocamento do "real" que seria pesadamente material e estaria conservado em museus para um "virtual" lábil do ciberespaço. Por acaso constatou-se que a irresistível ascensão do *Musée imaginaire* cantado por Malraux, quer dizer, a multiplicação dos catálogos, dos livros e dos filmes de arte, tenha feito diminuir o público dos museus? Pelo contrário. Quanto mais difundidos os elementos recombináveis do museu imaginário, mais foram fundados prédios abertos ao público cuja função era abrigar e expor a presença física das obras. Ainda assim, se estudássemos o destino de determinado quadro célebre, descobriríamos que foi apreciado mais frequentemente como reprodução do que como original. Da mesma forma, os museus virtuais provavelmente nunca farão concorrência aos museus reais, sendo antes suas extensões publicitárias. Representarão, contudo, a principal interface do público com as obras. Um pouco como o disco colocou mais pessoas em contato com Beethoven ou os Beatles do que os concertos. A falsa ideia de *substituição* do pretenso "real" por um "virtual" ignorado e depreciado deu lugar a uma série de mal-entendidos. Retornarei a isso no capítulo 15, sobre a crítica da substituição.

O que disse acima vale evidentemente para as artes plásticas "clássicas". Quanto às propostas específicas da cibercultura, encontram no virtual seu lugar natural enquanto os museus materiais só podem acolher uma projeção imperfeita dos mesmos. Não se "expõe" um CD-ROM, tampouco um mundo virtual: deve-se navegar neles, fazer uma imersão, interagir, participar de processos que requerem tempo. Reviravolta inesperada: para as artes do virtual, os "originais" são feixes de eventos no ciberespaço enquanto as "reproduções" são apreciadas com dificuldades nos museus.

Os gêneros da cibercultura são da ordem da *performance*, como a dança e o teatro, como as improvisações coletivas do jazz, da *commedia dell'arte* ou dos concursos de poesia da tradição japonesa. Na linhagem das *instalações*, requerem a implicação ativa do receptor, seu deslocamento em um espaço simbólico ou real, a participação consciente de sua memória na constituição da mensagem. Seu centro de gravidade é um processo subjetivo, o que os livra de qualquer fechamento espaçotemporal.

Organizando a *participação em eventos* mais do que espetáculos, as artes da cibercultura reencontram a grande tradição do jogo e do ritual. O que é mais contemporâneo retorna assim ao mais arcaico, à própria origem da arte em seus fundamentos antropológicos. A essência das grandes rupturas ou dos verdadeiros "progressos" não é, por sinal — ao mesmo tempo em que operam a crítica em atos da tradição com a qual rompem —, retornar paradoxalmente ao começo? No jogo como no ritual, nem o autor nem a gravação são importantes, mas antes o ato coletivo aqui e agora.

Precursor da engenharia de mundos, Leonardo da Vinci organizava festas principescas, animadas por multidões com suas fantasias, suas danças, suas vidas ardentes, e das quais nada restou. Quem não desejaria ter participado delas? Outras festas são preparadas para o futuro.

10.
A NOVA RELAÇÃO COM O SABER

Educação e cibercultura

Qualquer reflexão sobre o futuro dos sistemas de educação e de formação na cibercultura deve ser fundada em uma análise prévia da mutação contemporânea da relação com o saber. Em relação a isso, a primeira constatação diz respeito à velocidade de surgimento e de renovação dos saberes e *savoir-faire*. Pela primeira vez na história da humanidade, a maioria das competências adquiridas por uma pessoa no início de seu percurso profissional estarão obsoletas no fim de sua carreira. A segunda constatação, fortemente ligada à primeira, diz respeito à nova natureza do trabalho, cuja parte de transação de conhecimentos não para de crescer. Trabalhar quer dizer, cada vez mais, aprender, transmitir saberes e produzir conhecimentos. Terceira constatação: o ciberespaço suporta tecnologias intelectuais que amplificam, exteriorizam e modificam numerosas funções cognitivas humanas: memória (bancos de dados, hiperdocumentos, arquivos digitais de todos os tipos), imaginação (simulações), percepção (sensores digitais, telepresença, realidades virtuais), raciocínios (inteligência artificial, modelização de fenômenos complexos). Essas tecnologias intelectuais favorecem:

— novas formas de acesso à informação: navegação por hiperdocumentos, caça à informação através de mecanismos de pesquisa, *knowbots* ou agentes de software, exploração contextual através de mapas dinâmicos de dados;

— novos estilos de raciocínio e de conhecimento, tais como a simulação, verdadeira industrialização da experiência do pensamento, que não advém nem da dedução lógica nem da indução a partir da experiência.

Como essas tecnologias intelectuais, sobretudo as memórias dinâmicas, são *objetivadas* em documentos digitais ou programas disponíveis na rede (ou facilmente reproduzíveis e transferíveis), podem ser *compartilhadas* entre numerosos indivíduos, e aumentam, portanto, o potencial de inteligência coletiva dos grupos humanos.

O saber-fluxo, o trabalho-transação de conhecimento, as novas tecnologias da inteligência individual e coletiva mudam profundamente os dados do problema da educação e da formação. O que é preciso aprender não pode mais ser planejado nem precisamente definido com antecedência. Os percursos e perfis de competências são todos singulares e podem cada vez menos ser canalizados em programas ou cursos válidos para todos. Devemos construir novos modelos do espaço dos conhecimentos. No lugar de uma representação em escalas lineares e paralelas, em pirâmides estruturadas em "níveis", organizadas pela noção de pré-requisitos e convergindo para saberes "superiores", a partir de agora devemos preferir a imagem de espaços de conhecimentos emergentes, abertos, contínuos, em fluxo, não lineares, se reorganizando de acordo com os objetivos ou os contextos, nos quais cada um ocupa uma posição singular e evolutiva.

De onde duas grandes reformas são necessárias nos sistemas de educação e formação. Em primeiro lugar, a aclimatação dos dispositivos e do espírito do EAD (ensino aberto e a distância) ao cotidiano e ao dia a dia da educação. A EAD explora certas técnicas de ensino a distância, incluindo as hipermídias, as redes de comunicação interativas e todas as tecnologias intelectuais da cibercultura. Mas o essencial se encontra em um novo estilo de pedagogia, que favorece ao mesmo tempo as aprendizagens personalizadas e a aprendizagem coletiva em rede. Nesse contexto, o professor é incentivado a tornar--se um animador da inteligência coletiva de seus grupos de alunos em vez de um fornecedor direto de conhecimentos.

A segunda reforma diz respeito ao reconhecimento das experiências adquiridas. Se as pessoas aprendem com suas atividades sociais e profissionais, se a escola e a universidade perdem progressivamente o monopólio da criação e transmissão do conhecimento, os sistemas públicos de educação podem ao menos tomar para si a nova missão de orientar os percursos individuais no saber e de contribuir para o reconhecimento dos conjuntos de saberes pertencentes às pessoas, aí incluídos os saberes não acadêmicos. As ferramentas do ciberespaço permitem pensar vastos sistemas de testes automatizados acessíveis a qualquer momento e em redes de transações entre oferta e procura de competência. Organizando a comunidade entre empregadores, indivíduos e recursos de aprendizagem de todos os tipos, as universidades do futuro contribuiriam assim para a animação de uma nova economia do conhecimento.

Este capítulo e o seguinte desenvolvem as ideias que acabam de ser expostas e propõem, por fim, algumas soluções práticas — as "árvores de conhecimentos".

A ARTICULAÇÃO DE NUMEROSOS PONTOS DE VISTA

Em um de meus cursos na Universidade de Paris-VIII, intitulado "Tecnologias digitais e mutações culturais", peço que cada estudante faça uma apresentação oral de dez minutos. Na véspera dessa apresentação, ele deve entregar-me um resumo de duas páginas, com uma bibliografia, que poderá eventualmente ser fotocopiada por outros estudantes que desejem aprofundar-se no assunto.

Em 1995, um deles entregou-me suas duas páginas de resumo dizendo, com ar um pouco misterioso: "Tome! É uma apresentação virtual!". Por mais que folheasse seu trabalho sobre os instrumentos musicais digitais, não descobri o que o distinguia dos resumos habituais: um título em negrito, subtítulos, palavras sublinhadas em um texto bem articulado, bibliografia. Divertindo-se com meu ceticismo, ele arrastou-me até a sala de computadores e, seguidos por alguns outros alunos, nos instalamos ao redor de uma tela. Descobri, então, que as duas páginas de resumo que havia percorrido no papel eram a projeção impressa de páginas da Web.

Em vez de um texto localizado, fixado em um suporte de celulose, no lugar de um pequeno território com um autor proprietário, um início, um fim, margens formando fronteiras, confrontei-me com um documento dinâmico, aberto, ubiquitário, que me reenviava a um corpus praticamente infinito. O mesmo texto tinha outra natureza. Falamos de "página" em ambos os casos, mas a primeira página é um *pagus*, um campo demarcado, apropriado, semeado com signos enraizados, o outro é uma unidade de fluxo, submetida às restrições das taxas de transmissão nas redes. Mesmo que se refira a artigos ou livros, a primeira página é fisicamente fechada. A segunda, em contrapartida, nos conecta técnica e imediatamente a páginas de outros documentos, dispersas em todas as partes do planeta, que remetem por sua vez, indefinidamente, a outras páginas, a outras gotas do mesmo oceano mundial de signos flutuantes.

A partir da invenção de uma pequena equipe do CERN, a World Wide Web propagou-se entre os usuários da Internet como um rastilho de pólvora para tornar-se, em poucos anos, um dos principais eixos de desenvolvimento do ciberespaço. Isso talvez não expresse mais do que uma tendência provisória. Lanço contudo a hipótese de que o irrefreável crescimento do ciberespaço nos indica alguns traços essenciais de uma cultura que deseja nascer. Guardemos isso na memória e continuemos nossa análise.

A página da Web é um elemento, uma parte do corpus intangível composto pelo conjunto dos documentos da World Wide Web. Mas pelos links que lança em direção ao restante da rede, pelos cruzamentos ou bifurcações que propõe, constitui também uma seleção organizadora, um agente estruturador, uma filtragem desse corpus. Cada elemento dessa pelota que não pode ser circunscrita é ao mesmo tempo um pacote de informações e um instrumento de navegação, uma parte do estoque e um ponto de vista original sobre esse mesmo estoque. Em uma face, a página da Web forma a gotícula de um todo em fuga, enquanto na outra propõe um filtro singular do oceano de informação.

Na Web, tudo se encontra no mesmo plano. E no entanto tudo é diferenciado. Não há hierarquia absoluta, mas cada site é um agente de seleção, de bifurcação ou de hierarquização parcial. Longe de ser uma massa amorfa, a Web articula uma multiplicidade aberta de pontos de vista, mas essa articulação é feita transversalmente, em rizoma, sem o ponto de vista de Deus, sem uma unificação sobrejacente. Que este estado de coisas engendre confusão, todos concordam. Novos instrumentos de indexação e pesquisa devem ser inventados, como podemos ver pela riqueza dos trabalhos atuais sobre a cartografia dinâmica dos espaços de dados, os "agentes" inteligentes ou a filtragem cooperativa das informações.

O SEGUNDO DILÚVIO E A INACESSIBILIDADE DO TODO

Sem fechamento dinâmico ou estrutural, a Web também não está congelada no tempo. Ela incha, se move e se transforma permanentemente. A World Wide Web é um fluxo. Suas inúmeras fontes, suas turbulências, sua irresistível ascensão oferecem uma surpreendente imagem da inundação de informação contemporânea. Cada reserva de memória, cada grupo, cada indivíduo, cada objeto pode tornar-se emissor e contribuir para a enchente. A esse respeito, Roy Ascott fala, de forma metafórica, em *segundo dilúvio*. O dilúvio de informações. Para melhor ou pior, esse dilúvio não será seguido por nenhuma vazante. Devemos portanto nos acostumar com essa profusão e desordem. A não ser em caso de catástrofe natural, nenhuma grande reordenação, nenhuma autoridade central nos levará de volta à terra firme nem às paisagens estáveis e bem demarcadas anteriores à inundação.

O ponto da guinada histórica da relação com o saber situa-se sem dúvida no final do século XVIII, nesse momento de equilíbrio frágil no qual o antigo mundo disparava seus mais belos fogos enquanto as fumaças da revolução industrial começavam a mudar a cor do céu. Quando Diderot e d'Alembert publicaram sua *Encyclopédie*. Até então, um pequeno grupo de homens podia esperar dominar o conjunto dos saberes (ou ao menos os principais) e propor aos outros o ideal desse domínio. O conhecimento ainda era totalizável, adicionável. A partir do século XX, com a ampliação do mundo, a progressiva descoberta de sua diversidade, o crescimento cada vez mais rápido dos conhecimentos científicos e técnicos, o projeto de domínio do saber por um indivíduo ou por um pequeno grupo tornou-se cada vez mais ilusório. Hoje, tornou-se evidente, tangível para todos que o conhecimento passou definitivamente para o lado do intotalizável, do indominável.

A emergência do ciberespaço não significa de forma alguma que "tudo" pode enfim ser acessado, mas antes que o Todo está definitivamente fora de alcance. O que salvar do dilúvio? Pensar que poderíamos construir uma arca contendo "o principal" seria justamente ceder à ilusão da totalidade. Todos temos necessidade, instituições, comunidades, grupos humanos, indivíduos, de construir um sentido, de criar zonas de familiaridade, de aprisionar o caos ambiente. Mas, por um lado, cada um deve reconstruir totalidades parciais à sua maneira, de acordo com seus próprios critérios de pertinência. Por outro lado, essas zonas de significação apropriadas deverão necessariamente ser móveis, mutáveis, em devir. A tal ponto que devemos substituir a imagem da grande arca pela de uma frota de pequenas arcas, barcas ou sampanas, uma miríade de pequenas totalidades, diferentes, abertas e provisórias, secretadas por filtragem ativa, perpetuamente reconstruídas, pelos coletivos inteligentes que se cruzam, se interpelam, se chocam ou se misturam sobre as grandes águas do dilúvio informacional.

As metáforas centrais da relação com o saber são hoje, portanto, a navegação e o surfe, que implicam uma capacidade de enfrentar as ondas, redemoinhos, as correntes e os ventos contrários em uma extensão plana, sem fronteiras e em constante mudança. Em contrapartida, as velhas metáforas da pirâmide (escalar a pirâmide do saber) da escala ou do *cursus* (já totalmente traçado) trazem o cheiro das hierarquias imóveis de antigamente.

Quem sabe? A reencarnação do saber

As páginas da Web exprimem ideias, desejos, saberes, ofertas de transação de pessoas e grupos humanos. Por trás do grande hipertexto fervilham a multiplicidade e suas relações. No ciberespaço, o saber não pode mais ser concebido como algo abstrato ou transcendente. Ele se torna ainda mais visível — e mesmo tangível em tempo real — por *exprimir uma população*. As páginas da Web não apenas são assinadas como as páginas de papel, mas frequentemente desembocam em uma comunicação direta, por correio digital, fórum eletrônico ou outras formas de comunicação por mundos virtuais como os MUDs ou os MOOs.[1] Assim, contrariamente ao que nos leva a crer a vulgata midiática sobre a pretensa "frieza" do ciberespaço, as redes digitais interativas são fatores potentes de personalização ou de encarnação do conhecimento.

Incansavelmente, é preciso lembrar a frivolidade do esquema da substituição. Da mesma forma que a comunicação por telefone não impediu que as pessoas se encontrassem fisicamente, já que o telefone é usado para marcar encontros, a comunicação por correio eletrônico muitas vezes prepara viagens físicas, colóquios ou reuniões de negócios. Mesmo quando não é acompanhada de encontros, a interação no ciberespaço continua sendo uma forma de comunicação. Mas, ouvimos algumas vezes dizer, algumas pessoas permanecem horas "diante de suas telas", isolando-se assim dos outros. Os excessos certamente não devem ser encorajados. Mas dizemos que alguém que lê "permanece horas diante do papel"? Não. Porque a pessoa que lê não está se

---

[1] MUDs são Multi-User Dungeons, jogos de aventura com vários participantes. MOO significa MUDs Object Oriented, uma variante dos MUDs originais. (N. do T.)

relacionando com uma folha de celulose, ela está em contato com um discurso, uma voz, um universo de significados que ela contribui para construir, para habitar com sua leitura. O fato de o texto ser apresentado na tela não muda nada. Trata-se igualmente de leitura, ainda que, como vimos, com os hiperdocumentos e a interconexão geral as modalidades de leitura tendam a transformar-se.

Embora os suportes de informação não determinem automaticamente este ou aquele conteúdo de conhecimento, contribuem contudo para estruturar fortemente a "ecologia cognitiva" das sociedades. Pensamos junto com e dentro de grupos e instituições que tendem a reproduzir sua idiossincrasia impregnando-nos com seu clima emocional e seus funcionamentos cognitivos. Nossas faculdades de conhecer trabalham com línguas, sistemas de signos e processos intelectuais fornecidos por uma cultura. Não multiplicamos da mesma forma usando cordas com nós, pedras, algarismos romanos, números arábicos, ábacos, réguas de cálculo ou calculadoras. Como os vitrais das catedrais e as telas de televisão não nos oferecem as mesmas imagens do mundo, não suscitam os mesmos imaginários. Algumas representações não podem sobreviver por muito tempo em uma sociedade sem escrita (números, tabelas, listas), enquanto é possível arquivá-las facilmente quando se dispõe de memórias artificiais. Para codificar seus saberes, as sociedades sem escrita desenvolveram técnicas de memória que repousam no ritmo, na narrativa, na identificação, na participação do corpo e na emoção coletiva. Em contrapartida, com a ascensão da escrita, o saber pôde destacar-se parcialmente das identidades pessoais ou coletivas, tornar-se mais "crítico", buscar uma certa objetividade e um alcance teórico "universal". Não são apenas os modos de conhecimento que dependem dos suportes de informação e das técnicas de comunicação. São também, por meio das ecologias cognitivas que eles condicionam, os valores e os critérios de julgamento das sociedades. Ora, são precisamente os critérios de avaliação do saber (no sentido mais amplo do termo) que se colocam em jogo pela extensão da cibercultura, com o declínio provável, já observável, dos valores presentes na civilização estruturada pela escrita estática. Não que esses valores sejam levados a desaparecer, mas vão tornar-se secundários, perder seu poder de comando.

Talvez mais importante ainda que os gêneros de conhecimento e os critérios de valor que os polarizam, cada ecologia cognitiva favorece certos atores, colocados no centro dos processos de acúmulo e exploração do saber. Aqui, a pergunta não é mais "como?", nem "de acordo com quais critérios?", mas "quem?".

Nas sociedades anteriores à escrita, o saber prático, mítico e ritual é encarnado pela *comunidade viva*. Quando um *velho* morre é uma biblioteca que queima.

Com o surgimento da escrita, o saber é transmitido pelo *livro*. O livro, único, indefinidamente interpretável, transcendental, supostamente contém tudo: a Bíblia, o Corão, os textos sagrados, os clássicos, Confúcio, Aristóteles... É agora o *intérprete* quem domina o conhecimento.

Após a invenção da impressão, um terceiro tipo de conhecimento foi assombrado pela figura do *sábio*, do *cientista*. Nesse caso, o saber não é mais transmitido pelo livro, mas pela biblioteca. A *Encyclopédie* de Diderot e d'Alembert é mais uma biblioteca do que um livro. O saber é estruturado por uma rede de remissões, talvez já assombrado pelo hipertexto. Então, o conceito, a abstração ou o sistema servem para condensar a memória e para garantir um domínio intelectual que a inflação dos conhecimentos já coloca em perigo.

A desterritorialização da biblioteca que assistimos hoje talvez não seja mais do que o prelúdio para a aparição de um quarto tipo de relação com o conhecimento. Por uma espécie de retorno em espiral à oralidade original, o saber poderia ser novamente transmitido pelas *coletividades humanas vivas*, e não mais por suportes separados fornecidos por intérpretes ou sábios. Apenas, dessa vez, contrariamente à oralidade arcaica, o portador direto do saber não seria mais a comunidade física e sua memória carnal, mas o *ciberespaço*, a região dos mundos virtuais, por meio do qual as comunidades descobrem e constroem seus objetos e conhecem a si mesmas como coletivos inteligentes.

A partir de agora, os sistemas e os conceitos abstratos cedem terreno aos mapas finos das singularidades, à descrição detalhada dos grandes objetos cósmicos, dos fenômenos da vida ou dos costumes humanos. Leve-se em conta todos os grandes projetos tecnocientíficos contemporâneos: física de partículas, astrofísica, genoma humano, espaço, nanotecnologias, vigilância das ecologias e dos climas... São todos dependentes do ciberespaço e de suas ferramentas. Os bancos de dados de imagens, as simulações interativas e as conferências eletrônicas asseguram um conhecimento do mundo superior ao da abstração teórica, que passa para segundo plano. Ou, antes, definem a nova norma do conhecimento. Além disso, essas ferramentas permitem uma *coordenação* eficaz dos produtores de saber enquanto teorias e sistemas suscitavam antes a *adesão* ou o *conflito*.

É impressionante constatar que algumas experiências científicas realizadas nos grandes aceleradores de partículas mobilizam tantos recursos, são tão complexas e difíceis de interpretar que praticamente só ocorrem uma vez. Cada experiência é quase singular. Isso parece ir contra o ideal de reprodutibilidade da ciência clássica. No entanto, essas experiências ainda são universais, mas de outra forma que não a possibilidade de reprodução. Delas participam, de fato, grande número de cientistas de diversos países, que formam uma espécie de microcosmo ou de projeção da comunidade internacional. Mas, sobretudo, o contato direto com a experiência praticamente desapareceu em benefício da produção maciça de dados numéricos. Ora, esses dados podem ser consultados e tratados em grande número de laboratórios dispersos graças aos instrumentos de comunicação e de tratamento do ciberespaço. Assim, o conjunto da comunidade científica pode participar dessas experiências muito particulares, que são também *eventos*. A universalidade repousa, então, na interconexão em tempo real da comunidade científica, sua participação cooperativa mundial nos eventos que lhe dizem respeito em vez da depreciação do evento singular que caracterizava a antiga universalidade das ciências exatas.

A SIMULAÇÃO, UM MODO DE CONHECIMENTO PRÓPRIO DA CIBERCULTURA

Entre os novos modos de conhecimento trazidos pela cibercultura, a simulação ocupa um lugar central. Em uma palavra, trata-se de uma tecnologia intelectual que amplifica a imaginação individual (aumento de inteligência) e permite aos grupos que compartilhem, negociem e refinem modelos mentais comuns, qualquer que seja a complexidade deles (aumento da inteligência coletiva). Para aumentar e transformar determinadas capacidades cognitivas humanas (a memória, o cálculo, o raciocínio especialista), a informática *exterioriza parcialmente essas faculdades* em suportes digitais. Ora, uma vez que esses processos cognitivos tenham sido exteriorizados e reificados, tornam-se *compartilháveis* e assim reforçam os processos de inteligência coletiva... se as técnicas forem utilizadas com discernimento.

Mesmo os sistemas especialistas (ou sistemas de bases de conhecimentos), tradicionalmente classificados na rubrica "inteligência artificial", deveriam ser considerados como técnicas de comunicação e de mobilização rápida dos saberes práticos nas organizações, e não como dublês de especialistas humanos. Tanto no plano cognitivo como no da organização do trabalho, as tecnologias intelectuais devem ser pensadas em termos de articulação e de criação de sinergia, e não de acordo com o esquema da substituição.

As técnicas de simulação, em particular aquelas que utilizam imagens interativas, não substituem os raciocínios humanos mas prolongam e transformam a capacidade de imaginação e de pensamento. De fato, nossa memória de longo prazo pode armazenar uma enorme quantidade de informações e de conhecimentos. Por outro lado, nossa memória de curto prazo, aquela que contém as representações mentais às quais estamos deliberadamente atentos e conscientes, possui capacidade muito limitada. Não somos capazes, por exemplo, de representar clara e distintamente mais do que uma dezena de objetos interagindo.

Ainda que possamos evocar mentalmente a imagem do castelo de Versalhes, não conseguimos contar suas janelas "de cabeça". O grau de resolução da imagem mental não é suficiente. Para chegar a esse nível de detalhe, precisamos de uma memória auxiliar exterior (gravura, pintura, fotografia), graças à qual nos dedicaremos a novas operações cognitivas: contar, medir, comparar etc. A simulação é uma ajuda à memória de curto prazo, que diz respeito não a imagens fixas, textos ou tabelas numéricas, mas a *dinâmicas complexas*. A capacidade de variar com facilidade os parâmetros de um modelo e observar imediata e visualmente as consequências dessa variação constitui uma verdadeira ampliação da imaginação.

A simulação tem hoje papel crescente nas atividades de pesquisa científica, de criação industrial, de gerenciamento, de aprendizagem, mas também nos jogos e diversões (sobretudo nos jogos interativos na tela). Nem teoria nem experiência, forma de industrialização da experiência do pensamento, a simulação é um modo especial de conhecimento, próprio da cibercultura nascente. Na pesquisa, seu maior interesse não é, obviamente, substituir a experiência nem tomar o lugar da realidade, mas sim permitir a formulação e a exploração rápidas de grande quantidade de hipóteses. Do ponto de vista da inteligência coletiva, permite a colocação em imagens e o *compartilha-*

mento de mundos virtuais e de universos de significado de grande complexidade.

Os saberes encontram-se, a partir de agora, codificados em bases de dados acessíveis on-line, em mapas alimentados em tempo real pelos fenômenos do mundo e em simulações interativas. A eficiência, a fecundidade heurística, a potência de mutação e de bifurcação, a pertinência temporal e contextual dos modelos suplantam os antigos critérios de objetividade e de universalidade abstrata. Mas reencontramos *uma forma de universalidade mais concreta* com as capacidades de conexão, o respeito a padrões ou formatos, a compatibilidade ou interoperabilidade planetária.

Da interconexão caótica à inteligência coletiva

O saber, destotalizado, flutua. De onde resulta um sentimento violento de desorientação. Será preciso agarrar-se aos processos e esquemas que asseguravam a ordem antiga dos saberes? Não será preciso, ao contrário, dar um salto e penetrar com firmeza na nova cultura, que oferece remédios específicos aos males que engendra? A interconexão em tempo real de todos com todos é certamente a causa da desordem. Mas é também a condição de existência de soluções práticas para os problemas de orientação e de aprendizagem no universo do saber em fluxo. De fato, essa interconexão favorece os processos de inteligência coletiva nas comunidades virtuais, e graças a isso o indivíduo se encontra menos desfavorecido frente ao caos informacional.

Precisamente, o ideal mobilizador da informática não é mais a inteligência artificial (tornar uma máquina tão inteligente quanto, talvez mais inteligente que um homem), mas sim a *inteligência coletiva*, a saber, a valorização, a utilização otimizada e a criação de sinergia entre as competências, as imaginações e as energias intelectuais, qualquer que seja sua diversidade qualitativa e onde quer que esta se situe. Esse ideal da inteligência coletiva passa, evidentemente, pela disponibilização da memória, da imaginação e da experiência, por uma prática banalizada de troca dos conhecimentos, por novas formas de organização e de coordenação flexíveis e em tempo real. Se as novas técnicas de comunicação favorecem o funcionamento dos grupos humanos em inteligência coletiva, devemos repetir que não o determinam automaticamente. A defesa de poderes exclusivos, da rigidez institucional, a inércia das mentalidades e das culturas podem, evidentemente, levar a usos sociais das novas tecnologias que sejam muito menos positivos de acordo com critérios humanistas.

O ciberespaço, interconexão dos computadores do planeta, tende a tornar-se a principal infraestrutura de produção, transação e gerenciamento econômicos. Será em breve o principal equipamento coletivo internacional da memória, pensamento e comunicação. Em resumo, em algumas dezenas de anos, o ciberespaço, suas comunidades virtuais, suas reservas de imagens, suas simulações interativas, sua irresistível proliferação de textos e de signos, será o mediador essencial da inteligência coletiva da humanidade. Com esse novo suporte de informação e de comunicação emergem gêneros de conhecimento inusitados, critérios de avaliação inéditos para orientar o saber, novos atores na produção e tratamento dos conhecimentos. Qualquer política de educação terá que levar isso em conta.

11.
AS MUTAÇÕES DA EDUCAÇÃO E A ECONOMIA DO SABER

A APRENDIZAGEM ABERTA E A DISTÂNCIA

Os sistemas educativos encontram-se hoje submetidos a novas restrições no que diz respeito a quantidade, diversidade e velocidade de evolução dos saberes. Em um plano puramente quantitativo, a demanda de formação é maior do que nunca. Agora, em diversos países, é a *maioria* de uma faixa etária que cursa algum tipo de ensino secundário. As universidades transbordam. Os dispositivos de formação profissional e contínua estão saturados. Quase metade da sociedade está, ou gostaria de estar, na escola.

Não será possível aumentar o número de professores *proporcionalmente à demanda de formação* que é, em todos os países do mundo, cada vez maior e mais diversa. A questão do custo do ensino se coloca, sobretudo, nos países pobres. Será necessário, portanto, buscar encontrar soluções que utilizem técnicas capazes de ampliar o esforço pedagógico dos professores e dos formadores. Audiovisual, "multimídia" interativa, ensino assistido por computador, televisão educativa, cabo, técnicas clássicas de ensino a distância repousando essencialmente em material escrito, tutorial por telefone, fax ou Internet... todas essas possibilidades técnicas, mais ou menos pertinentes de acordo com o conteúdo, a situação e as necessidades do "ensinado", podem ser pensadas e já foram amplamente testadas e experimentadas. Tanto no plano das infraestruturas materiais como no dos custos de funcionamento, as escolas e universidades "virtuais" *custam menos* do que as escolas e universidades materiais fornecendo um ensino "presencial".

A demanda de formação não apenas conhece um enorme crescimento quantitativo, ela sofre também uma profunda mutação qualitativa no sentido de uma necessidade crescente de *diversificação* e de *personalização*. Os indivíduos toleram cada vez menos seguir cursos uniformes ou rígidos que não correspondem a suas necessidades reais e à especificidade de seu trajeto de vida. Uma resposta ao crescimento da demanda com uma simples massificação da oferta seria uma resposta "industrialista" ao modo antigo, inadaptada à flexibilidade e à diversidade necessárias de agora em diante.

Vemos como o novo paradigma da *navegação* (oposto ao do "curso") que se desenvolve nas práticas de levantamento de informações e de aprendizagem cooperativa no centro do ciberespaço mostra a via para um acesso ao conhecimento *ao mesmo tempo massificado e personalizado*.

As universidade e, cada vez mais, as escolas primárias e secundárias estão oferecendo aos estudantes as possibilidade de navegar no oceano de informação e de conhecimento acessível pela Internet. Há programas educativos que podem ser seguidos a distância na World Wide Web. Os correios e conferências eletrônicas servem para o *tutoring* inteligente e são colocados a serviço de dispositivos de aprendizagem cooperativa. Os suportes hipermídia (CD-ROM, bancos de dados multimídia interativos on-line) permitem acessos intuitivos rápidos e atraentes a grandes conjuntos de informações. Sistemas de *simulação* permitem aos estudantes familiarizarem-se a baixo custo com a prática de fenômenos complexos sem que tenham que se submeter a situações perigosas ou difíceis de controlar.

Os especialistas nesse campo reconhecem que a distinção entre ensino "presencial" e ensino "a distância" será cada vez menos pertinente, já que o uso das redes de telecomunicação e dos suportes multimídia interativos vem sendo progressivamente integrado às formas mais clássicas de ensino.[1] A aprendizagem a distância foi durante muito tempo o "estepe" do ensino; em breve irá tornar-se, senão a norma, ao menos a ponta de lança. De fato, as características da aprendizagem aberta a distância são semelhantes às da sociedade da informação como um todo (sociedade de rede, de velocidade, de personalização etc.). Além disso, esse tipo de ensino está em sinergia com as "organizações de aprendizagem" que uma nova geração de empresários está tentando estabelecer nas empresas.

---

[1] *Open and Distance Learning: Critical Success Factors* (*Accès à la formation à distance: clés pour un développement durable*), Processings — International Conference, Genebra, 10 a 12 de outubro de 1994, Gordon Davies e David Tinsley (orgs.).

A APRENDIZAGEM COLETIVA E O NOVO PAPEL DOS PROFESSORES

O ponto principal aqui é a mudança *qualitativa* nos processos de aprendizagem. Procura-se menos transferir cursos clássicos para formatos hipermídia interativos ou "abolir a distância" do que estabelecer novos paradigmas de aquisição dos conhecimentos e de constituição dos saberes. A direção mais promissora, que por sinal traduz a perspectiva da inteligência coletiva no domínio educativo, é a da *aprendizagem cooperativa*.

Alguns dispositivos informatizados de aprendizagem em grupo são especialmente concebidos para o compartilhamento de diversos bancos de dados e o uso de conferências e correio eletrônicos. Fala-se então em aprendizagem cooperativa assistida por computador (em inglês: Computer Supported Cooperative Learning, ou CSCL). Em novos "campus virtuais", os professores e os estudantes partilham os recursos materiais e informacionais de que dispõem. Os professores aprendem ao mesmo tempo que os estudantes e atualizam continuamente tanto seus saberes "disciplinares" como suas competências pedagógicas. (A formação contínua dos professores é uma das aplicações mais evidentes dos métodos de aprendizagem aberta e a distância.)

As últimas informações atualizadas tornam-se fácil e diretamente acessíveis *através* dos bancos de dados on-line e da World Wide Web. Os estudantes podem participar de conferências eletrônicas desterritorializadas nas quais intervêm os melhores pesquisadores de sua disciplina. A partir daí, a principal função do professor não pode mais ser uma difusão dos conhecimentos, que agora é feita de forma mais eficaz por outros meios. Sua competência deve deslocar-se no sentido de incentivar a aprendizagem e o pensamento. O professor torna-se um *animador da inteligência coletiva* dos grupos que estão a seu encargo. Sua atividade será centrada no acompanhamento e na gestão das aprendizagens: o incitamento à troca dos saberes, a mediação relacional e simbólica, a pilotagem personalizada dos percursos de aprendizagem etc.

Por uma regulamentação pública da economia do conhecimento

As reflexões e as práticas sobre a incidência das novas tecnologias na educação desenvolveram-se em vários eixos. Há, por exemplo, numerosos trabalhos versando sobre a multimídia como suporte de ensino ou sobre os computadores como *substitutos* incansáveis dos professores (ensino assistido por computador). Nessa visão — a mais clássica possível —, *a informática oferece máquinas de ensinar*. De acordo com outra abordagem, os computadores são considerados como *instrumentos* de comunicação, de pesquisa de informações, de cálculo, de produção de mensagens (textos, imagens, som) a serem colocados nas mãos dos estudantes.

A perspectiva adotada aqui é ainda outra. O uso crescente das tecnologias digitais e das redes de comunicação interativa acompanha e amplifica uma profunda mutação na relação com o saber, cujas linhas gerais tentei esboçar no capítulo anterior. Ao prolongar determinadas capacidades cognitivas humanas (memória, imaginação, percepção), as tecnologias intelectuais com suporte digital redefinem seu alcance, seu significado, e algumas vezes até mesmo sua natureza. As novas possibilidades de criação coletiva distribuída, aprendizagem cooperativa e colaboração em rede oferecidas pelo ciberespaço colocam novamente em questão o funcionamento das instituições e os modos habituais de divisão do trabalho, tanto nas empresas como nas escolas.

Como manter as práticas pedagógicas atualizadas com esses novos processos de transação de conhecimento? Não se trata aqui de usar as tecnologias a qualquer custo, mas sim de *acompanhar consciente e deliberadamente uma mudança de civilização* que questiona profundamente as formas institucionais, as mentalidades e a cultura dos sistemas educacionais tradicionais e sobretudo os papéis de professor e de aluno.

A grande questão da cibercultura, tanto no plano de redução dos custos como no do acesso de todos à educação, não é tanto a passagem do "presencial" à "distância", nem do escrito e do oral tradicionais à "multimídia". É a transição de uma educação e uma formação estritamente institucionalizadas (a escola, a universidade) para uma situação de troca generalizada dos saberes, o ensino da sociedade por ela mesma, de reconhecimento autogerenciado, móvel e contextual das competências. Nesse quadro, o papel dos poderes públicos deveria ser:

— garantir a todos uma formação elementar de qualidade;[2]
— permitir a todos um acesso aberto e gratuito a midiatecas, a centros de orientação, de documentação e de autoformação, a pontos de entrada no ciberespaço, sem negligenciar a indispensável *mediação humana* do acesso ao conhecimento;
— regular e animar uma nova *economia do conhecimento* na qual cada indivíduo, cada grupo, cada organização seriam considerados como recursos de aprendizagem potenciais ao serviço de percursos de formação contínuos e personalizados.

SABER-FLUXO E DISSOLUÇÃO DAS SEPARAÇÕES

Após o fim dos anos 60, começamos a experimentar uma relação com o conhecimento e com o *savoir-faire* ignorada por nossos ancestrais. De fato, até então as competências adquiridas ao longo da juventude em geral ainda estavam sendo usadas no final da vida ativa. Essas competências chegavam mesmo a ser transmitidas quase inalteradas aos jovens ou aprendizes. É certo que novos processos, novas técnicas surgiam. Mas, na *escala de uma vida humana*, a maioria dos *savoirs-faire* úteis era perene. Hoje, a maioria dos saberes adquiridos no início de uma carreira ficam obsoletos no final de um percurso profissional, ou mesmo antes. As desordens da economia, bem como o ritmo precipitado das evoluções científica e técnica determinam uma aceleração geral da temporalidade social. Este fato faz com que os indivíduos e grupos não estejam mais confrontados a saberes estáveis, a classificações de conhecimentos legados e confortados pela tradição, mas sim a um saber-fluxo caótico, de curso dificilmente previsível, no qual deve-se agora aprender a navegar. A relação intensa com a aprendizagem, a transmissão e a produção de conhecimentos não é mais

[2] Os especialistas de política da educação reconhecem o papel essencial da qualidade e da universalidade do ensino elementar para o nível geral de educação de uma população. Além disso, o ensino elementar atinge todas as crianças, enquanto o ensino secundário e sobretudo o superior diz respeito apenas a uma parte dos jovens. Ora, o secundário e o superior públicos, que custam muito mais caro que o ensino elementar, são financiados pela totalidade dos contribuintes. Há nisso uma fonte de desigualdade particularmente gritante nos países pobres. Ver sobretudo Sylvain Lourié, *École et Tiers Monde*, Paris, Flammarion, 1993.

reservada a uma elite, diz agora respeito à massa de pessoas em suas vidas cotidianas e seus trabalhos.

O velho esquema segundo o qual aprende-se uma profissão na juventude para exercê-la durante o restante da vida encontra-se, portanto, ultrapassado. Os indivíduos são levados a mudar de profissão várias vezes em suas carreiras, e a própria noção de profissão torna-se cada vez mais problemática. Seria melhor raciocinar em termos de *competências* variadas das quais cada um possui uma coleção particular. As pessoas têm, então, o encargo de manter e enriquecer sua coleção de competências durante suas vidas. Essa abordagem coloca em questão a divisão clássica entre período de aprendizagem e período de trabalho (já que se aprende o tempo todo), assim como a profissão como modo principal de identificação econômica e social das pessoas.

Por meio da formação contínua, da formação alternativa, os dispositivos de aprendizagem nas empresas, a participação na vida associativa, sindical etc., está sendo constituído um *continuum* entre tempo de formação, por um lado, e tempo de experiência profissional e social, de outro. No centro desse *continuum*, todas as modalidades de aquisição de competências (incluindo a autodidática) vêm tomar seu lugar.

Para uma proporção cada vez maior da população, o trabalho não é mais a execução repetitiva de uma tarefa atribuída, mas uma atividade complexa na qual a resolução inventiva de problemas, a coordenação no centro de equipes e a gestão de relações humanas têm lugares importantes. A transação de informações e de conhecimentos (produção de saberes, aprendizagem, transmissão) faz parte integrante da atividade profissional. Usando hipermídias, sistemas de simulação e redes de aprendizagem cooperativa cada vez mais *integrados aos locais de trabalho*, a formação profissional tende a integrar-se com a produção.

A antiga relação com a competência era substancial e territorial. Os indivíduos eram reconhecidos por seus diplomas, que por sua vez eram vinculados a disciplinas. Os empregados eram identificados por postos de trabalho, que declinavam profissões, as quais cumpriam funções. No futuro, irá tratar-se muito mais de gerenciar processos: *trajetos* e *cooperações*. As diversas competências adquiridas pelos indivíduos de acordo com seus percursos singulares virão alimentar as *memórias coletivas*. Acessíveis on-line, essas memórias dinâmicas com suporte digital servirão em contrapartida às necessidades concretas, aqui e agora, de indivíduos e de grupos em uma situação de trabalho ou de aprendizagem (é o mesmo). Assim, a virtualização das organizações e das empresas "em rede" corresponderá em breve a uma *virtualização da relação com o conhecimento*.

O RECONHECIMENTO DAS AQUISIÇÕES

É evidentemente para esse novo universo do trabalho que a educação deve preparar. Mas, simetricamente, é preciso admitir também o caráter educativo ou formador de numerosas atividades econômicas e sociais, o que certamente coloca o problema de seu reconhecimento ou validação oficial, o sistema de diplomas parecendo cada vez menos adequado. Além disso, o tempo necessário para homologar novos diplomas e para constituir os cursos que levam até eles não está mais sincronizado com o ritmo de evolução dos conhecimentos.

Pode parecer banal afirmar que todos os tipos de aprendizagem e de formação devem poder gerar uma qualificação ou uma validação socialmente reconhecida. No entanto, estamos atualmente bem longe disso. Um grande número de processos de aprendizagem em curso nos dispositivos formais de formação contínua, para não falar das competências adquiridas ao longo das experiências sociais e profissionais dos indivíduos, não geram hoje nenhuma qualificação. A relação com o saber emergente, que eu tracei em linhas gerais, coloca novamente em questão a estreita associação entre duas funções dos sistemas educativos: o ensino e o reconhecimento dos saberes.

Uma vez que os indivíduos aprendem cada vez mais fora do sistema acadêmico, cabe aos sistemas de educação implementar procedimentos de reconhecimento dos saberes e *savoir-faire* adquiridos na vida social e profissional. Para tanto, serviços públicos utilizando em grande escala as tecnologias da multimídia (testes automáticos, exames em simuladores) e da rede interativa (possibilidade de participar de testes ou de obter reconhecimento de suas aquisições com a ajuda de orientadores, de tutores e de examinadores on-line) poderiam liberar os professores e as instituições educacionais clássicas de uma tarefa de controle e de validação menos "nobre" — mas bastante necessária — que o acompanhamento das aprendizagens. Graças a esse grande serviço descentralizado e aberto de reconhecimento e de validação dos saberes, todos os processos, todos os dispositivos de aprendizagem, mesmo aqueles menos formais, poderiam ser sancionados por uma qualificação dos indivíduos.

A evolução do sistema de *formação* não pode ser dissociada da evolução do sistema de *reconhecimento* dos saberes que a acompanha e a conduz. Como exemplo, é sabido que são os *exames* que, validando, estruturam os *programas de ensino*. Usar todas as novas tecnologias na educação e na formação sem mudar em nada os mecanismos de validação das aprendizagens seria o equivalente a inchar os músculos da instituição escolar bloqueando, ao mesmo tempo, o desenvolvimento de seus sentidos e de seu cérebro.

Uma desregulamentação controlada do sistema atual de reconhecimento dos saberes poderia favorecer o desenvolvimento das formações alternativas e de todas as *formações que atribuíssem um papel importante à experiência profissional*. Ao autorizar a invenção de modos de validação originais, essa desregulamentação encorajaria também as *pedagogias de exploração coletiva*, e todas as formas de iniciativa que estivessem a meio caminho entre a experimentação social e a formação explícita.

Uma evolução desse tipo não deixaria de produzir interessantes efeitos de retorno sobre certos modos de formação de tipo escolar, muitas vezes bloqueados em estilos de pedagogia pouco aptos a mobilizar a iniciativa, unicamente orientada para a sanção final do diploma.

Em uma perspectiva ainda mais vasta, a desregulamentação controlada do reconhecimento dos saberes sobre a qual falei aqui estimularia *uma socialização das funções clássicas da escola*. De fato, permitiria a todas as forças disponíveis que participassem do acompanhamento de trajetos de aprendizagem personalizada, adaptados aos diferentes objetivos e necessidades dos indivíduos e das comunidades envolvidas.

As performances industriais e comerciais das companhias, das regiões, das grandes zonas geopolíticas, são intimamente correlacionadas a *políticas de gestão do saber*. Conhecimentos, *savoir-faire*, competências são hoje a principal fonte da riqueza das empresas, das grandes metrópoles, das nações. Ora, conhecemos atualmente sérias dificuldades na gestão dessas competências, tanto na escala de pequenas comunidades como na das regiões. Do lado da demanda, constatamos uma inadequação crescente entre as competências disponíveis e a demanda econômica. Do lado da oferta, um grande número de competências não são nem reconhecidas nem identificadas, sobretudo entre aqueles que não têm diploma. Esses fenômenos são particularmente sensíveis nas situações de reconversões industriais ou de atraso de desenvolvimento de regiões inteiras. Paralelamente aos diplomas, *é preciso imaginar modos de reconhecimento dos saberes que possam prestar-se a uma exposição na rede da oferta de competência e a uma conduta dinâmica retroativa da oferta pela demanda.* A comunicação através do ciberespaço pode ser bastante útil nesse sentido.

Uma vez admitido o princípio de acordo com o qual toda aquisição de competência deve poder dar lugar a um reconhecimento social explícito, os problemas da gestão das competências, tanto na empresa como na escala das coletividades locais, estarão, senão em vias de serem resolvidos, ao menos atenuados.

No próximo capítulo darei como exemplo uma abordagem global da gestão das competências que emprega a filosofia que acabamos de expor, usando os recursos dos novos instrumentos de comunicação interativos.

12.
AS ÁRVORES DE CONHECIMENTOS, UM INSTRUMENTO PARA A INTELIGÊNCIA COLETIVA NA EDUCAÇÃO E NA FORMAÇÃO

Aprendizagens permanentes e personalizadas através de navegação, orientação dos estudantes em um espaço do saber flutuante e destotalizado, aprendizagens cooperativas, inteligência coletiva no centro de comunidades virtuais, desregulamentação parcial dos modos de reconhecimento dos saberes, gerenciamento dinâmico das competências em tempo real... esses processos sociais atualizam a nova relação com o saber. Michel Authier e eu mesmo imaginamos um dispositivo informatizado em rede que tende a acompanhar, a integrar e a colocar em sinergia, de forma positiva, todos esses processos. As árvores de conhecimentos[1] são um método informatizado para o gerenciamento global das competências nos estabelecimentos de ensino, empresas, bolsas de emprego, coletividades locais e associações. Está sendo hoje experimentada em diversos locais na Europa, particularmente na França, em grandes empresas como a Électricité de France e a PSA (Peugeot e Citroën), em empresas médias, universidades, escolas de administração, coletividades locais (municipalidades, região Poitou-Charentes), conjuntos habitacionais etc.

Graças a essa abordagem, cada membro de uma comunidade pode fazer com que toda a diversidade de suas competências seja reconhecida, mesmo as que não foram validadas pelos sistemas escolares e universitários clássicos. *Crescendo a partir das autodescrições dos indivíduos, uma árvore de conhecimentos torna visível a multiplicidade organizada das competências disponíveis em uma comunidade.* Trata-se de um mapa dinâmico, consultável na tela, que possui de fato o aspecto de uma árvore, e cada comunidade faz crescer uma árvore de forma diferente.

[1] As árvores de conhecimentos, ou árvores de competências, são uma *marca registrada* da Trivium S.A. Elas crescem graças ao programa Gingo, desenvolvido por essa mesma empresa. Ver Michel Authier e Pierre Lévy, *Les Arbres de connaissances*, prefácio de Michel Serres, Paris, La Découverte, 1992; nova edição, 1996, aumentada por um posfácio, em formato de bolso, do mesmo editor.

Entendo por competências tanto as habilidades comportamentais (saber ser) quanto os *savoirs-faire* ou os conhecimentos teóricos. Cada competência elementar é reconhecida nos indivíduos por meio da obtenção de um "brevê", em função de um procedimento (teste, cooptação pelos pares, fornecimento de prova etc.) especificado de forma precisa.

Legível na tela, o mapa dinâmico dos *savoirs-faire* de um grupo não resulta de nenhuma classificação *a priori* dos saberes: produzida *automaticamente* por um programa, é a expressão, evoluindo em tempo real, dos percursos de aprendizagem e de experiência dos membros da coletividade. A árvore de uma comunidade cresce e se transforma na mesma medida em que as competências da própria comunidade evoluem.

Assim, os brevês dos saberes básicos serão colocados no "tronco". Os brevês de saberes muito especializados de fim de cursos formarão as "folhas". Os "galhos" reunirão as competências quase sempre associadas nas listas individuais de competências dos indivíduos etc. Mas a organização do saber expressa por uma árvore não é fixada para sempre: ela reflete a experiência coletiva de um grupo humano e vai, portanto, evoluir com essa experiência. Por exemplo, um brevê que se encontra sobre uma folha no tempo "t" pode ter descido para um galho no tempo "t+n". A árvore, diferente para cada comunidade, não reflete as divisões habituais em disciplinas, em níveis, em cursos ou de acordo com recortes institucionais. Ao contrário, o dispositivo de indexação dinâmica e de navegação que ela propõe produz um espaço do saber sem separações, em reorganização permanente de acordo com os contextos e os usos.

A representação em árvore de conhecimentos permite a localização, por simples inspeção, da posição ocupada por determinado saber em um momento dado e os itinerários de aprendizagem possíveis para ter acesso a esta ou aquela competência. Cada indivíduo possui uma imagem pessoal (uma distribuição original de brevês) na árvore, imagem que ele pode consultar a qualquer momento. Chamamos essa imagem de "brasão" da pessoa, para marcar que a verdadeira nobreza de nossos dias é conferida pela competência. As pessoas adquirem, assim, uma melhor apreensão de sua situação no "espaço do saber" das comunidades das quais participam e podem elaborar, com conhecimento de causa, suas próprias estratégias de aprendizagem.

Sistemas de correio eletrônico "listados pelo conhecimento" correlacionam o conjunto de ofertas e demandas de *savoir-faire* no centro da comunidade e assinalam as disponibilidades de formações e de trocas para cada competência elementar. Trata-se, portanto, de um instrumento a serviço do laço social pela troca dos saberes e emprego das competências. Todas as transações e interrogações gravadas pelo dispositivo contribuem para determinar constantemente o *valor* (sempre contextual) das competências elementares em função dos diferentes critérios econômicos, pedagógicos e sociais. Essa avaliação contínua por meio do uso é um mecanismo essencial de autorregulação.

No nível de uma localidade, o sistema das árvores de competências pode contribuir para lutar contra a exclusão e o desemprego ao reconhecer os *savoirs-faire* daqueles que não possuem nenhum diploma, ao favorecer uma melhor adaptação da formação para o emprego, ao estimular um verdadeiro "mercado da competência". Em nível de redes de escolas e de universidades, o sistema permite empregar uma pedagogia cooperativa descompartimentalizada e personalizada. Em uma organização, as árvores de conhecimentos oferecem instrumentos de localização e de mobilização dos *savoirs-faire*, de avaliação das formações, assim como uma visão estratégica das evoluções e das necessidades de competências.

Ao permitir que todos os tipos de dispositivos de aprendizagem desemboquem em uma qualificação, o dispositivo das "árvores" permite um melhor gerenciamento das competências. De forma complementar, ao avaliar os sinas de competências em tempo real, o gerenciamento das competências contribui para validar a qualificação. Cada pessoa que se autodefiniu ao obter um certo número de sinais de competência torna-se, ao mesmo tempo, acessível pela rede. Ela está indexada no espaço de navegação e pode, portanto, ser contatada para trocas de saberes ou demandas de competências. Uma melhoria do processo de qualificação possui, portanto, efeitos positivos sobre a sociabilidade. Esse instrumento torna visível em tempo real a evolução rápida de competências muito diversas. Ao permitir a expressão da diversidade das competências, não restringe os indivíduos a uma profissão ou categoria, favorecendo assim o desenvolvimento pessoal contínuo.

Cada país possui hoje um sistema de diplomas e de reconhecimento dos saberes diferente. Além disso, dentro de um mesmo país, os diplomas — sabidamente insuficientes quanto a isso — são o único sistema de representação das competências comum a todos os ramos da indústria, a todas as empresas e a todos os meios sociais. No mais, há uma grande heterogeneidade em curso. Ora, o dispositivo das árvores de conhecimentos pode traduzir os outros sistemas de reconhecimento dos saberes e *mutualizar* os signos de competências.

Nectar: um exemplo de uso internacional das árvores de conhecimentos

Durante os anos 1994 e 1995, um projeto internacional utilizando as árvores de conhecimentos, financiado pela União Europeia, foi desenvolvido pelos departamentos de Business Administration de cinco universidades: a de Aarhus na Dinamarca, a de Siena na Itália, a de Limerick na Irlanda, a de Lancaster na Inglaterra e a de Genebra na Suíça. O projeto, batizado de Nectar (Negociating European Credit Transfer and Recognition), visava facilitar a circulação de estudantes pela Europa por meio da construção cooperativa de um sistema comum de reconhecimento dos saberes. De fato, atualmente é difícil estabelecer equivalências entre diplomas europeus e mais ainda entre diplomas de anos, semestres ou módulos diferentes. O procedimento adotado foi o seguinte: atribuiu-se um certo número de brevês a cada um dos cursos ministrados pelos departamentos universitários dos cinco países. Esses brevês correspondiam às competências adquiridas pelos estudantes que cursaram a matéria com sucesso. A "tradução" dos cursos em brevês, proposta pela equipe internacional do projeto, foi aprovada, e algumas vezes modificada, pelo conjunto de professores envolvidos. Passou-se assim de uma lógica do *ensino* para uma abordagem em termos de *competências adquiridas* pelos estudantes.

Parte da dificuldade vinha do fato *de os recortes disciplinares, os títulos dos cursos e seus conteúdos serem diferentes* nas universidades que participavam do projeto, mas a *linguagem de descrição das competências atribuídas pelos brevês* (mais fina, mais "microscópica" que a dos cursos) *deveria ser a mesma para todos*. De forma surpreendente, esse objetivo foi atingido sem maiores dificuldades, sobretudo graças ao uso de uma conferência eletrônica on-line interconectando todos os participantes. Uma vez realizada a transposição dos cursos em brevês, foi fácil fazer crescer as árvores de conhecimentos das universidades a partir das gravações dos resultados de seus estudantes. A árvore de cada uma das cinco universidades podia ser visualizada de forma independente, mas uma "grande árvore" reunia os estudantes das cinco instituições. Assim, cada estudante podia:

— comunicar-se com outros estudantes em função de seu perfil de competências e das matérias que haviam cursado;

— observar sua posição pessoal na árvore comum;

— determinar o perfil de competência suplementar que ele desejasse adquirir;

— consultar em tempo real a descrição de todos os cursos (das cinco universidades) *que lhe permitiriam aproximar-se do perfil desejado da forma mais fácil.*

Nota-se que o estudante é inicialmente levado a pensar sobre as competências que deseja adquirir (ajudado pela árvore) e apenas depois ele consulta as informações sobre as matérias que ele poderá cursar para adquirir essas competências. É, portanto, com conhecimento de causa que ele pode escolher viajar para Siena ou Aarhus, por exemplo, ou então permanecer em Lancaster no próximo semestre. O correio eletrônico permite que ele peça informações de primeira mão aos estudantes que cursaram matérias de outra universidade. O estudante pode, então, preparar sua viagem *visualizando a posição que seu brasão terá na universidade onde será futuramente acolhido.* Os brasões dos estudantes têm geralmente uma posição "normal" na árvore de sua universidade de origem, mas "excêntrica" na árvore da universidade de destino, para a qual levam, muitas vezes, novas competências.

Durante esse projeto, a equipe internacional pode medir a que ponto as noções de pré-requisitos são relativas. Por exemplo, nas universidades de tradição intelectual anglo-saxônica, os brevês que assinalam competências teóricas ou históricas encontram-se em geral no alto da árvore (adquiridas mais tarde nos cursos), enquanto os *savoirs--faire* práticos e os estudos de casos encontram-se antes nos troncos (adquiridos no início dos cursos). As posições respectivas dos brevês correspondentes a essas competências se encontravam invertidas nas árvores de tradição intelectual "latina".

Uma das principais vantagens da abordagem validada pelo projeto Nectar é evidentemente o efeito de descompartimentalização internacional e de otimização dos recursos universitários. A mesma linguagem (os brevês que assinalam as competências) é usada em todos os lugares, mas a especificidade de cada ambiente cultural e institucional é respeitada, já que cada universidade faz crescer uma árvore diferente, refletindo a originalidade de sua organização dos saberes.

A mobilidade é encorajada. Cada estudante pode passar de uma coletividade para outra, de um país para outro, conservando sempre a mesma lista de brevês que define suas competências: essa lista (eventualmente enriquecida por sucessivas experiências) terá automaticamente, em cada árvore, aspectos e valores diferentes.

Um sistema universal sem totalidade

O que pode ser feito em um projeto internacional reunindo cinco países pode ser realizado *a fortiori* em um único país ou, de forma ainda mais fácil, dentro de uma universidade, com os mesmos efeitos de exposição global, de otimização dos recursos, de descompartimentalização, de incitação às cooperações transversais e à mobilidade. Também é possível acrescentar ao brasão dos estudantes as competências provenientes de sua experiência social ou profissional, conectar empregadores às árvores das universidades etc. Isso foi compreendido pelas escolas de comércio e pelos estabelecimentos de pesquisa e de ensino superior que optaram pelas árvores de conhecimentos.

Podemos ver todo o interesse desse tipo de sistema em uma perspectiva internacional: não se trata de uma normalização ou de uma regulamentação autoritária dos diplomas já que, em cada comunidade particular, os mesmos brevês, os mesmos perfis (conjunto de brevês) poderão ter posições e valores variáveis, correspondendo às características de uso e à cultura local. E, ainda assim, qualquer um poderá passar de uma coletividade para outra, de um país para outro, conservando sempre a mesma lista de brevês que define suas competências: essa lista terá automaticamente em cada árvore aspectos e valores diferentes.

É possível fundir, dividir, conectar árvores, mergulhar pequenas árvores em outras maiores etc. O espaço dos sinais de competências aqui proposto pode ser generalizado progressivamente, por extensão e conexão, sem nunca impor normas *a priori*. Da mesma forma como a cibercultura nascente, as árvores de conhecimentos propõem uma abordagem *universal* (o mesmo dispositivo virtualmente utilizável em todos os lugares e permitindo todas as formas de coordenação, todas as transferências, passagens e percursos imagináveis), *mas sem totalização*, já que a natureza, a organização e o valor dos conhecimentos não são fixados e permanecem nas mãos das diferentes comunidades.

A perspectiva traçada aqui não requer de forma alguma o apoio de decisões centrais e organizadas em grande escala. Um projeto local mais particularmente centrado na luta contra a exclusão e a socialização por meio da aprendizagem pode ser desenvolvido em um lugar, enquanto outro projeto versando sobre novos dispositivos de formação e de qualificação será desenvolvido em outro lugar. Um deles será uma iniciativa visando mais particularmente a indexação dinâmica dos recursos de formação. Outro, realizado em uma empresa ou comunidade, será uma experiência tentando criar novas formas de gerenciamento das competências... A convergência, progressiva, sempre fundada no voluntariado e na implicação dos atores interessados, encontra-se, contudo, assegurada a longo prazo pela coerência do esquema proposto e por sua adequação às figuras emergentes da relação com o saber.

13.
O CIBERESPAÇO, A CIDADE E A DEMOCRACIA ELETRÔNICA

Os urbanistas, os arquitetos e, de forma geral, todas as pessoas envolvidas na gestão e animação das coletividades locais são confrontados há alguns anos com um problema inédito: o de levar em conta em suas profissões os novos sistemas de comunicação interativa on-line. Como o desenvolvimento do ciberespaço afeta o urbano e a organização dos territórios? Que procedimento ativo, positivo, que tipos de projetos podem ser desenvolvidos para explorar da melhor forma possível os novos instrumentos de comunicação? Esses problemas não interessam somente aos políticos, urbanistas e planejadores do território: dizem respeito principalmente aos cidadãos.

Cibercidades e democracia eletrônica

O desenvolvimento do ciberespaço irá ocasionar uma descentralização dos grandes centros urbanos, novas formas de distribuição das atividades econômicas? A esse respeito, é preciso antes de mais nada notar que o movimento atual em direção à constituição e ao adensamento de metrópoles gigantes dificilmente será invertido de forma duradoura.[1] O estudo das estatísticas mostra que as maiores densidades de acesso ao ciberespaço e de uso das tecnologias digitais coincidem com os principais núcleos mundiais de pesquisa científica, de atividade econômica e de transações financeiras. O efeito espontâneo da expansão do ciberespaço é aumentar as capacidades de controle estratégico dos centros de poder tradicionais sobre as redes tecnológicas, econômicas e humanas cada vez mais vastas e dispersas. Ainda assim, uma política voluntarista da parte dos poderes públicos, de coletividades locais, de associações de cidadãos e de grupos de empresários pode

[1] Ver a notável obra de geografia econômica de Pierre Veltz, *Mondialisation, villes et territoires*, Paris, PUF, 1996.

colocar o ciberespaço a serviço do desenvolvimento de regiões desfavorecidas explorando ao máximo seu potencial de inteligência coletiva: valorização das competências locais, organização das complementaridades entre recursos e projetos, trocas de saberes e de experiências, redes de ajuda mútua, maior participação da população nas decisões políticas, abertura planetária para diversas formas de especialidades e de parceria etc. Enfatizo mais uma vez que esse uso do ciberespaço não deriva automaticamente da presença de equipamentos materiais, mas que exige igualmente uma profunda reforma das mentalidades, dos modos de organização e dos hábitos políticos.

Além disso, em vez de polarizar-se no teletrabalho e na substituição dos transportes pelas telecomunicações, uma nova orientação das políticas de planejamento do território nas grandes metrópoles poderia apoiar-se nas potencialidades do ciberespaço a fim de encorajar as dinâmicas de reconstituição do laço social, desburocratizar as administrações, otimizar em tempo real os recursos e equipamentos da cidade, experimentar novas práticas democráticas.

A respeito desse último ponto, que muitas vezes gera mal-entendidos, esclareço que a difusão de propagandas governamentais sobre a rede, o anúncio dos endereços eletrônicos dos líderes políticos, ou a organização de referendos pela Internet nada mais são do que caricaturas de democracia eletrônica. A verdadeira democracia eletrônica consiste em encorajar, tanto quanto possível — graças às possibilidades de comunicação interativa e coletiva oferecidas pelo ciberespaço —, a expressão e a elaboração dos problemas da cidade pelos próprios cidadãos, a auto-organização das comunidades locais, a participação nas deliberações por parte dos grupos diretamente afetados pelas decisões, a transparência das políticas públicas e sua avaliação pelos cidadãos.

Quanto à questão das relações entre cidade e ciberespaço, diversas atitudes já estão sendo adotadas por diferentes atores, tanto teóricos como práticos. Podemos reagrupá-las em quatro grandes categorias:

— a enunciação das *analogias* entre as comunidades territoriais e as comunidades virtuais;

— o raciocínio em termos de *substituição* ou troca das funções da cidade clássica pelos serviços e recursos técnicos do ciberespaço;

— a *assimilação* do ciberespaço a um equipamento urbano ou territorial clássico;

— a exploração dos diferentes tipos de *articulação* entre o funcionamento urbano e as novas formas de inteligência coletiva que se desenvolvem no ciberespaço.

Vou criticar sucessivamente os três primeiros tipos de atitude e tentar mostrar o que torna o quarto, a exploração das articulações, aquele com um futuro mais próspero.

A ANALOGIA OU A CIDADE DIGITAL

Devemos conceber comunidades virtuais *no mesmo modelo da cidade*? Um dos melhores exemplos dessa prática é a "cidade digital" de Amsterdã, serviço *gratuito* disponível na Internet, mas em língua holandesa. Encontramos nessa cidade digital uma espécie de duplicação dos equipamentos e instituições da cidade clássica: informações administrativas, horários de abertura dos serviços municipais, catálogo das bibliotecas etc. Diversas associações de moradores também têm o direito de ocupar um "local" na cidade digital. Podem assim difundir informações e organizar conferências eletrônicas. Fóruns de discussão originais e alguns tipos de jornais eletrônicos também surgiram na cidade digital, na qual as questões de política local não deixam de estar presentes. Enfim, é preciso observar que a cidade digital de Amsterdã está aberta para todos os outros serviços da Internet: World Wide Web, correio eletrônico, grupos de discussão internacionais etc. A cidade digital de Amsterdã tem tido, desde sua abertura, um crescimento ininterrupto e um incrível sucesso popular devido, sem dúvida, a seu caráter gratuito (com exceção do tempo de conexão telefônica), ao fato de ser em holandês (e não em inglês) e ao caráter *livre* da comunicação.

Dezenas e provavelmente em breve centenas de cidades ou de regiões do mundo irão realizar experiências similares. A "cidade virtual" de Amsterdã vale portanto por seu caráter exemplar, e é de acordo com isso que irei discuti-la. As motivações dos criadores são de dois tipos. Em primeiro lugar, trata-se de "sensibilizar" os dirigentes econômicos e políticos para as novas possibilidades abertas pela comunicação digital em grande escala. Em seguida, a palavra de ordem implicitamente contida nesse projeto é a do "acesso para todos", subentendendo a luta contra a exclusão e a compensação dos desequilíbrios entre os "info-ricos" e os "info-pobres". Longe de mim condenar esse tipo de experimentação e seus pressupostos! Contudo, não posso deixar de lado um certo mal-estar diante da duplicação sistemática do território institucional no virtual, que por sinal podemos observar em quase toda parte.

Os "museus virtuais", por exemplo, muitas vezes nada mais são do que catálogos ruins na Internet, enquanto é a própria noção de museu como "fundo" a ser "conservado" que é colocada em questão pelo desenvolvimento de um ciberespaço onde tudo circula com uma fluidez crescente e onde as distinções entre original e cópia evidentemente não têm mais valor. Em vez da reprodução das exposições clássicas em sites ou *displays* interativos, seria possível conceber percursos personalizados ou então constantemente reelaborados pelas navegações coletivas em espaços totalmente desvinculados de qualquer coleção material. Mais pertinente ainda seria o encorajamento a novos tipos de obras: espaços virtuais a serem investidos e atualizados por seus exploradores.

Da mesma forma, encontramos revistas ou jornais tradicionais nos serviços on-line, com apenas um pouco mais de informações do que a versão em papel, índices automáticos e fóruns de discussão que nada mais são do que uma forma aperfeiçoada de cartas dos leitores. No entanto, é a própria estrutura da comunicação midiática — um grupo central de emissores e um público de receptores passivos e dispersos — que deveria ser colocada em questão no ciberespaço. Se cada pessoa pode emitir mensagens para várias outras, participar de fóruns de debates entre especialistas e filtrar o dilúvio informacional de acordo com seus próprios critérios (o que começa a tornar-se tecnicamente possível), seria ainda necessário, para se manter atualizado, recorrer a esses especialistas da redução ao menor denominador comum que são os jornalistas clássicos?

Assim, a duplicação das formas institucionais habituais no ciberespaço e o "acesso de todos" a esse reflexo não podem se tornar uma política geral das relações entre o ciberespaço e o território. Mesmo se experiências como as da cidade digital de Amsterdã são indispensáveis, devem ser apenas uma etapa transitória em direção a um questionamento das formas institucionais clássicas da administração municipal, dos jornais locais, dos museus, das escolas etc. Em cada caso particular, os instrumentos do ciberespaço permitem rumar para formas que atenuam a *separação* entre administradores e administrados, professores e alunos, organizadores e visitantes, autores e leitores etc. Essas novas formas de organização cooperativa, hoje exploradas em diversos dispositivos locais ou internacionais do ciberespaço, têm como principal característica *valorizar* e *compartilhar* a inteligência distribuída em toda parte nas comunidades conectadas e colocá-la em sinergia em tempo real.

A SUBSTITUIÇÃO

O tema da *substituição* é hoje proposto sobretudo pelos "organizadores do território". O argumento é simples. Os novos instrumentos de trabalho cooperativo on-line permitem a participação na vida econômica internacional a partir de sua própria casa ou de centros locais. De onde, para grande número de atividades, não é mais necessário deslocar-se fisicamente. Os benefícios são muitos: desafogamento dos centros urbanos, melhoria da circulação de automóveis, redução da poluição, melhor distribuição das populações nos territórios, esperança de revalorização das zonas afetadas pela desertificação e pelo desemprego em massa, melhoria da qualidade de vida. Um cálculo econômico elementar mostra que o custo social global da teleconferência é inferior ao da viagem efetiva, que um posto de teletrabalho é menos dispendioso que alguns metros quadrados de escritório na cidade etc.

O raciocínio desenvolvido a respeito do trabalho pode também ser aplicado, em termos quase idênticos, à educação superior e à formação profissional. Por que construir universidades em concreto em vez de encorajar o desenvolvimento de teleuniversidades e de sistemas de aprendizagem interativos e cooperativos acessíveis de qualquer ponto do território? Eu mesmo desenvolvi argumentos desse tipo no capítulo relativo ao ensino aberto e a distância.

Não criticarei as excelentes intenções que norteiam o tema da substituição do transporte e presença físicos pela telepresença e pela telecomunicação interativa. Gostaria, por outro lado, de chamar atenção para alguns fatos.

Em primeiro lugar, uma simples inspeção das curvas mostra que o desenvolvimento das telecomunicações é paralelo ao dos transportes físicos: a relação entre os dois é direta, e não inversa. Em outras palavras: quanto mais nos comunicamos, mais nos deslocamos. Claro que há numerosos casos de substituições, mas estes participam de uma dinâmica de crescimento global das interações e relações de todos os tipos, a tal ponto que, no final das contas, viaja-se cada vez mais e a distância média dos deslocamentos aumenta.

Os principais teletrabalhadores são hoje os comerciantes, executivos, cientistas e intelectuais independentes que, graças aos serviços do ciberespaço e aos terminais de comunicação e de tratamento nômades dos quais dispõem, *viajam ainda mais do que no passado*, permanecendo, ao mesmo tempo, em contato constante com seus escritórios, laboratórios, clientes ou empregadores.

Quanto à perspectiva de viver e de trabalhar no interior, é preciso observar que a deslocalização constante das atividades econômicas é, também aqui, paralela a um movimento internacional de aumento do volume de migrações, sejam de origem econômica ou política ou ainda causadas por guerras. O crescimento dos fluxos migratórios afeta tanto os cientistas como os trabalhadores ditos pouco qualificados. A mobilidade das atividades econômicas e a das populações fazem parte da mesma forte tendência histórica à desterritorialização: elas não são mutuamente substituíveis.

Quanto às esperanças depositadas em uma "organização do território" fundada no teletrabalho e na aprendizagem a distância, os fenômenos de deslocalização resultantes do uso crescente do ciberespaço são perfeitamente ambivalentes. De fato, as deslocalizações podem se dar, por exemplo, em benefício de regiões europeias afetadas pela desindustrialização ou pelo êxodo rural, mas podem também acelerar fenômenos de desertificação dessas regiões em benefício de países novos com menores custos de mão de obra e cuja legislação social é pouco restritiva. É assim que numerosos trabalhos de entrada de dados ou de programação para empresas dos países setentrionais são executados por "teletrabalhadores" asiáticos. Além disso, as empresas de formação a distância, as teleuniversidades e os serviços de formação ou de educação on-line visam a partir de agora o mercado internacional. Muitas vezes originárias dos países setentrionais, essas empresas começam a curto-circuitar os sistemas de educação nacionais ou regionais, com todas as implicações econômicas e culturais imagináveis. Longe de restabelecer os equilíbrios entre zonas geográficas, o uso crescente do ciberespaço pode acentuar ainda mais as disparidades regionais.

O ciberespaço é efetivamente um potente fator de desconcentração e de deslocalização, mas nem por isso elimina os "centros".

Espontaneamente, seu principal efeito seria antes o de tornar os intermediários obsoletos e de aumentar as capacidades de controle e de mobilização *direta* dos nós de poder sobre os recursos, as competências e os mercados, onde quer que se encontrem. Formulo a hipótese de que um verdadeiro reequilíbrio das regiões só será atingido por meio de um encorajamento voluntarista das iniciativas e das dinâmicas regionais que sejam *ao mesmo tempo* endógenas e abertas para o mundo. De novo, a condição necessária é a de valorizar e criar uma sinergia entre as competências, os recursos e os projetos locais em vez de submetê-los unilateralmente aos critérios, às necessidades e às estratégias dos centros geopolíticos e geoeconômicos dominantes. A organização do território passa pela do laço social e da inteligência coletiva. As redes de comunicação interativa nada mais são que ferramentas a serviço de uma política desse tipo. Se por um lado os instrumentos do ciberespaço naturalmente reforçam o poder dos "centros", aos quais conferem a faculdade da ubiquidade, podem também suportar estratégias sutis para constituir grupos regionais como atores auto-organizados. Dispositivos informatizados de escuta mútua, de exposição dos recursos, cooperação e avaliação em tempo real das decisões podem ser um poderoso reforço aos mecanismos democráticos e às iniciativas econômicas nas regiões desfavorecidas.

Quanto aos problemas contemporâneos do urbano, provavelmente não são os amáveis projetos de cidade no campo ou de fixação mais ou menos autoritária das populações em territórios rurais esquadrinhados por equipamentos de "teletrabalho" que irão resolvê-los. As políticas de habitações populares, de organização dos transportes, de limitação à circulação automobilística, o apoio aos veículos elétricos, a luta contra as desigualdades sociais, a miséria e os guetos permanecem indispensáveis, independentemente de qualquer apelo aos instrumentos do ciberespaço. Evidentemente não sou contra o teletrabalho, que acabará se desenvolvendo mesmo na ausência de uma incitação oficial. Mas, dentro de nossa perspectiva, as redes de comunicação deveriam servir prioritariamente à reconstituição da sociabilidade urbana, à autogestão da cidade por seus habitantes e ao controle em tempo real dos equipamentos coletivos, em vez de *substituir* a diversidade concentrada, as aproximações físicas e os encontros humanos diretos que constituem, mais do que nunca, a principal atração das cidades.

A ASSIMILAÇÃO,
CRÍTICA DAS AUTOESTRADAS DA INFORMAÇÃO

A terceira forma de encarar as relações entre o ciberespaço e a cidade é a *assimilação* das redes de comunicação interativa ao tipo de infraestrutura que já organiza e "urbaniza" o território: vias férreas, estradas, redes de transporte de água, de gás, de eletricidade, redes de televisão a cabo ou redes telefônicas. Tal assimilação, que sustenta evidentemente determinados interesses bem claros, provém de uma parte da tecnocracia político-administrativa, assim como dos dirigentes e "comunicadores" das grandes empresas industriais envolvidas.

Nessa perspectiva, as "autoestradas da informação" ou "a multimídia" representam essencialmente um novo *mercado* de equipamentos, de "conteúdos" e de serviços disputados violentamente pelos industriais da telefonia, do cabo, da televisão, da edição e da informática. Os jornais tentam desesperadamente fazer com que nos interessemos por essas batalhas titânicas. Mas, para os que não possuem ações das empresas em questão, em que elas dizem respeito ao cidadão? Cabo ou telefone? Televisão ou computador? Fibra ótica ou sem fio? Na maior parte do tempo trata-se apenas de saber quem irá embolsar os benefícios e muito raramente é um debate de sociedade ou de orientação cultural.

A expressão "autoestrada da informação" foi usada em princípio a respeito do projeto da National Information Infrastructure (NII) lançado pelo governo dos EUA. Esse projeto prevê de fato um investimento público modesto (400 milhões de dólares) para a construção de redes em fibra ótica. Mas quer antes de tudo criar as condições legais e regulamentares necessárias para o desenvolvimento de serviços de comunicação inéditos no domínio da educação e da saúde; uma regulamentação capaz, sobretudo, de acompanhar a rápida extensão de um novo mercado da comunicação digital interativa. De fato, as leis antitruste, os direitos de exploração das redes, as diversas limitações impostas tanto às operadoras de televisão a cabo como às companhias telefônicas na época em que as mídias estavam nitidamente distintas, tudo isso deve ser atualizado em função dos novos dados técnicos, na perspectiva contemporânea de convergência da comunicação digitalizada.

A expressão "autoestrada da informação" é infeliz em diversos aspectos. Deixa entender que o novo sistema de comunicação ainda não foi construído, enquanto este já se encontra largamente em uso, em alguns casos desde o início dos anos 80. O acesso a bancos de dados, conferências eletrônicas, ensino a distância e telecompras funciona hoje cotidianamente na Internet ou no Minitel francês. É verdade que os canais de comunicação deverão seguir o aumento do tráfego e da demanda (caso haja) de comunicação por meio de vídeo interativo. Mas esse aumento das taxas de transmissão se inscreve em uma tendência antiga e contínua. O verdadeiro evento, o momento de transição é *anterior* ao lançamento do projeto governamental americano: é o início do crescimento exponencial dos usuários da Internet, situado entre 1988 e 1991. O projeto do governo americano deve ser considerado como uma *resposta* a esse fenômeno social de extensão da "cibercultura", comparável ao que acompanhou a primeira explosão da microinformática no final dos anos 70 e início dos anos 80.

Além disso, essa expressão conota apenas a taxa de transmissão, a infraestrutura física da comunicação, enquanto, do ponto de vista social, cultural e político que nos importa aqui, e que interessa em primeiro lugar aos cidadãos, os *suportes técnicos* não têm importância a não ser na medida em que eles condicionam as *práticas* de comunicação. Os novos modos de comunicação e de acesso à informação se definem por seu caráter diferenciado e personalizável, sua reciprocidade, um estilo de navegação transversal e hipertextual, a participação em comunidades e mundos virtuais diversos etc. Nada disso transparece na metáfora da autoestrada, que evoca apenas o transporte da informação, ou uma comunicação de massa canalizada de forma estrita, em vez da relação interativa e da criação de comunidade.

O termo "ciberespaço", em contrapartida, indica claramente a abertura de um espaço de comunicação qualitativamente diferente daqueles que conhecíamos antes dos anos 80. Parece-me linguística e conceitualmente mais pertinente que "multimídia" ou "autoestradas da informação". A compreensão daquilo que é e *do que poderá se tornar* o ciberespaço é o principal assunto deste livro.

A abordagem do ciberespaço na medida de sua assimilação a uma infraestrutura técnica mascara muitas vezes o fato fundamental de que, para a comunicação digital interativa, as redes funcionais são independentes das redes físicas. Em outras palavras, um sistema de comunicação interativo, perfeitamente coerente e confiável, pode passar por um número indeterminado de suportes (hertziano, telefone clássico, cabo coaxial etc.) e de sistemas de codificação (digital, analógico), com o auxílio das interfaces e tradutores adequados. Hoje, a comunicação digital interativa cresce exponencialmente usando toda uma gama de infraestruturas heterogêneas *já existentes*. O aumento das capacidades de transmissão dos canais, que ocorre regularmente, é apenas uma das chaves do crescimento do tráfego. Os algoritmos de compressão e descompressão dos dados, que utilizam a capacidade de cálculo autônoma dos terminais inteligentes da rede (os computadores), representam a segunda via, complementar, do aumento das taxas de comunicação.

O ponto fundamental é que o ciberespaço, conexão dos computadores do planeta e dispositivo de comunicação ao mesmo tempo coletivo e interativo, não é uma infraestrutura: é uma forma de usar as infraestruturas existentes e de explorar seus recursos por meio de uma inventividade distribuída e incessante que é indissociavelmente social e técnica.

Alguns operadores de redes acreditam ter atingido a mais fina atitude esclarecida ao declarar que "o essencial será o conteúdo". Mas a separação convencionada entre o "continente" e o "conteúdo" evidentemente não passa de uma divisão do *mercado* (vendam suas informações, nós faturamos nossos serviços). A Internet, para tomar apenas esse exemplo ilustre, foi construída de maneira progressiva e interativa sem separação do conteúdo e da rede. Uma parte importante dos arquivos circulando na rede eram programas destinados a melhorar o sistema. Sobretudo, para além dos continentes e dos conteúdos, o objeto da rede era, é ainda, a megacomunidade ou as inumeráveis microcomunidades que a fazem viver. O nervo do ciberespaço não é o consumo de informações ou de serviços interativos, mas a participação em um processo social de inteligência coletiva.

Ao assimilar o ciberespaço a uma infraestrutura, recobre-se um movimento social com um programa industrial. Movimento social, de fato, já que o crescimento da comunicação digital interativa não foi decidido por nenhuma multinacional, nenhum governo. É verdade que o Estado americano desempenhou um papel importante de suporte, mas de forma alguma foi o motor do movimento de jovens cidadãos diplomados, espontâneo e internacional que explodiu no final dos anos 80. Ao lado de fundos públicos e de serviços pagos oferecidos por empresas privadas, a extensão do ciberespaço repousa em grande parte sobre o trabalho benévolo de milhares de pessoas pertencentes a centenas de instituições diferentes e a dezenas de países, sobre uma base de funcionamento cooperativo.

A própria forma como ele se desenvolveu nos sugere que o ciberespaço não é uma infraestrutura territorial e industrial clássica, mas um processo tecnossocial auto-organizador, finalizado a curto prazo por um imperativo categórico de conexão (a interconexão é um fim em si) visando de forma mais ou menos clara um ideal de inteligência coletiva que já está amplamente em prática.

A relação entre o ciberespaço e a cidade, entre a inteligência coletiva e o território, atrai em primeiro lugar a imaginação política.

A ARTICULAÇÃO

Nem simples analogia, nem substituição, nem assimilação, a perspectiva que proponho consiste em pensar a *articulação* de dois espaços qualitativamente muito diferentes, o do território e o da inteligência coletiva.

O território é definido por seus limites e seu centro. É organizado por sistemas de proximidade física ou geográfica. Em contrapartida, cada ponto do ciberespaço é em princípio copresente a qualquer outro, e os deslocamentos podem ser feitos à velocidade da luz. Mas a diferença entre os dois espaços não se deve apenas a propriedades físicas e topológicas. São também qualidades de processos sociais que se opõem. As instituições territoriais são antes hierárquicas e rígidas, enquanto as práticas dos cibernautas têm tendência a privilegiar os modos transversais de relação e a fluidez das estruturas. As organizações políticas territoriais repousam sobre a representação e a delegação, enquanto as possibilidades técnicas do ciberespaço tornariam facilmente praticáveis formas inéditas de democracia direta em grande escala etc.

Para cortar pela raiz imediatamente os mal-entendidos sobre a "democracia eletrônica", vamos esclarecer novamente que não se trata de fazer votar instantaneamente uma massa de pessoas *separadas* quanto a proposições simples que lhes seriam submetidas por algum demagogo telegênico, mas sim de incitar a colaboração coletiva e contínua dos problemas e sua solução cooperativa, concreta, o mais próximo possível dos grupos envolvidos.

Articular os dois espaços não consiste em *eliminar* as formas territoriais para *substituí-las* por um estilo de funcionamento ciberespacial. Visa antes compensar, no que for possível, a lentidão, a inércia, a rigidez indelével do território por sua exposição em tempo real no ciberespaço. Visa também permitir a solução e, sobretudo, a elaboração dos problemas da cidade por meio da colocação em comum das competências, dos recursos e das ideias.

Escolher a inteligência coletiva não requer apenas uma mudança de funcionamento da cidade ou da região e de suas instituições, implica também que se organizem funções do ciberespaço especialmente concebidas dentro dessa perspectiva. Eis aqui alguns exemplos desordenados, cuja lista obviamente não está completa:

— representação dinâmica dos recursos e fluxos de todas as ordens;

— locais virtuais de encontros entre ofertas de competências, de emprego e de formação;

— "painéis de controle" ecológicos, econômicos, pedagógicos, sanitários e outros, legíveis por todos, e alimentados diretamente pelas variáveis físicas ou as próprias atividades graças a sensores (respeitando a anonimidade dos usuários) distribuídos em larga escala;

— controle dos sistemas de transporte e de comunicação baseado no feedback em tempo real do conjunto dos usuários;

— sistemas de avaliação dos equipamentos e dos serviços pelos usuários (frequência, opiniões, sugestões) acompanhados de uma transparência das alocações orçamentárias, o que equivale a preferir a aferição da utilidade social pela sociedade e não pelos especialistas.

Cada um desses instrumentos deveria ser acompanhado por conferências eletrônicas que permitissem o confronto das interpretações contraditórias, a sugestão ampliada por melhorias e a troca de informações e de serviços mútuos entre os habitantes. Esse projeto do ciberespaço em proveito da inteligência coletiva visa tornar, o quanto for possível, os grupos humanos *conscientes daquilo que fazem em conjunto* e dar-lhes meios práticos de se coordenarem para colocar e resolver os problemas dentro de uma lógica de proximidade e de envolvimento.

Acesso para todos, sim! Mas não se deve entender por isso um "acesso ao equipamento", a simples conexão técnica que, em pouco tempo, estará de toda forma muito barata, nem mesmo um "acesso ao conteúdo" (consumo de informações ou de conhecimentos difundidos por especialistas). Devemos antes entender um acesso de todos aos processos de inteligência coletiva, quer dizer, ao ciberespaço como sistema aberto de autocartografia dinâmica do real, de expressão das singularidades, de elaboração dos problemas, de confecção do laço social pela aprendizagem recíproca, e de livre navegação nos saberes. A perspectiva aqui traçada não incita de forma alguma a deixar o território para perder-se no "virtual", nem a que um deles "imite" o outro, mas antes a utilizar o virtual para habitar ainda melhor o território, para tornar-se seu cidadão por inteiro.

"Habitamos" todos os meios com os quais interagimos. Habitamos (ou habitaremos), portanto, o ciberespaço da mesma forma que a cidade geográfica e como uma parte fundamental de nosso ambiente global de vida. A organização do ciberespaço procede de uma forma particular de urbanismo ou de arquitetura, não física, cuja importância só irá crescer. Contudo, a arquitetura suprema procede do político: ela diz respeito à articulação e ao papel respectivo dos diferentes espaços. Colocar a inteligência coletiva no posto de comando é escolher de novo a democracia, reatualizá-la por meio da exploração das potencialidades mais positivas dos novos sistemas de comunicação.

Terceira parte

PROBLEMAS

14.
CONFLITOS DE INTERESSE E DIVERSIDADE DOS PONTOS DE VISTA

Fora as grandes tendências de virtualização e universalização que já foram abordadas, não há um "impacto" automático ou predeterminado das novas tecnologias sobre a sociedade e a cultura. Excetuando-se a indeterminação fundamental dos processos socio-históricos, é preciso notar que há numerosos interesses e que projetos contraditórios defrontam-se no terreno da cibercultura. O tema dos conflitos, da diversidade de interesses e de pontos de vista, das críticas e contracríticas à cibercultura será particularmente desenvolvido nesta terceira parte.

Os Estados se enfrentam entre si para fazer prevalecer seus campeões industriais e suas culturas nacionais. Esse conflito é acrescido por uma oposição entre, de um lado, os interesses próprios dos Estados, ligados a sua soberania e sua territorialidade e, por outro lado, o caráter desterritorializante e ubiquitário do ciberespaço. As questões da censura e da criptografia — sobretudo depois que qualquer um passou a poder criptografar suas mensagens na Internet de forma inviolável — evidenciam bem a oposição entre a lógica do Estado e a da cibercultura.

Sabemos que o ciberespaço constitui um imenso campo de batalha para os industriais da comunicação e dos programas. Mas a guerra que opõe algumas grandes forças econômicas não deve mascarar a outra que coloca em choque uma visão puramente consumista do ciberespaço, a dos industriais e vendedores — a rede como supermercado planetário e televisão interativa —, e uma outra visão, a do movimento social que propaga a cibercultura, inspirado pelo desenvolvimento das trocas de saberes, das novas formas de cooperação e de criação coletiva nos mundos virtuais.

O melhor uso que possa ser feito dos instrumentos de comunicação com suporte digital é, a meu ver, a conjugação eficaz das inteligências e das imaginações humanas. A inteligência coletiva é uma inteligência variada, distribuída por todos os lugares, constantemente valorizada, colocada em sinergia em tempo real, que engendra uma mobilização otimizada das competências. Assim como a entendo, a finalidade da inteligência coletiva é colocar os recursos de grandes coletividades a serviço das pessoas e dos pequenos grupos — e não o contrário. É, portanto, um projeto fundamentalmente humanístico, que retoma para si, com os instrumentos atuais, os grandes ideais de emancipação da filosofia das luzes. Ainda assim, diversas versões do projeto da inteligência coletiva foram defendidas, e nem todas vão na direção que acabo de esboçar. Além do mais, como sua eficácia contribui para acelerar a mutação em andamento e para isolar ou excluir ainda mais aqueles que dela não participarem, a inteligência coletiva é um projeto ambivalente. Permanece, contudo, como o único programa geral visando explicitamente o bem público e o desenvolvimento humano que esteja à altura das questões colocadas pela cibercultura nascente.

Abertura do devir tecnológico

Defendi, no capítulo sobre o pretenso "impacto" das novas tecnologias, que, mesmo que a sociedade não seja determinada pela evolução das técnicas, o destino da cibercultura também não estava completamente à disposição para interpretações e projetos de atores soberanos. Por um lado, é impossível para um ator, mesmo que muito poderoso, dominar ou mesmo conhecer o conjunto dos fatores que contribuem para a emergência da tecnocultura contemporânea, até mesmo porque há novas ideias, novas práticas e novas técnicas que não param de surgir nos lugares menos esperados. Por outro lado, o devir da cibercultura simplesmente não é controlável porque, na maior parte do tempo, *diversos atores, diversos projetos, diversas interpretações estão em conflito*.

A aceleração da mudança, a virtualização, a universalização sem fechamento são tendências de fundo, muito provavelmente irreversíveis, que devemos integrar a todos os nossos raciocínios e todas as nossas decisões. Em contrapartida, a maneira pela qual essas tendências vão se encarnar e repercutir na vida econômica, política e social permanece indeterminada.

A luta das forças e dos projetos presentes nos proíbe a ilusão da disponibilidade total da técnica. Além das restrições econômicas e materiais que os limitam, nossos projetos devem compor com *projetos rivais*. Mas o próprio fato de que haja conflito nos confirma o caráter *aberto* do devir tecnológico e de suas implicações sociais.

Podemos implementar uma rede de comunicação informatizada em uma empresa de tal forma que seja mantido, ou mesmo reforçado, um funcionamento hierárquico e compartimentalizado. Mas podemos também aproveitar a ocasião para favorecer as comunicações transversais, valorizar as competências disponíveis, iniciar novas formas de cooperação, encorajar o acesso de todos à expressão pública e implementar sistemas de "memória empresarial" que estimulem o acúmulo e compartilhamento de experiências. Enquanto ambos são tecnicamente realizáveis, os projetos opostos serão veiculados por grupos diferentes e irão gerar lutas de poder e acordos.

Em uma escola, é possível limitar a rede de comunicação ao estabelecimento e favorecer prioritariamente o uso de programas de ensino assistido por computador. É possível também abrir a rede local para a Internet e encorajar as compras de equipamentos e programas adequados para sustentar a autonomia e as capacidades de colaboração dos alunos. Aqui, mais uma vez, projetos pedagógicos contraditórios (que talvez encubram conflitos entre facções dentro da instituição) poderão traduzir-se por configurações técnicas diferentes.

O PONTO DE VISTA DOS COMERCIANTES
E O ADVENTO DO MERCADO ABSOLUTO

Em grande escala, o devir do ciberespaço é também uma disputa de projetos e interesses em luta. Para alguns, seus inventores e primeiros promotores, a rede é um espaço livre de comunicação interativa e comunitário, um instrumento mundial de inteligência coletiva. Para outros, como Bill Gates, presidente da Microsoft, o ciberespaço deve tornar-se um imenso mercado planetário e transparente de bens e serviços. Esse projeto objetiva o advento do "verdadeiro liberalismo", tal como foi imaginado pelos pais da economia política, já que exploraria a possibilidade técnica de suprimir os intermediários e de tornar a informação sobre os produtos e os preços quase perfeita para o conjunto dos atores do mercado, produtores e consumidores.

Para outros ainda, vendedores de "conteúdo" de todas as espécies (grandes estúdios de Hollywood, cadeias de televisão, distribuidores de videogames, fornecedores de dados etc.), o ciberespaço teria vocação para acolher uma espécie de banco de dados universal onde poderiam ser encontrados e consumidos, mediante pagamento, todas as mensagens, todas as informações, todos os programas, todas as imagens, todos os jogos imagináveis.

Para os grandes atores econômicos, operadores de telecomunicação ou vendedores de informações, de programas e de serviços, as grandes questões gravitam em torno do mercado. Haveria um público ávido por consumir determinado serviço? Qual será o volume de negócios para uma dada categoria de informação? Quando? As firmas de consultoria, trabalhando na ótica de seus clientes, trabalham quase exclusivamente com esse tipo de questões. É inútil sublinhar a limitação desse ponto de vista, mesmo que ela possua evidentemente seu quê de legitimidade.

Se Bill Gates, com outros, interpreta o ciberespaço como um shopping center em escala mundial concluindo o último estágio do liberalismo econômico, é evidentemente porque vende ferramentas de acesso ao supermercado virtual bem como os instrumentos de transação correspondentes. Por trás da interpretação mercantilista do ciberespaço, aparece o projeto de redefinição do mercado em proveito de atores que dominam certas tecnologias e em detrimento (ao menos no ciberespaço) dos intermediários econômicos e financeiros habituais, aí incluídos os bancos. Os pequenos produtores e os consumidores, que podem beneficiar-se com a transparência do cibermercado, estão convidados a partilhar ao mesmo tempo desse projeto e da leitura dos fenômenos que ele controla.

O PONTO DE VISTA DAS MÍDIAS:
COMO FAZER SENSACIONALISMO COM A NET?

Outro ponto de vista, outro poderoso provedor de interpretações sobre o ciberespaço é o sistema das mídias de massa. A televisão e a grande imprensa há muito apresentam o ciberespaço fazendo chamadas sobre sua infiltração pelo serviço secreto e a máfia, amotinando o público contra as redes de pornografia pedófila que ele abriga, sobre os estímulos ao terrorismo ou ao nazismo encontrados neste ou naquele site da Web, sem esquecer de fantasiar sobre o cibersexo. Demoremo-nos um pouco sobre esse último ponto. Chama-se de "cibersexo" uma relação sexual a distância por intermédio da rede e de combinações de realidade virtual, compreendendo óculos estereoscópicos, sensores de movimento e apalpadores sobre as zonas eróticas. Uma espécie de telemasturbação usando equipamentos de aparência sadomasoquista. Ora, a não ser em algumas demonstrações durante salões tecnológicos especializados ou em determinadas instalações de artistas, que por sinal são feitas com auxílio de equipamentos muito caros e sempre em público, *ninguém* pratica cibersexo. O que não impede que os jornalistas continuem a falar disso, nem tampouco que alguns pensadores de renome rabiscassem a esse respeito dezenas de páginas lamentáveis. Ao contrário do cibersexo, a máfia, os terroristas e as fotos para pedófilos existem de fato na rede (assim como em outros lugares), ainda que de forma muito minoritária. Mas os malfeitores, os terroristas e os pedófilos usam os aviões, as estradas e o telefone (que obviamente aumentam seu campo de ação) sem que ninguém pense, por conta disso, em associar essas redes tecnológicas à criminalidade.

O ponto de vista propagado pelas mídias é ditado por seu interesse. Para interessar, devem anunciar notícias sensacionais, mostrar imagens espetaculares. Ora, o ciberespaço é especialmente fraco nesse sentido, pois abriga essencialmente processos de leitura e escrita coletivos, distribuídos e assíncronos. Não há nada para ser visto, nada para ser mostrado. Filme-se uma pessoa lendo, depois, mais tarde, uma pessoa escrevendo, depois uma terceira pessoa lendo etc.: o espectador já terá mudado de canal há muito. Não se pode compreender ou apreciar o que se desenrola no ciberespaço a não ser pela participação ativa, ou então ouvindo as narrativas de pessoas integradas em comunidades virtuais ou "surfando na Net" e que contarão suas histórias de leitura e escrita. Literatura epistolar: algo que não convém ao horário nobre. Como a realidade não é sensacionalista o bastante, fala-se então de terrorismo, máfia, cibersexo etc.

Mas a conotação negativa ou angustiante da apresentação da rede por algumas mídias vem também do fato de que, como já enfatizei diversas vezes, o ciberespaço é justamente uma *alternativa* para as mídias de massa clássicas. De fato, permite que os indivíduos e os grupos encontrem as informações que lhes interessam e também que difundam sua versão dos fatos (inclusive com imagens) sem passar pela intermediação dos jornalistas. O ciberespaço encoraja uma troca recíproca e comunitária, enquanto as mídias clássicas praticam uma comunicação unidirecional na qual os receptores estão isolados uns dos outros. Existe, portanto, uma espécie de antinomia, ou de oposição de princípios, entre as mídias e a cibercultura, o que explica o reflexo deformado que uma oferece da outra para o público. O que obviamente não impede que alguns jornalistas utilizem apaixonadamente todos os recursos da Internet, e não proíbe de forma alguma que a maior parte das grandes mídias ofereça uma versão on-line de seus serviços.

O PONTO DE VISTA DOS ESTADOS: CONTROLE DOS FLUXOS TRANSFRONTEIRIÇOS, CRIPTOGRAFIA, DEFESA DA INDÚSTRIA E DA CULTURA NACIONAIS

Os Estados ainda têm outros pontos de vista, mais ou menos vastos e compreensivos, sobre a emergência do ciberespaço. A abordagem mais limitada coloca os problemas em termos de soberania e de territorialidade. De fato, o ciberespaço é desterritorializante por natureza, enquanto o Estado moderno baseia-se, sobretudo, na noção de território. Pela rede, *bens* informacionais (programas, dados, informações, obras de todos os tipos) podem transitar instantaneamente de um ponto a outro do planeta digital sem serem filtrados por qualquer tipo de alfândega. Os *serviços* financeiros, médicos, jurídicos, de educação a distância, de aconselhamento, de pesquisa e desenvolvimento, de processamento de dados também podem ser prestados aos "locais" por empresas ou instituições estrangeiras (ou vice-versa) de forma instantânea, eficaz e quase invisível. O Estado perde, assim, o controle sobre uma parte cada vez mais importante dos fluxos econômicos e informacionais transfronteiriços.

Além disso, as legislações nacionais obviamente só podem ser aplicadas dentro das fronteiras dos Estados. Ora, o ciberespaço possibilita que as leis que dizem respeito à informação e à comunicação (censura, direitos autorais, associações proibidas etc.) sejam contornadas de forma muito simples. De fato, basta que um centro servidor que distribua ou organize a comunicação proibida esteja instalado em qualquer "paraíso de dados", nos antípodas ou do outro lado da fronteira, para estar fora da jurisdição nacional. Como os sujeitos de um Estado podem conectar-se a qualquer servidor do mundo, contanto que tenham um computador ligado à linha telefônica, é como se as leis nacionais que dizem respeito à informação e à comunicação se tornassem inaplicáveis.

A criptografia na rede é outro tema diretamente relacionado à soberania dos Estados. Em 1991, um americano com convicções políticas anarquistas, Phil Zimmermann, desenvolveu o programa PGP (Pretty Good Privacy, ou "privacidade bastante razoável"). O PGP permite que dois correspondentes da rede se identifiquem de forma infalível e codifiquem suas mensagens de forma *inviolável* — mesmo pelos mais avançados programas rodando em supercomputadores. O PGP é barato e relativamente fácil de usar. Reúne os últimos avanços em termos de criptografia, que é a ciência matemática da codificação e decodificação de mensagens. Difundido na rede, a primeira versão (gratuita) do programa obteve imediatamente um grande sucesso e milhares de cópias foram feitas no mundo inteiro em poucos dias. O PGP coloca nas mãos de qualquer pessoa um poder (o segredo absoluto de comunicação) que antes era privilégio exclusivo das forças armadas mais poderosas. Além disso, impede o controle das comunicações (abertura de cartas, escutas telefônicas, interceptação de mensagens digitais) dos cidadãos que todas as polícias, mesmo as dos Estados mais democráticos, praticaram e praticam ainda, seja por razões políticas (terror totalitarista, vigilância dos opositores, luta antiterrorista) ou a fim de lutar contra o banditismo e o crime organizado.

Os Estados veem evidentemente na "democratização" de poderosos instrumentos de criptografia um atentado à sua soberania e segurança. Por isso o governo dos Estados Unidos tentou *impor* como padrão um sistema de criptografia *cuja chave seria conhecida por suas agências de informação*. Frente ao protesto geral que esse projeto levantou, o governo federal desistiu de tornar obrigatória a presença do *clipper chip* em todos os telefones e computadores americanos. Diversos governos, entre os quais o francês e o chinês, requerem autorização prévia (muito difícil de conseguir!) para o uso das tecnologias de criptografia. A lei considera que os milhares de franceses que usam o PGP sem autorização oficial possuem armas de guerra e poderiam atentar contra a segurança do Estado.

Do outro lado, os *cypherpunks* e os *crypto-anarquistas* (entre os quais o próprio Phil Zimmermann) lutam pelo desenvolvimento e manutenção daquilo que consideram como uma importante conquista do cidadão libertado do poder dos Estados. Mas a criptografia para todos também possui defensores ativos em meio às *forças econômicas* que pensam em realizar negócios na rede ou então vender instrumentos de transações on-line. De fato, não é possível conceber a generalização do comércio no ciberespaço sem a codificação dos números de cartão de crédito, ou sem o uso de um dos sistemas de "cibermoeda" concorrentes — que envolvem sempre, de alguma forma, um módulo de criptografia em seu livro-caixa técnico. Sem isso, os riscos de roubo e de desvio de dinheiro seriam dissuasivos o suficiente para impedir a decolagem do comércio eletrônico. Observemos, enfim, para concluir esse assunto, que a proibição dos instrumentos de criptografia *em um país* não impede de forma alguma seu uso *em toda parte* pelo terrorismo e pelo crime organizado, que, não se importando com uma ilegalidade a mais ou a menos, podem muito facilmente conseguir tais instrumentos, sobretudo através da rede. O surgimento do PGP em 1991 criou uma situação *irreversível*.[1]

Acabo de falar a respeito do ponto de vista defensivo dos Estados que temem perder uma parte de sua soberania e de seus meios de vigilância habituais. De acordo com outras abordagens, mais positivas, os especialistas que trabalham para os governos ou os organismos internacionais preveem *um aumento no crescimento e nos empregos* devido à emergência de um novo setor econômico, a multimídia. Os Estados querem, então, encorajar suas "indústrias nacionais" de programas, de imagens interativas ou de serviços on-line a fim de que as consequências econômicas e sociais positivas não beneficiem apenas outros países mais à frente. Alguns governos também percebem que a batalha pela supremacia econômica no ramo da multimídia é complicada por uma luta por influência cultural. Tentam, então, afirmar sua presença linguística, valorizar seus fundos informacionais ou culturais tradicionais e favorecer a criação nacional original na rede.

Ainda que seja muito mais positiva que a vertente puramente defensiva, essa última abordagem toma como certas as noções de cultura e de identidade coletivas enquanto, justamente, a cibercultura as coloca em questão... Também é possível que a multimídia e os serviços on-line não sejam apenas os últimos setores até o momento de uma economia inalterada, mas que formem, antes, a expressão tecnológica visível de uma mutação profunda da própria economia, que nos obriga a redefinir tanto a noção de produto como a de empresa, empre-

---

[1] A esse respeito, ver Jean Guisnel, *Guerres dans le cyberespace*, Paris, La Découverte, 1995.

go, trabalho e comércio. Muito diferentes daqueles existentes na economia de massas, os produtos da nova economia são personalizados, interativos, atualizados, construídos ou concebidos em conjunto por seus consumidores. A empresa encontra-se virtualizada, globalizada, reduzida a suas competências-chave e a seus polos estratégicos, indissociável de sua rede de parceiros (o que é uma empresa "nacional" no ciberespaço?). O trabalho torna-se a atualização e renovação de competências, aptidão para a cooperação e não mais a execução de uma tarefa prescrita. O modelo do assalariado de tempo integral e de longa duração para um único empregador hoje é somente o resíduo de uma época revogada, enquanto as novas formas de trabalho independente ou de remuneração pelo valor das competências no contexto ainda não se impuseram. Quanto ao comércio eletrônico, já falei a respeito da mutação das formas de concorrência e de consumo que ele implica.

O dinamismo econômico depende hoje da capacidade dos indivíduos, das instituições, das empresas, das organizações em geral para alimentarem focos autônomos de inteligência coletiva (independência) e para se alimentarem de inteligência coletiva mundial (abertura). É preciso compreender aqui a inteligência no sentido da educação, das faculdades de aprendizagem (aprender em conjunto e uns dos outros!), das competências adquiridas e colocadas em sinergia, das reservas dinâmicas de memória comum, das capacidades de inovar e de acolher a inovação. Mas é preciso também entender a inteligência no sentido de união e conformidade de sentimentos. A inteligência coletiva também pressupõe, portanto, a capacidade de criar e de desenvolver a confiança, a aptidão para tecer laços duráveis. Ora, o ciberespaço oferece um poderoso suporte de inteligência coletiva, tanto em sua faceta cognitiva como em seu aspecto social. Já falei bastante a respeito do tema da inteligência coletiva neste livro e irei abordá-lo uma última vez para terminar este capítulo. É com a escolha desse caminho, que representa aquilo que a cibercultura tem de mais positivo para oferecer nos planos econômico, social e cultural, que os Estados poderão *recuperar em potência real e na defesa dos interesses de suas populações* aquilo que perdem pela desterritorialização e pela virtualização.

O PONTO DE VISTA DO "BEM PÚBLICO": A FAVOR DA INTELIGÊNCIA COLETIVA

Portanto, cada ponto de vista na rede, cada interpretação da cibercultura pode ser conectada a um conjunto de interesses e de projetos. Podemos mesmo dizer que qualquer expressão pública de um ponto de vista, qualquer descrição do ciberespaço é um ato que tende a abonar uma determinada versão dos fatos e a fazer advir um dos futuros possíveis. Os especialistas, intelectuais e outros jornalistas, ao contribuírem para construir a representação que seus contemporâneos têm da realidade, possuem assim uma importante responsabilidade. A esse respeito, observemos que a mais importante fonte de descrições e de interpretações da rede encontra-se na própria rede. A World Wide Web é um gigantesco documento autorreferencial, onde se entrelaçam e dialogam uma multiplicidade de pontos de vista (inclusive as mais violentas críticas à Web). São também inúmeras as conferências eletrônicas versando sobre os diferentes aspectos da rede, dos mais "ideológicos" aos mais "técnicos". O ciberespaço, compreendendo aqueles que o povoam, interroga-se com uma voz plural a respeito de uma identidade atualmente intangível e mais intangível ainda no futuro. Ao se autodescrever, a rede se autoproduz. Cada mapa invoca um território futuro, e os territórios do ciberespaço são recobertos por mapas que retraçam outros mapas, em abismo.

Não existe uma abordagem neutra ou objetiva da cibercultura, e este ensaio não foge à regra. Qual é, então, o projeto subjacente à minha descrição? O leitor já conhece minha religião. Estou profundamente convencido de que *permitir que os seres humanos conjuguem suas imaginações e inteligências a serviço do desenvolvimento e da emancipação das pessoas* é o melhor uso possível das tecnologias digitais. Essa abordagem tem diversas implicações, dentre as quais:

— econômicas (para o advento de uma economia dos conhecimentos e de um desenvolvimento concebido como valorização e otimização das qualidades humanas);

— políticas (democracia mais direta e mais participativa, abordagem planetária e comunitária dos problemas);

— culturais (criação coletiva, não separação entre produção, difusão e interpretação das obras).

O projeto da inteligência coletiva é, em linhas gerais, o dos primeiros idealizadores e defensores do ciberespaço. É a aspiração mais profunda do movimento da cibercultura. Em certo sentido, esse projeto prolonga, ao mesmo tempo em que o ultrapassa, o da filosofia das luzes. Não se trata de forma alguma de uma "utopia tecnológica", mas do aprofundamento de um antigo ideal de emancipação e de exaltação do humano que se apoia nas disponibilidades técnicas de nossos dias. Esse projeto continua sendo razoável, pois é acompanhado por três proposições fortes, que devem ser tomadas como salvaguardas.

Primeiro, a inteligência coletiva e os dispositivos técnicos que a propagam não podem ser decretados nem impostos por nenhum tipo de poder central, tampouco por administradores ou especialistas *em separado*. Os beneficiários devem ser também os responsáveis. Seu funcionamento só pode ser progressivo, integrador, includente e participativo. Não há consumidor ou sujeito submetido na inteligência coletiva, do contrário não se trata de inteligência coletiva. De fato, desde suas origens, o crescimento do ciberespaço deveu-se, sobretudo, a uma atividade de base, espontânea, descentralizada e participativa. É claro que os poderes científicos, econômicos ou políticos podem ajudar, favorecer ou ao menos não dificultar seu desenvolvimento. Foi exatamente o que permitiu à Internet, assim como a diversas redes comerciais ou associativas, ter o desenvolvimento que tem hoje.

Em segundo lugar, a inteligência coletiva é muito mais um problema em aberto — tanto no plano prático como teórico — que uma solução pronta para ser usada. Mesmo que as experiências e as práticas sejam abundantes, trata-se de uma cultura a ser inventada e não de um programa a ser aplicado. Além disso, diferentes teóricos da rede propõem hoje versões por vezes divergentes desse projeto,[2] e já falei a respeito de sua natureza ambivalente, ao mesmo tempo veneno e remédio.

Em terceiro lugar, a existência dos suportes técnicos não garante de forma alguma que sejam atualizadas *apenas* suas virtualidades

---

[2] Por exemplo, Kevin Kelly propõe, em *Out of Control, op. cit.*, uma abordagem da inteligência coletiva usando o modelo dos insetos sociais. Joël de Rosnay, em *L'Homme symbiotique, op. cit.*, traça a perspectiva de um ser simbiótico reunido pela Net (o "cibiente"). Joseph Rheingold, em *The Virtual Communities*, Nova York, Addison-Wesley, 1993, propõe uma abordagem mais política e comunitária da inteligência coletiva; em *A inteligência coletiva, op. cit.*, eu tento mostrar que a verdadeira inteligência coletiva valoriza as singularidades. A inteligência coletiva torna-se o tema de um projeto de civilização humana, servindo em última instância à pessoa.

mais positivas do ponto de vista do desenvolvimento humano. Condicionar não é determinar. O conflito dos projetos e dos interesses não será concluído tão cedo. Mesmo que o ciberespaço estenda-se agora de forma irreversível, o futuro permanece em aberto quanto a seu significado final para nossa espécie. Acrescentemos que esse novo espaço de comunicação é suficientemente vasto e tolerante para que projetos que pareçam ser mutuamente exclusivos sejam executados simultaneamente ou mostrem-se *também* complementares.

* * *

Há inúmeros obstáculos para o projeto da inteligência coletiva. Alguns deles dizem respeito aos mal-entendidos e às ideias excessivamente pessimistas disseminadas por uma crítica muitas vezes sem fundamentos. É por isso que dedicarei os próximos três capítulos a desconstruir, na medida do possível, os principais argumentos dessa crítica, e em particular a falsa ideia de acordo com a qual o virtual tende a substituir o real, e a verdade apenas parcial segundo a qual o ciberespaço serve apenas a estabelecer novas dominações.

15.
CRÍTICA DA SUBSTITUIÇÃO

Uma crítica por vezes mal fundamentada e frequentemente abusiva da técnica inibe o envolvimento de cidadãos, criadores, poderes públicos e empreendedores em procedimentos favoráveis ao progresso humano. Essas restrições infelizmente deixam o campo livre para projetos que visam apenas o lucro e o poder, projetos que não se deixam restringir por nenhuma crítica intelectual, social ou cultural. É por isso que eu gostaria de analisar neste livro alguns dos argumentos equivocados da crítica. Mostrarei, sobretudo, que é um erro pensar que o virtual substitui o real, ou que as telecomunicações e a telepresença vão pura e simplesmente substituir os deslocamentos físicos e os contatos diretos. A perspectiva da substituição negligencia a análise das práticas sociais efetivas e parece cega à abertura de novos planos de existência, que são acrescentados aos dispositivos anteriores ou os complexificam em vez de substituí-los.

Frente à rápida ascensão de um fenômeno mundial, desestabilizador, que coloca novamente em questão várias posições adquiridas, hábitos e representações, parece-me que meu papel enquanto pensador, especialista ou professor certamente não é ir no sentido da corrente mais forte e instigar as angústias e o ressentimento das pessoas ou do público. O que aparentemente não é a opção escolhida por diversos intelectuais que se dizem "críticos". A lucidez é indispensável, mas é precisamente essa exigência que nos impõe o reconhecimento de que a emergência da cibercultura é um fenômeno ao mesmo tempo irreversível e parcialmente indeterminado. De onde, em vez de amedrontar insistindo sobre os aspectos minoritários (a cibercriminalidade, por exemplo), parciais (o ciberespaço a serviço da globalização capitalista, da hegemonia americana, de uma nova classe dominante) ou malcompreendidos (o virtual que supostamente substitui o real, o espaço físico ameaçado de desaparecimento), prefiro realçar as coisas qualitativamente novas que o movimento da cibercultura faz emergir, bem como as oportunidades que ele oferece ao desenvolvimento humano. O pavor não faz pensar. Denunciar e condenar algo que visivelmente carrega uma parte importante do futuro humano não ajuda a fazer escolhas responsáveis.

Substituição ou complexificação?

A fim de evitar preocupações legítimas, tenho que dedicar algumas linhas a refutar os argumentos mais difundidos emitidos por nossos "intelectuais críticos". Uma das ideias mais errôneas, e talvez a que tem vida mais longa, representa a *substituição* pura e simples do antigo pelo novo, do natural pelo técnico ou do virtual pelo real. Por exemplo, tanto o público culto como os gestores econômicos e políticos temem que a ascensão da comunicação pelo ciberespaço venha a *substituir* o contato humano direto.

É muito raro que um novo modo de comunicação ou de expressão suplante completamente os anteriores. Fala-se menos desde que a escrita foi inventada? Claro que não. Contudo, a função da palavra viva mudou, uma parte de suas missões nas culturas puramente orais tendo sido preenchida pela escrita: transmissão dos conhecimentos e das narrativas, estabelecimento de contratos, realização dos principais atos rituais ou sociais etc. Novos estilos de conhecimento (o conhecimento "teórico", por exemplo) e novos gêneros (o código de leis, o romance etc.) surgiram. A escrita não fez com que a palavra desaparecesse, ela complexificou e reorganizou o sistema da comunicação e da memória social.

A fotografia substituiu a pintura? Não, ainda há pintores ativos. As pessoas continuam, mais do que nunca, a visitar museus, exposições e galerias, compram as obras dos artistas para pendurá-las em casa. Em contrapartida, é verdade que os pintores, os desenhistas, os gravadores, os escultores não são mais — como foram até o século XIX — os únicos produtores de imagens. Como a ecologia do ícone mudou, os pintores tiveram que reinventar a pintura — do impressionismo ao neoexpressionismo, passando pela abstração e pela arte conceitual — para que ela conquistasse um lugar original, uma função insubstituível no novo ambiente criado pelos processos industriais de produção e reprodução de imagens.

O cinema substituiu o teatro? De forma alguma. O cinema é um gênero autônomo, com matéria própria, a história agitada de suas regras e seus códigos. E continua havendo autores, artistas, salas e espectadores para o teatro. A ascensão da televisão certamente afetou o cinema, mas não o matou. Vemos filmes nas estranhas janelas, e as cadeias de TV participam da produção de novas obras cinematográficas.

CRESCIMENTOS PARALELOS
DAS TELECOMUNICAÇÕES E DO TRANSPORTE

O desenvolvimento da telefonia levou a uma diminuição dos contatos face a face e a uma recessão dos transportes? Não, muito pelo contrário. Devemos repetir que o desenvolvimento do telefone e do automóvel se deram *em paralelo* e não em detrimento um do outro. Quanto mais telefones eram instalados, mais crescia o tráfego urbano. É verdade que existe uma relação de substituição já que, se a rede telefônica entrasse em pane na sua cidade, você veria provavelmente uma multiplicação e um prolongamento dos engarrafamentos. Contudo, a tendência histórica maior é a do crescimento *simultâneo* dos instrumentos de telecomunicação e de transporte. Mesmo em uma escala mais detalhada, há estudos sociológicos que mostram que as pessoas que recebem e fazem mais chamadas telefônicas são também aquelas que se deslocam muito e que mantêm numerosos contatos diretos. Esses estudos confirmam nossa apreensão intuitiva do mundo que nos cerca. Pousado sobre a toalha de crochê, o telefone de uma pessoa idosa, isolada, de mobilidade reduzida, não toca muito. Por outro lado, os homens de negócios, sempre em deslocamento, pulando de um compromisso a outro, frequentemente estão com seus celulares colados à orelha, dentro de um táxi, no saguão do aeroporto, em uma esquina. O fato de o celular ter obtido tanto sucesso mostra de forma expressiva que a telecomunicação e o deslocamento físico estão unidos.

Não temos ainda, para o ciberespaço, estatísticas tão abundantes quanto as que temos para as telecomunicações clássicas. Juntemos, então, os índices disponíveis. Os usuários do ciberespaço são em sua maioria pessoas jovens, com diploma universitário, vivendo em cidades, estudantes, professores, pesquisadores, trabalhando geralmente em áreas científicas, de alta tecnologia, negócios ou arte contemporânea. Ora, esse tipo de população é justamente uma das mais móveis e mais sociáveis. O usuário típico da Internet (que, por sinal, é cada vez mais frequentemente uma usuária) corre de uma conferência internacional para outra e frequenta assiduamente uma ou mais comunidades profissionais. Minha experiência profissional e a dos cibernautas que conheço confirmam amplamente essa hipótese. Aqueles que mantêm uma correspondência eletrônica abundante e surfam frequentemente na Web são os mesmos que viajam e encontram pessoas. São preparados colóquios, reuniões ou exposições "físicas" com as ferramentas disponíveis na Internet. Os seminários continuam nas conferências eletrônicas. *As turmas conectadas à Internet são aquelas que mais gostam das excursões fora da escola.*

Temos que reconhecer que há alguns viciados na Internet que passam noites em frente a seu computador, jogando RPGs na rede, participando de discussões on-line ou surfando interminavelmente de página em página. Essas exceções confirmam a regra da não substituição. A imagem do homem-terminal cujo espaço foi abolido, imóvel, grudado à sua tela, não é mais do que um fantasma ditado pelo medo e pela incompreensão dos fenômenos em andamento de desterritorialização, de universalização e de *aumento geral das relações e contatos de todos os tipos.*

A hipótese da substituição pura e simples contradiz o conjunto de estudos empíricos e das estatísticas disponíveis.[1] É triste constatar que os cinco últimos livros de um pensador como Paul Virilio giram em torno de um fantasma que a simples observação daquilo que nos cerca mostra ser irremediavelmente falso. Na mesma linha de pensamento, não é mais um profeta do mau agouro, mas um sorridente especialista do marketing da pesquisa *hi-tech*, dessa vez Nicolas Negroponte, que anuncia em seu livro *O homem digital* "a passagem dos átomos para os bits",[2] em outras palavras, a substituição da matéria pela informação, ou do real pelo virtual. Na esfera econômica, basta dizer que o comércio internacional não para de aumentar *em tonelagem* (e portanto em átomos!) nos últimos quinze anos, apesar da revolução das telecomunicações e do ciberespaço. Se Negroponte tivesse defendido que o controle das informações ou das competências es-

---

[1] Ver Marie-Hélène Massot, *Transport et télécommunications*, Paris, INRETS-Paradigme, 1995. A obra traz uma análise bibliográfica completa e internacional sobre a questão das relações entre teleatividades e mobilidade.

[2] Um bit é a unidade elementar de informação na teoria matemática da comunicação.

tratégicas, ou a capacidade de processar e de difundir eficazmente os dados digitais, *governa* atualmente a produção e a distribuição dos produtos materiais, eu teria concordado. Mas a *passagem* dos átomos aos bits é uma simplificação tão ultrajante que é da ordem do absurdo.

Aumento dos universos de escolha:
A ascensão do virtual provoca a do atual

Na esfera cultural, examinemos o caso muitas vezes citado dos museus. Teme-se (ou deseja-se) que os "museus virtuais" substituam os museus "reais", ou seja, que a visita a serviços on-line dos museus ou dos sites dedicados à arte faça cessar o fluxo de visitantes nos prédios que abrigam as obras originais. Preocupados com uma possível desencarnação da arte ou da relação com o mundo em geral, repete-se que a pálida cópia digital que pode ser acessada pela Internet nunca terá a mesma riqueza sensível da peça fisicamente presente. Todos concordam quanto a isso. Mas, se examinarmos a história, constatamos que a multiplicação das reproduções impressas, das revistas e livros de arte, dos catálogos de museus, dos filmes ou dos programas de televisão a respeito de cerâmica, pintura ou escultura não impediu — pelo contrário, *incentivou* — a ida aos museus.

Poderíamos resumir a tendência histórica da seguinte forma: quanto mais as informações se acumulam, circulam e proliferam, melhor são exploradas (ascensão do virtual) e mais cresce a variedade de objetos e lugares físicos com os quais estamos em contato (ascensão do atual). Ainda assim, nosso universo informacional se dilata *mais rapidamente* que nosso universo de interações concretas. Em outras palavras, a ascensão do virtual provoca a do atual, mas a primeira desenvolve-se mais rápido que a segunda. Daí a sensação de dilúvio de dados, de mensagens e imagens, nossa impressão de defasagem entre o virtual e o real. Assim, a maior parte de nós já contemplou *um número maior de reproduções do que de quadros originais*. Entretanto, a circulação das grandes exposições, a multiplicação dos museus e a facilidade de viajar nos permitiram ver *mais originais do que os europeus ou os americanos do século XIX*. Os museus on-line na Internet ou os CD-ROMs com temas artísticos aumentarão nossas possibilidades de descobrir e compreender um grande leque de obras, o que nos estimulará a ir examinar pessoalmente a materialidade das pinturas ou esculturas. Infelizmente os recorrentes debates sobre a substituição obstruem as verdadeiras aberturas estéticas e culturais atualmente em jogo, as quais dizem respeito aos novos modos de criação e de recepção, aos gêneros artísticos em emergência que se apoiam nas ferramentas do ciberespaço.

Teme-se que os dispositivos de comunicação e de interação do virtual, ao permitirem que se "ganhe tempo", criem gerações de preguiçosos, mantendo com o conhecimento uma relação negligente e apressada, esquecidos do esforço necessário para uma verdadeira descoberta do mundo "real" e de sua riqueza sensível. É pena! Clichês moralizantes fazem-se passar por observações e pensamentos. Também em relação a isso, com o intuito de dissipar alguns preconceitos, consideremos as consequências efetivas de algumas inovações tecnológicas que supostamente nos fariam "ganhar tempo". As geladeiras, freezers, lavadoras de roupa, lavadoras de louça, aspiradores, detergentes avançados e outros não "liberaram a mulher". Foi calculado que o tempo médio gasto pelas mulheres do interior para cuidar da casa e cozinhar permaneceu mais ou menos *igual* antes e depois dos eletrodomésticos. As tecnologias domésticas não fizeram "ganhar tempo", *elas permitiram a elevação dos padrões de ordem, higiene e limpeza*. Facilitaram também que as mulheres trabalhassem fora de casa, aumentando a duração de sua jornada de trabalho e não diminuindo.

Estudos recentes relativos ao urbanismo e à organização do território mostraram que os ganhos em *velocidade* de circulação quase nunca levavam a uma diminuição do *tempo* de transporte entre residência e trabalho. Pelo contrário, o tempo de transporte médio (entre vinte minutos e meia hora) permanece impressionantemente constante. Em contrapartida, as pessoas alteram a localização física de suas residências de forma a *estender seu universo de escolha*. Continua-se levando meia hora para chegar ao trabalho, mas agora *além disso* haverá acesso rápido a um local de recreação, a uma escola, uma área de consumo, a pontos de encontro.

Vamos generalizar grosseiramente esse último exemplo: acredita-se que a velocidade e a virtualização de origem técnica permitem "ganhar tempo". Na verdade, permitem que o mesmo tempo — ou um tempo ainda maior — seja ocupado com a exploração ou aproveitamento de espaços informacionais, relacionais ou concretos mais amplos. A velocidade (e o virtual é no fundo um modo da velocidade) não faz com que o espaço desapareça, ela metamorfoseia o sistema instável e complicado dos espaços humanos. Cada novo veículo, cada nova qualidade de aceleração inventam uma topologia e uma qualidade de espaço que se acrescentam às precedentes, articulam-se com elas e reorganizam a economia global dos espaços. Há um espaço das estradas, uma topologia originada pelas estradas de ferro, uma rede mundial de aviação e dos aeroportos, uma cartografia específica da telefonia, cada um desses estratos espaçotemporais origina seu sistema de proximidade, suas zonas de densidade e seus buracos negros ou suas manchas brancas. Nem as estradas, nem os aviões, nem o telefone, nem a Internet fizeram *desaparecer* os caminhos vicinais ou os percursos de caminhadas (que nenhuma lei proíbe que o caminhante tome), apenas transformaram sua função.

Novos planos de existência

A raiz da ideia de substituição na interpretação das alterações técnicas me parece estar na dificuldade de captar, imaginar, conceituar o surgimento de *novas formas* culturais, de *dimensões inéditas* do mundo humano. Na evolução biológica, quando o *olho* surgiu, evidentemente passou a encarregar-se de algumas funções do tato ou do olfato, mas sobretudo ele fez surgir — desenvolvendo uma vaga sensibilidade à luz em certas partes da pele animal — o universo antes inexistente das formas e das cores, *a experiência da visão*.

Assim como a aparição de novos órgãos, as grandes invenções técnicas não permitem apenas fazer "a mesma coisa" mais rápido, com mais força ou em escala maior. Permitem, sobretudo, que se faça, sinta ou organize *de outra forma*. Levam ao desenvolvimento de *novas funções* ao mesmo tempo que nos obrigam a reorganizar o sistema global das funções anteriores. A problemática da substituição nos impede de pensar, receber ou fazer acontecer o qualitativamente novo, quer dizer, *os novos planos de existência* virtualmente trazidos pela inovação técnica.

Retomemos o exemplo da fotografia. O fato é que a fotografia não substituiu a pintura, mesmo que tenha tornado a "tomada óptica" de uma cena mais fácil e mais rápida do que quando se usavam pincéis e pastas coloridas; mesmo que tenha democratizado a faculdade de fixar uma imagem, inclusive para aqueles que não possuem nenhuma habilidade para desenhar. Há de fato um aspecto claramente substitutivo da fotografia: há mais pessoas fazendo imagens semelhantes, facilmente reprodutíveis, e isso mais rápido e sem habilidades específicas. Mas, em outra vertente, a fotografia permitiu o desdobramento de novas funções da imagem, e isso tanto nos espaços que ela abriu para si mesma quanto — por fenômenos de ecos e de diferenciação — na pintura, a qual poderíamos pensar que ela substituiria. A partir da invenção da fotografia, as artes visuais conheceram uma cisão (fotografia de um lado, pintura de outro) que anunciaria outras ramificações (cinema, desenhos animados, imagens interativas, realidades virtuais) e um desdobramento de novos horizontes de imagens. Cada bifurcação nas técnicas da imagem permite o desenvolvimento de potencialidades já presentes nas antigas artes visuais. Pois não estamos fazendo uma releitura da pintura antiga a partir de nossa experiência com a fotografia, o cinema e a pintura contemporânea, ou então o cinema a partir da realidade virtual? Trata-se, portanto, de uma continuidade de crescimento ou de aprofundamento, ao mesmo tempo que um processo de emergência e de abertura radical.

Da perda

A inovação técnica gera fenômenos de crescimento, de atualização das virtualidades latentes. Contribui também para a criação de novos planos de existência. Complexifica a estratificação dos espaços estéticos, práticos e sociais. O que não significa, contudo, que não provoque desaparecimentos. Não há mais ferreiro em cada cidade, nem excrementos de cavalo nas ruas das cidades. Alguma coisa se perdeu. Os hábitos, as habilidades, os modos de subjetivação dos grupos e das pessoas adaptadas ao mundo antigo não são mais adequados. A mudança técnica gera, portanto, quase necessariamente um sofrimento. Enrijecer-se contra esse sofrimento, negá-lo, desconhecê-lo, observar apenas seus aspectos negativos só irá aumentar a parte inevitável da tristeza. Como limitar o sofrimento? Acompanhando lucidamente a transformação ou, melhor, participando do movimento, envolvendo-se em um processo de aprendizagem, aproveitando as oportunidades de crescimento e desenvolvimento humanos.
O desenvolvimento do ciberespaço não vai "mudar a vida" milagrosamente nem resolver os problemas econômicos e sociais contemporâneos. Abre, contudo, novos planos de existência:

— *nos modos de relação*: comunicação interativa e comunitária de todos com todos no centro de espaços informacionais coletivamente e continuamente reconstruídos;

— *nos modos de conhecimento, de aprendizagem e de pensamento*: simulações, navegações transversais em espaços de informação abertos, inteligência coletiva;

— *nos gêneros literários e artísticos*: hiperdocumentos, obras interativas, ambientes virtuais, criação coletiva distribuída.

Nem os dispositivos de comunicação, nem os modos de conhecimentos, nem os gêneros característicos da cibercultura irão pura e simplesmente substituir os modos e gêneros anteriores. Irão antes, por um lado, influenciá-los e, por outro lado, forçá-los a encontrar seu "nicho" específico dentro da nova ecologia cognitiva.[3] O resultado global será (já é!) uma complexificação e uma reorganização da economia das informações, dos conhecimentos e das obras.

É verdade que a cibercultura se tornará provavelmente o centro de gravidade da galáxia cultural do século XXI, mas a proposição segundo a qual o virtual irá substituir o real, ou que não poderemos mais distinguir um do outro, nada mais é do que um jogo de palavras malfeito, que desconhece quase todos os significados do conceito de virtualidade. Se o virtual reveste a informação e a comunicação de suporte digital, a proposição é absurda: continuaremos a comer, a fazer amor corpo a corpo, a nos deslocarmos no mundo, a produzir e a consumir bens materiais etc. Se o virtual for tomado no sentido filosófico, faz par com o atual ou a atualização, sendo ele mesmo um modo particularmente fecundo da realidade. Trata-se do virtual antropológico? A linguagem, primeira realidade virtual a nos transportar para fora do aqui e agora, longe das sensações imediatas, potência de mentira e de verdade, por acaso nos fez *perder* a realidade ou, ao contrário, nos abriu novos planos de existência?

---

[3] A respeito da noção de ecologia cognitiva, ver Pierre Lévy, *As tecnologias da inteligência*, op. cit.

16.
CRÍTICA DA DOMINAÇÃO

Se é verdade que a rede tem tendência a reforçar ainda mais os centros atuais de potência científica, militar e financeira, se é certo que o "cyberbusiness" deve conhecer uma expansão vertiginosa nos próximos anos, ainda assim não podemos, como muitas vezes faz a crítica, reduzir o advento do novo espaço de comunicação à aceleração da globalização econômica, à acentuação das dominações tradicionais, nem mesmo ao surgimento de formas inéditas de poder e de exploração. Pois o ciberespaço também pode ser colocado a serviço do desenvolvimento individual ou regional, usado para a participação em processos emancipadores e abertos de inteligência coletiva. Além disso, as duas perspectivas não são, necessariamente, mutuamente exclusivas. Podem até mesmo, em um universo cada vez mais interconectado e interdependente, apoiar-se uma na outra. Como mostrarei, todo o dinamismo da cibercultura está relacionado ao entrelaçamento e à manutenção de uma verdadeira dialética da utopia e dos negócios.

Impotência dos atores "midiáticos"

Nos esquetes em voga sobre o apocalipse virtual, alguns profissionais da "crítica" esforçam-se para colocar em cena as marionetes que costumavam desempenhar os papéis principais nos espetáculos moralizantes de outrora: face aos excluídos e aos povos do Terceiro Mundo (culpabilizantes à vontade!), eis os malvados de sempre: a técnica, o capital, as finanças, as grandes multinacionais, os Estados.

É verdade que os Estados mais poderosos podem agir de forma marginal sobre as condições, favoráveis ou desfavoráveis, do desenvolvimento do ciberespaço. Mas são notoriamente impotentes para orientar de forma precisa o desenvolvimento de um dispositivo de comunicação que já se encontra hoje inextricavelmente ligado ao funcionamento da economia e da tecnociência planetárias.

Como observei no capítulo sobre o "impacto", a maioria das grandes transformações técnicas desses últimos anos não foram decididas pelas grandes companhias que em geral são os alvos prediletos das críticas chorosas. Nesse assunto, a inventividade é perfeitamente imprevisível e distribuída. O melhor exemplo disso é o sucesso histórico da World Wide Web. Quando, no início dos anos 90, a grande imprensa e a televisão falavam da indústria da "multimídia" e das infovias, colocavam em cena grandes atores, como o governo dos Estados Unidos, os chefes das grandes companhias de software ou de equipamentos de informática, os operadores de cabo ou de telecomunicações... Ora, alguns anos mais tarde, somos forçados a constatar que os atores "midiáticos" de fato fizeram algumas fusões, alguns investimentos industriais, mas que não alteraram de forma significativa o curso da construção do ciberespaço. Entre 1990 e 1997, a principal revolução na comunicação digital planetária veio de uma pequena equipe de pesquisadores do CERN, em Genebra, que desenvolveu a World Wide Web. É o movimento social da cibercultura que fez da Web o sucesso atual, propagando um dispositivo de comunicação e de representação que correspondia a suas formas de operar e a seus ideais. Os críticos assistem à televisão, que só mostra manchetes espetaculares, enquanto os acontecimentos importantes ocorrem nos processos de inteligência coletiva bastante distribuídos, invisíveis, que escapam necessariamente às mídias clássicas. A World Wide Web não foi nem inventada, nem difundida, nem alimentada por macroatores midiáticos como a Microsoft, a IBM, a AT&T ou o exército americano, mas pelos próprios cibernautas.

Quando a crítica nada mais faz além de colocar em cena os espantalhos desmoralizantes de sempre e deixa passar em silêncio o movimento social, ignorando-o ou caluniando-o, temos o direito de duvidar de seu caráter progressista.

Devemos temer o domínio
de uma nova "classe virtual"?

"Prometemos a vocês a utopia da democracia eletrônica, do saber compartilhado e da inteligência coletiva. Na verdade, eles não terão nada além do domínio de uma nova *classe virtual*, composta por magnatas das indústrias dos sonhos (cinema, televisão, videogames), dos programas, da eletrônica e das telecomunicações, rodeados pelos idealizadores, cientistas e engenheiros que comandam o canteiro de obras do ciberespaço, sem esquecer os ideólogos ultraliberais ou anarquistas e os sumos sacerdotes do virtual, que justificam o poder dos outros."[1] Uma outra versão — terceiro-mundista ou europeia — dessa narrativa paranoica apresenta o desenvolvimento do ciberespaço como uma extensão do império militar, econômico e cultural americano. A partir daí, qualquer valoração dos aspectos positivos da cibercultura ou das oportunidades que esta pode abrir para o desenvolvimento humano encontra-se sob a suspeita de servir aos interesses do capitalismo virtual emergente ou do novo sistema de domínio mundial tecnofacista, ciberfinanceiro ou americano-liberal ("risque as menções inúteis").

Esse tipo de análise contém, evidentemente, alguma verdade, mas apenas em parte. A gigantesca mutação da civilização contemporânea acarreta uma redefinição da natureza da potência militar, econômica, política e cultural.[2] Algumas das forças atuais ganharão poder, outras irão perdê-lo, enquanto recém-chegados começam a ocupar posições que nem mesmo existiam antes da emergência do ciberespaço. No tabuleiro de xadrez do virtual, as regras ainda não estão completamente estabelecidas. Aqueles que conseguirem defini-las em proveito próprio ganharão muito. Desde agora, e apesar da grande instabilidade da situação, os centros que hoje dominam o poder militar e financeiro encontram-se bem colocados para aumentar ainda mais sua influência. Contudo, devemos permanecer atentos à abertura, à indeterminação do processo de mudança tecnossocial em andamento.

Apesar de todas as suspeitas que possam ser legitimamente nutridas, um fato permanece: um grupo ou indivíduo qualquer, sejam quais forem suas origens geográficas e sociais, mesmo que não tenha quase nenhum poder econômico, contanto que lance mão de um mínimo de competências técnicas, pode investir no ciberespaço por conta própria e adquirir dados, entrar em contato com outros grupos ou

---

[1] Arthur Kroker e Michael Weinstein, *Data Trash: The Theory of the Virtual Class*, Montreal, New World Perspectives, 1994.

[2] Uma descrição bastante boa dessas redistribuições de poder está presente nas obras de Alvin Toffler; ver, por exemplo, os livros *Powershift*, Rio de Janeiro, Record, 1995, e *Guerra e antiguerra*, Rio de Janeiro, Record, 1994.

pessoas, participar de comunidades virtuais ou difundir para um público vasto informações de todos os tipos que ele julgar dignas de interesse. Essas novas práticas de comunicação persistem — e até mesmo aprofundam-se — na medida em que o ciberespaço se estende. Podemos prever sem muito risco de engano que elas continuarão a desenvolver-se no futuro.

Esse fato simples aniquila as análises sombrias desenvolvidas por Arthur Kroker e outros, que tomam a ficção científica como real e só oferecem ao público imitações malfeitas de Baudrillard. Ora, infelizmente o próprio Baudrillard imita o radicalismo situacionista, sem possuir a inteligência fria, clara e objetiva de Guy Debord, nem o sopro quase místico de Vanheigem. Os situacionistas denunciavam o *espetáculo*, ou seja, o tipo de relações entre os homens cristalizado pelas mídias: há centros que difundem mensagens para receptores isolados uns dos outros e mantidos em um estado de incapacidade de resposta. No espetáculo, a única participação possível é o imaginário. Ora, o ciberespaço propõe *um estilo de comunicação não midiática por construção*, já que é comunitário, transversal e recíproco.

É a televisão, e não o virtual, que estabelece a impossibilidade de agir e o sentimento de irrealidade resultante. De fato, a televisão faz com que eu compartilhe o mesmo olho, o mesmo ouvido que milhões de pessoas. E a percepção compartilhada é geralmente um forte índice de realidade. Mas, ao mesmo tempo em que estabelecem uma percepção comum, as mídias não permitem a comunicação entre aqueles que percebem a mesma "realidade". Temos o mesmo tímpano sem que possamos nos ouvir. Vemos o mesmo espetáculo sem que sejamos capazes de nos reconhecer. Pior ainda, a retina e o tímpano televisuais são separados de nosso cérebro, isolados do ciclo sensório-motor. Vemos com os olhos de outro, sem poder dirigir o olhar para onde queremos. Talvez seja apenas a partir dos sistemas de telepresença que nos permitem comandar a distância prolongamentos de nossos órgãos que podemos efetuar esse julgamento negativo a respeito da TV. A televisão é uma importante fonte de realidade pois organiza uma percepção comum, mas é também um indicador potente de irrealidade já que, nela, a percepção se encontra desconectada dos sistemas de ação e que a entrada no ciclo sensório-motor é um dos sinais mais fortes do real: dupla restrição. De onde o efeito de *sideração* provocado. Com a TV, participamos em conjunto, mas sem que possamos nos harmonizar com o sonho, ou pesadelo, de outra pessoa.

Em contrapartida, no ciberespaço, não se trata mais de uma difusão a partir de centros, e sim de uma interação no centro de uma situação, de um universo de informações, onde cada um contribui explorando de forma própria, modificando ou estabilizando (restabelecimento do ciclo sensório-motor). O ciberespaço abriga negociações sobre significados, processos de reconhecimento mútuo dos indivíduos e dos grupos *por meio* da atividade de comunicação (harmonização e debate entre os participantes). Esses processos não excluem os conflitos. Decerto envolvem pessoas ou grupos nem sempre bem-intencionados. Mas, exatamente, reencontramos aqui a diversidade, a complexidade e algumas vezes a dureza do real, mil léguas distante do mundo arranjado, convencionado ou encenado que as mídias secretam. Acrescentemos que é muito mais difícil executar manipulações em um espaço onde todos podem emitir mensagens e onde informações contraditórias podem confrontar-se do que em um sistema onde os centros emissores são controlados por uma minoria.

É correto que a realidade virtual promete um progresso na ilusão em relação à imagem do cinema ou da televisão. Não temos, contudo, nenhum testemunho de que alguém jamais tenha confundido um mundo virtual interativo com a "verdadeira" realidade. Podemos achá-lo interessante, querer voltar, mas é impossível esquecer a característica ficcional que não para de se afirmar ao explorador (peso do capacete, pobreza da imagem, tempo de reação resultante do cálculo das imagens em tempo real etc.). Não se pode dizer o mesmo das notícias televisionadas nem dos vídeos difundidos por determinado serviço de comunicação das forças armadas francesas, que se mostram como imagens da realidade e são muitas vezes tomadas como tais.

Na visão de uma moral situacionista, o verdadeiro perigo que espreita a cibercultura seria a reprodução em grande escala, nas "infovias", de um modo de comunicação midiática. O ciberespaço não parece estar tomando esse rumo, mas a opção permanece em aberto e há forças poderosas empurrando nessa direção. Perspectiva aterrorizante: a Internet substituída por um gigantesco sistema de "televisão interativa"!

Infelizmente, diversos intelectuais críticos que se dizem radicais, obscurecidos por sua longa sideração frente às mídias, confundem o virtual com seu sentimento pessoal de irrealidade e não conseguem, portanto, distinguir entre diferentes tipos de comunicação. Ao fazer isso, sustentam o medo difuso do público, impedindo-o de captar as alternativas estratégicas da situação em andamento e participam, provavelmente sem querer, do jogo de todos os conservadorismos.

Dialética da utopia e dos negócios

Mas, simetricamente, os utópicos da rede também não participam, por sua vez, do jogo de algumas potências econômicas ou militares? Sim e não.

É correto que a Internet nasceu de uma decisão do exército americano. O sistema foi inicialmente concebido para permitir que laboratórios dispersos pelo território americano pudessem acessar os supercomputadores concentrados em alguns locais. Esse projeto foi imediatamente desviado já que, desde seus primórdios, o principal uso da Internet foi a correspondência entre os pesquisadores. Partindo da máquina de potência concedida pela autoridade militar, os primeiros idealizadores e usuários construíram um espaço de comunicação transversal.

Sabemos também que a estrutura descentralizada da rede foi pensada para resistir da melhor forma possível aos ataques nucleares do inimigo. Mas essa mesma estrutura descentralizada serve hoje para um funcionamento cooperativo e descentralizado. Portanto, paradoxalmente, talvez a Internet não seja "anarquista" *apesar* de sua origem militar, mas *devido* a essa origem.

Após sua fase militar inicial, o crescimento da rede resultou de um movimento de estudantes e de pesquisadores envolvidos em práticas "utópicas" de trocas comunitárias e de democracia na relação com o saber. Sua extensão não foi decidida por nenhuma grande empresa, nenhum Estado, ainda que o governo americano e algumas grandes empresas tenham acompanhado o movimento. Essa construção cooperativa e espontânea de um gigantesco sistema internacional de correio eletrônico paralelo só foi descoberta pelo público no final dos anos 80. A partir daí a rede começou a ser explorada por negociantes que disputaram entre si a venda do acesso, a organização das visitas, a pilhagem do conteúdo, sua transformação em um novo local para publicidade e transações econômicas. Resumindo, há negócios, e grandes, a fazer no ciberespaço.

Vemos portanto como o movimento utópico e generoso preparou terreno para os negociantes. Por outro lado, as questões econômicas da cibercultura e a intrincação dos *cibernegócios* com as outras atividades de produção e de troca passaram a ser de tal forma que a existência e o desenvolvimento da Internet (com as características próprias de seu dispositivo de comunicação) estão praticamente garantidas. Os negócios solidificaram e tornaram irreversível aquilo que a utopia em ato havia começado a construir. Acrescentemos que vários empreendedores inovadores da cibereconomia são *também* visionários da rede.

Nos grandes encontros mundiais da tecnologia e dos mercados do virtual, os cabelos eriçados dos ciberpunks e as roupas excêntricas dos designers tresloucados se misturam alegremente aos cortes estritos e aos ternos e gravatas dos homens de negócios, uns parecendo por vezes ser os outros.

O crescimento da cibercultura é alimentado por uma dialética da utopia e dos negócios, na qual cada um joga com o outro sem que haja, até o momento, um perdedor. O comércio não é um mal em si. *Os projetos culturais e sociais não podem ser separados à força das restrições e do dinamismo econômico que tornam possível sua encarnação.*

O movimento da cibercultura é um dos motores da sociedade contemporânea. Os Estados e os industriais da multimídia o acompanham como podem, ao mesmo tempo em que resistem com todas as forças frente ao que percebem como sendo a "anarquia" da Net. De acordo com a dialética bem ajustada da utopia e dos negócios, os negociantes exploram os campos de existência (e portanto de consumo) abertos pelo movimento social e aprendem com os ativistas novos argumentos de venda. Simetricamente, o movimento social se beneficia de sua "recuperação" já que os negócios solidificam, credibilizam, banalizam, instituem ideias e costumes que há pouco pareciam pertencer ao terreno da ficção científica ou dos sonhos inofensivos.

Após o desmoronamento dos totalitarismos do Leste, alguns intelectuais da Europa central talvez tenham dito: "Lutamos pela democracia... e obtivemos o capitalismo". Os ativistas da cibercultura poderiam retomar essa frase em proveito próprio. Felizmente o capitalismo não é completamente incompatível com a democracia, nem a inteligência coletiva com o supermercado planetário. Não somos obrigados a escolher um em detrimento do outro: dialética da utopia e dos negócios, jogos da indústria e do desejo.

17.
CRÍTICA DA CRÍTICA

Funções do pensamento crítico

A cibercultura é propagada por um movimento social muito amplo que anuncia e acarreta uma evolução profunda da civilização. O papel do pensamento crítico é o de intervir em sua orientação e suas modalidades de desenvolvimento. Em particular, a crítica progressista pode esforçar-se para trazer à tona os aspectos mais positivos e originais das evoluções em andamento. Assim, ajudaria a evitar que a montanha do ciberespaço dê à luz camundongos que seriam a reprodução do midiático em maior escala ou o puro e simples advento do supermercado planetário on-line.

No entanto, muitos discursos que se apresentam como críticos são apenas cegos e conservadores. Por conhecerem mal as transformações em andamento, não produzem conceitos originais, adaptados à especificidade da cibercultura. Critica-se a "ideologia (ou a utopia) da comunicação" sem se fazer distinção entre televisão e Internet. Estimula-se o medo da técnica desumanizante, ao passo que as questões dizem respeito às escolhas entre as técnicas e a seus diferentes usos. Deplora-se a confusão crescente entre real e virtual sem nada se entender sobre a virtualização, que pode ser tudo menos uma desrealização do mundo — seria antes uma extensão do potencial do humano.[1] A ausência de visão de futuro, o abandono das funções de imaginação e de antecipação do pensamento têm como efeito desencorajar os cidadãos a intervir, deixando por fim o campo livre para as propagandas comerciais. É urgente, inclusive para a própria crítica, empreender a crítica de um "gênero crítico" desestabilizado pela nova

---

[1] Ver Pierre Lévy, *O que é o virtual?*, *op. cit.*, onde essa questão é abordada de um ponto de vista antropológico.

ecologia da comunicação. É preciso interrogar hábitos e reflexos mentais cada vez menos adequados às questões contemporâneas.

Crítica do totalitarismo ou temor da destotalização?

A ideia segundo a qual o desenvolvimento do ciberespaço ameaça a civilização e os valores humanistas apoia-se em grande parte na confusão entre universalidade e totalidade. Ficamos desconfiados daquilo que se apresenta como universal porque, quase sempre, o universalismo foi difundido por impérios conquistadores, pretendentes ao domínio, fosse esse domínio temporal ou espiritual. Ora, o ciberespaço, ao menos até o momento, é mais acolhedor do que dominador. Não é um instrumento de difusão a partir de centros (como a imprensa, o rádio e a televisão), mas sim um dispositivo de comunicação interativa de coletivos humanos com eles mesmos e de colocação em contato de comunidades heterogêneas. Aqueles que veem no ciberespaço um perigo de "totalitarismo" estão basicamente cometendo um erro de diagnóstico.

É certo que alguns Estados e potências econômicas realizam violações de correspondência, roubo de dados, manipulações ou operações de desinformação no ciberespaço. Nada de radicalmente novo. Tudo isso era feito e ainda se faz por outros meios: por arrombamento físico, pelo correio, pelo telefone ou pelas mídias clássicas. Uma vez que as ferramentas de comunicação digital são mais potentes, permitem fazer o mal em maior escala. Mas é preciso notar também que há instrumentos de codificação e decodificação muito poderosos, que se encontram agora acessíveis a pessoas físicas,[2] e que permitem uma resposta parcial a essas ameaças. Por outro lado, repito que a televisão e a imprensa são instrumentos de manipulação e de desinformação muito mais eficazes do que a Internet, já que podem impor "uma" visão da realidade e proibir a resposta, a crítica e o confronto entre posições divergentes. Isso foi visto claramente durante a Guerra do

---

[2] Ver, no capítulo sobre os conflitos de interesse e a diversidade dos pontos de vista, a seção sobre o ponto de vista dos Estados. Ver também Jean Guisnel, *Guerres dans le cyberespace, op. cit.*

Golfo. Em contrapartida, a diversidade das fontes e a discussão aberta são inerentes ao funcionamento de um ciberespaço que é "incontrolável" por essência.

Mais uma vez, associar uma ameaça totalitária à cibercultura advém de uma profunda incompreensão a respeito de sua natureza e do processo que governa sua extensão. É verdade que o ciberespaço constrói um espaço universal, mas, como tentei mostrar, trata-se de um universal sem totalidade. Tocamos aqui no fundo do problema. O que amedronta de fato os críticos profissionais não seria exatamente a destotalização em andamento? A condenação dos novos meios de comunicação interativos e transversais não ecoa um bom e velho desejo de ordem e de autoridade? Não se demoniza o virtual para conservar inalterada uma realidade fortemente instituída, legitimada pelo melhor "bom senso" estatal e midiático?

Aqueles cujo papel consistia em gerenciar limites e territórios estão ameaçados por uma comunicação descompartimentalizadora, transversal, multipolar. Os guardiões do bom gosto, os avalistas da qualidade, os intermediários obrigatórios, os porta-vozes veem suas posições ameaçadas pelo estabelecimento de relações cada vez mais diretas entre produtores e usuários de informação.

Há textos circulando em grande escala no mundo inteiro pelo ciberespaço sem que nunca tenham passado pelas mãos de qualquer editor ou redator. Em breve, ocorrerá o mesmo com a música, os filmes, os hiperdocumentos, os jogos interativos ou os mundos virtuais.

Como é possível divulgar novas ideias e novas experiências sem passar pelos conselhos editoriais das revistas especializadas, todo o sistema de regulamentação da ciência já se encontra questionado.

A apropriação dos conhecimentos se libertará cada vez mais das restrições colocadas pelas instituições de ensino, já que as fontes vivas do saber estarão diretamente acessíveis e os indivíduos terão a possibilidade de integrar-se a comunidades virtuais consagradas à aprendizagem cooperativa.

Os médicos deverão enfrentar a concorrência de bancos de dados médicos, de fóruns de discussão, de grupos virtuais de ajuda mútua entre pacientes portadores de uma mesma doença.

Numerosas posições de poder e diversos "trabalhos" encontram-se ameaçados. Mas se souberem reinventar sua função para transformarem-se em animadores dos processos de inteligência coletiva, os indivíduos e os grupos que desempenhavam os papéis de intermediários podem passar a ter um papel na nova civilização, ainda mais importante do que o anterior. Em contrapartida, caso se enrijeçam sobre as antigas identidades, é quase certo que ficarão em uma situação difícil. O ciberespaço não muda em nada o fato de que há relações de poder e desigualdades econômicas entre os humanos. Mas, para pegar um exemplo facilmente compreensível, o poder e a riqueza não se distribuem nem se exercem da mesma maneira em uma sociedade de castas, com privilégios hereditários, economicamente bloqueada pelos monopólios corporativos e em uma sociedade cujos cidadãos têm os mesmos direitos, cujas leis favorecem a livre empresa e lutam contra os monopólios. Ao aumentar a transparência do mercado, ao facilitar as transações diretas entre fornecedores e consumidores, o ciberespaço certamente acompanha e favorece uma evolução "liberal" na economia da informação e do conhecimento e até mesmo, provavelmente, no funcionamento geral da economia.[3]

Devemos entender esse liberalismo no sentido mais nobre: a ausência de restrições legais arbitrárias, oportunidades abertas para os talentos, concorrência livre entre um grande número de pequenos produtores em um mercado o mais transparente possível? Ou será a máscara, o pretexto ideológico para o domínio de grandes grupos de comunicação que tornarão a vida mais difícil para os pequenos produtores e para a profusão da diversidade? As duas vias dessa alternativa não são mutuamente exclusivas. O futuro nos trará provavelmente uma mistura das duas, cuja proporção depende em última instância da força e da orientação do movimento social.

A crítica pensa estar fundamentada ao denunciar um "totalitarismo" ameaçador e ao anunciar-se como porta-voz de "excluídos" aos quais, por sinal, ela nunca pergunta a opinião. De fato, a pseudoelite crítica sente uma nostalgia por uma totalidade que ela dominava; mas esse sentimento indizível é negado, invertido e projetado sobre um outro aterrador: o homem da cibercultura. As lamentações sobre o declínio dos fechamentos semânticos e a dissolução das totalidades domináveis (vivenciadas como desagregação da cultura) escondem a defesa dos poderes. Tudo isso nos atrasa na invenção da nova civilização do universal por contato e em nada nos ajuda a orientá-la na direção

---

[3] De acordo com Bill Gates, o significado essencial do ciberespaço é o advento do "mercado final". Ver *A estrada para o futuro*, São Paulo, Companhia das Letras, 1995.

mais humana. Tentemos antes apreender a cibercultura de seu interior, a partir do movimento social multiforme que ela gera, de acordo com a originalidade de seus dispositivos de comunicação, demarcando as novas formas de laços sociais que ela sela no silêncio ricamente povoado do ciberespaço, longe do clamor monótono das mídias.

A crítica era progressista. Estaria tornando-se conservadora?

O ceticismo e o espírito de crítica sistemática desempenharam um papel progressista no século XVIII, em uma época de absolutismo político na qual a liberdade de expressão precisava ainda ser conquistada. Mas hoje o ceticismo e a crítica talvez tenham mudado de campo. Essas atitudes se tornam, com frequência cada vez maior, o álibi de um conservadorismo *blasé*, ou mesmo das posições mais reacionárias. À procura do espetacular e do sensacional, as mídias contemporâneas não param de apresentar os aspectos mais sombrios da atualidade, colocam constantemente os políticos na roda, fazem questão de denunciar os "perigos" ou os efeitos negativos da globalização econômica e do desenvolvimento tecnológico: jogam com o medo, um dos sentimentos mais fáceis de incitar. A partir daí, o papel dos pensadores provavelmente não é o de contribuir para disseminar o pânico, perfilando-se nos lugares comuns da grande imprensa e da televisão, mas sim o de analisar o mundo com novos olhos, propor uma compreensão mais profunda, novos horizontes mentais a contemporâneos imersos no discurso midiático. Os intelectuais e demais pensadores deveriam, então, abandonar toda e qualquer perspectiva crítica? De forma alguma. Mas é preciso compreender que a atitude crítica em si, simples reminiscência ou paródia da grande crítica dos séculos XVIII e XIX, não é mais uma garantia de abertura cognitiva nem de progresso humano. É preciso agora distinguir cuidadosamente entre, de um lado, a crítica reativa, midiática, convencional, conservadora, álibi dos poderes estabelecidos e da preguiça intelectual e, por outro lado, uma crítica atuante, imaginativa, voltada para o futuro, que acompanha o movimento social. Nem toda crítica pensa.

Ambivalência da potência

A aceleração contemporânea da corrida para o virtual e o universal não pode ser reduzida nem ao "impacto social das novas tecnologias" nem ao advento de uma dominação em particular, seja ela econômica, política ou social. Sentimos como essas proposições seriam estreitas, limitadas, talvez mesmo absurdas. Trata-se antes de um movimento do conjunto da civilização, de uma espécie de mutação antropológica na qual se conjugam, ao lado da extensão do ciberespaço, o crescimento demográfico, a urbanização, o aumento da densidade das redes de transporte (e o aumento correlacionado da circulação de pessoas), o desenvolvimento tecnocientífico, a elevação (desigual) do nível de educação da população, a onipresença midiática, a globalização da produção e das trocas, a integração financeira internacional, a ascensão de grandes conjuntos políticos transnacionais, sem esquecer a evolução das ideias tendendo a uma tomada de consciência global da humanidade e do planeta.

Nossa espécie faz crescer em paralelo sua estranheza em relação a si mesma e a sua potência. Ao complexificar e intensificar suas relações, ao encontrar novas formas de linguagem e de comunicação, ao multiplicar seus meios técnicos, ela se torna *ainda mais humana*. Essa invenção progressiva da essência do homem, em andamento neste momento, não promete de forma alguma, unilateralmente, um futuro radiante nem tampouco uma felicidade maior. As tendências universalizantes e virtualizantes são acompanhadas por um aumento das desigualdades entre os pobres e os favorecidos, entre as regiões centrais e as zonas deserdadas, entre os participantes do universal e seus excluídos. Elas interrompem ou marginalizam transmissões seculares, enfraquecem os estilos de vida locais que pertencem ao mais precioso patrimônio de nossa espécie, desestabilizam violentamente os imaginários que organizavam as subjetividades. Elas suscitam reações de reterritorialização, redobramentos sobre particularismos, crispações de identidade. Em certo sentido, a *guerra civil mundial*, que vai das revoltas dos guetos às insurreições fundamentalistas passando pela ascensão das máfias, exprime o dilaceramento de uma humanidade que só consegue encontrar-se à sua própria custa.

A passagem pelo virtual é, portanto, um desvio, um acúmulo tendo em vista atualizações mais numerosas e mais fortes. O temor de uma "desrealização do mundo" é infundado.

O universal aberto, sem totalidade, da cibercultura acolhe e valoriza as singularidades, oferece a muitos o acesso à expressão. Na ausência de uma guerra, o medo do controle, do totalitarismo ou da uniformidade escolheu mal um alvo que deveria ter sido procurado junto às mídias clássicas e às formas sociais autoritárias e hierárquicas. Mas as potencialidades positivas da cibercultura, ainda que conduzam a novas *potências* do humano, em nada garantem a paz ou a felicidade. Para que nos tornemos mais humanos é preciso suscitar a vigilância, pois o homem sozinho é inumano, na mesma medida de sua humanidade.

18.
RESPOSTAS A ALGUMAS PERGUNTAS FREQUENTES

Para terminar este livro, gostaria de contribuir para a elaboração de alguns dos principais problemas colocados a respeito do desenvolvimento da cibercultura, sem contudo ter a pretensão de "resolvê-los". De fato, se os processos socio-históricos são fundamentalmente abertos, indeterminados, se não param de se repensar e reinventar constantemente, nenhuma solução verbal, nenhuma resposta teórica jamais poderá resolvê-los. As respostas, sempre provisórias, pertencem ao processo sociotécnico em seu conjunto, ou seja, a cada um de nós, de acordo com a escala e a orientação de suas possibilidades de ação, sem que ninguém tenha uma capacidade de domínio global ou definitivo. Escolhi quatro "perguntas sem respostas" que interrogam o conteúdo e o significado da cibercultura. A primeira, "A cibercultura produz exclusões?", é, evidentemente, uma pergunta central em uma sociedade mundial na qual a exclusão (ou seja, a forma contemporânea da opressão, da injustiça social e da miséria) é uma das principais doenças. A segunda, "A diversidade das línguas e das culturas encontra-se ameaçada?", discute o diagnóstico desse estudo a respeito da *ausência de totalização* própria da cibercultura. Em contrapartida, a terceira pergunta, "A cibercultura não seria sinônimo de caos e confusão?", toma como dado a ausência de totalização, mas questiona seu eventual conteúdo negativo. A quarta pergunta, "A cibercultura está rompendo os valores da modernidade europeia?", permitir-me-á mostrar, uma última vez, como a cibercultura prolonga e realiza os ideais da filosofia das luzes e da grande corrente europeia visando a emancipação do homem. Irei sugerir, contudo, para além das continuidades, que ela incita um renovamento radical do pensamento político e social e que provoca uma metamorfose da própria noção de cultura.

Respostas a algumas perguntas frequentes 243

A cibercultura seria fonte de exclusão?

Estima-se frequentemente que o desenvolvimento da cibercultura poderia ser um fator suplementar de desigualdade e de exclusão, tanto entre as classes de uma sociedade como entre nações de países ricos e pobres. Esse risco é real. O acesso ao ciberespaço exige infraestruturas de comunicação e de cálculo (computadores) de custo alto para as regiões em desenvolvimento. Além disso, a apropriação das competências necessárias para a montagem e manutenção de centros servidores representa um investimento considerável. Vamos supor, contudo, que os pontos de entrada na rede, bem como os equipamentos indispensáveis para a consulta, a produção e o armazenamento da informação digital estejam disponíveis. É preciso ainda superar os obstáculos "humanos". Em primeiro lugar há os freios institucionais, políticos e culturais para formas de comunicação comunitárias, transversais e interativas. Há, em seguida, os sentimentos de incompetência e de desqualificação frente às novas tecnologias.

Para essa pergunta sobre a exclusão, há três tipos de respostas possíveis, que evidentemente não resolvem o problema em definitivo, mas permitem relativizá-lo e colocá-lo em perspectiva.

Primeira resposta: é preciso observar a tendência de conexão e não seus números absolutos.

Em 1996, havia 1.500 pessoas conectadas à Internet no Vietnã. Isso parece muito pouco em relação à população desse país. Mas decerto esse número será dez vezes maior no ano 2000. Em geral, a taxa de crescimento das conexões com o ciberespaço demonstra uma velocidade de apropriação social superior à de todos os sistemas anteriores de comunicação. O correio já existia havia séculos antes que a maioria das pessoas pudesse receber e enviar cartas regularmente. O telefone, inventado no final do século XIX, ainda hoje é usado apenas por pouco mais que 20% dos seres humanos.

O número de pessoas que participam da cibercultura aumenta em ritmo *exponencial* desde o fim dos anos 80, sobretudo entre os jovens. Há regiões e mesmo países inteiros planejando sua entrada na cibercultura, em particular os mais dinâmicos (refiro-me, por exemplo, à Ásia e à região do Pacífico). Os excluídos serão portanto, numericamente, cada vez menos.

Segunda resposta: será cada vez mais fácil e barato conectar-se.
Ainda que muito disseminados, os sentimentos de incompetência são cada vez menos justificados. A instalação e manutenção das infraestruturas do ciberespaço requerem, de fato, habilidades bem desenvolvidas. Em contrapartida, uma vez adquirido o uso da leitura e da escrita, o *uso* do ciberespaço pelos indivíduos e organizações requer poucos conhecimentos técnicos. Os procedimentos de acesso e de navegação são cada vez mais amigáveis, especialmente após o desenvolvimento da World Wide Web no início dos anos 90.
Além disso, o equipamento e os programas necessários para a conexão irão tornar-se cada vez mais baratos. Para fazer baixar as tarifas de assinaturas e das telecomunicações, os governos podem agir no sentido de encorajar a concorrência entre fornecedores de acesso e entre operadores de telecomunicações. O ponto principal aqui é, sem dúvida, *o custo da comunicação local.* Na América do Norte, está incluído na assinatura padrão. Paga-se, portanto, o mesmo preço para conectar-se durante cinco minutos ou cinco horas. Em contrapartida, *as tarifas europeias cobram a comunicação local por hora,* o que desencoraja a conexão à Internet,[1] aos BBSs ou a qualquer outra forma de comunicação interativa em rede.

Terceira resposta: qualquer avanço nos sistemas de comunicação acarreta necessariamente alguma exclusão.
Cada novo sistema de comunicação fabrica seus excluídos. Não havia iletrados antes da invenção da escrita. A impressão e a televisão introduziram a divisão entre aqueles que publicam ou estão na mídia e os outros. Como já observei, estima-se que apenas pouco mais de 20% dos seres humanos possui um telefone. Nenhum desses fatos constitui um argumento sério contra a escrita, a impressão, a televisão ou o telefone. O fato de que haja analfabetos ou pessoas sem telefone não nos leva a condenar a escrita ou as telecomunicações — pelo contrário, somos estimulados a desenvolver a educação primária e a estender as redes telefônicas. Deveria ocorrer o mesmo com o ciberespaço.

---

[1] A conexão à Internet na França é paga geralmente por uma assinatura, independentemente do número de horas de conexão. Mas a conexão *local* entre o telefone do usuário e o fornecedor de acesso à Internet (o *provedor*) é cobrada por um operador de telecomunicações tradicional.

De forma mais ampla, cada universal produz seus excluídos. O universal, mesmo se ele "totaliza" em suas formas clássicas, *jamais engloba o todo*. Uma religião universal possui seus descrentes ou hereges. A ciência tende a desqualificar as outras formas de saber, aquilo que ela chama de irracional. Os direitos do homem têm suas infrações e suas zonas de não direito. As formas antigas do universal excluem por separação aqueles que participam da verdade, do sentido ou de uma forma qualquer do império e aqueles que se encontram relegados às sombras: bárbaros, infiéis, ignorantes etc. O universal sem totalidade não foge à regra da exclusão. Apenas não se trata mais de adesão ao sentido, mas sim de conexão. O excluído está desconectado. Não participa da densidade relacional e cognitiva das comunidades virtuais e da inteligência coletiva.

A cibercultura reúne de forma caótica todas as heresias. Mistura os cidadãos com os bárbaros, os pretensos ignorantes e os sábios. Contrariamente às separações do universal clássico, suas fronteiras são imprecisas, móveis e provisórias. Mas a desqualificação dos excluídos não deixa por isso de ser terrível.

Tenhamos em mente, contudo, que os antigos universais produziam excluídos por *construção*. A religião universal ou a ciência pressupõem necessariamente erros anteriores ou paralelos. Em contrapartida, o movimento próprio do universal por contato é inclusivo: aproxima-se assintoticamente da interconexão geral.

O que fazer? É certo que é preciso favorecer de todas as formas adequadas a facilidade e a redução dos custos de conexão. Mas o problema do "acesso para todos" não pode ser reduzido às dimensões tecnológicas e financeiras geralmente apresentadas. Não basta estar na frente de uma tela, munido de todas as interfaces amigáveis que se possa pensar, para superar uma situação de inferioridade. É preciso antes de mais nada estar em condições de participar ativamente dos processos de inteligência coletiva que representam o principal interesse do ciberespaço. Os novos instrumentos deveriam servir prioritariamente para valorizar a cultura, as competências, os recursos e os projetos locais, para ajudar as pessoas a participar de coletivos de ajuda mútua, de grupos de aprendizagem cooperativa etc. Em outras palavras, na perspectiva da cibercultura assim como nas abordagens mais clássicas, as políticas voluntaristas de luta contra as desigualdades e a exclusão devem visar o *ganho em autonomia* das pessoas ou grupos envolvidos. Devem, em contrapartida, evitar o surgimento de novas dependências provocadas pelo consumo de informações ou de serviços de comunicação concebidos e produzidos em uma óptica puramente comercial ou imperial e que têm como efeito, muitas vezes, desqualificar os saberes e as competências tradicionais dos grupos sociais e das regiões desfavorecidas.

A DIVERSIDADE DAS LÍNGUAS E DAS CULTURAS ENCONTRA-SE AMEAÇADA PELO CIBERESPAÇO?

O inglês é hoje, na prática, a língua-padrão da rede. Além disso, as instituições e empresas americanas constituem a maioria dos produtores de informações na Internet. O medo de um domínio cultural dos Estados Unidos não é, portanto, sem fundamentos. Contudo, a ameaça de uniformização não é tão grave quanto poderia parecer à primeira vista. De fato, a estrutura técnica e econômica da comunicação no ciberespaço é muito diferente da que existe em relação ao cinema ou à televisão. Em particular, a produção e a difusão de informações são muito mais facilmente acessíveis para indivíduos ou grupos que disponham de meios restritos. Não se pode colocar de forma válida a questão da diversidade cultural a não ser a partir de uma análise da estrutura específica dos dispositivos de comunicação da cibercultura.

Um dos principais significados da emergência do ciberespaço é o desenvolvimento de uma alternativa às mídias de massa. Chamo de mídias de massa os dispositivos de comunicação que difundem uma informação organizada e programada a partir de um centro, em direção a um grande número de receptores anônimos, passivos e isolados uns dos outros. Imprensa, cinema, rádio e televisão clássicos são os representantes típicos dessas mídias. Ora, o ciberespaço não apresenta centros difusores em direção a receptores, mas sim espaços comuns que cada um pode ocupar e onde pode investigar o que lhe interessar, espécies de mercados da informação onde as pessoas se encontram e nos quais *a iniciativa pertence ao demandante*. Os lugares que mais facilmente poderiam fazer o papel de "centros" no ciberespaço são os servidores de informações ou de serviços. Ora, um servidor se parece mais com uma loja, um lugar onde a melhor resposta à procura é uma oferta variada, do que com um lugar de difusão unilateral.

Certamente seria técnica e politicamente possível reproduzir no ciberespaço o dispositivo de comunicação das mídias de massa. Porém, parece-me mais importante registrar as novas potencialidades abertas pela interconexão geral e pela digitalização da informação. Irei resumi-las abaixo em quatro pontos:

O fim dos monopólios da expressão pública.
Qualquer grupo ou indivíduo pode ter, a partir de agora, os meios técnicos para dirigir-se, a baixo custo, a um imenso público internacional. Qualquer um (grupo ou indivíduo) pode colocar em circulação obras ficcionais, produzir reportagens, propor suas sínteses e sua seleção de notícias sobre determinado assunto.

A crescente variedade dos modos de expressão.
Os modos de expressão disponíveis para comunicar-se no ciberespaço já são bastante variados e o serão ainda mais no futuro. Desde simples hipertextos até hiperdocumentos multimodais ou filmes em vídeo digital, passando pelos modelos para simulação gráfica interativa e as performances em mundos virtuais... Novas formas de escrever imagens, novas retóricas da interatividade são inventadas.

A disponibilidade progressiva de instrumentos de filtragem e de navegação no dilúvio informacional.
Instrumentos automáticos ou semiautomáticos de filtragem, de navegação e de orientação no conteúdo das redes e das memórias permitirão que cada um obtenha rapidamente a informação que lhe seja mais pertinente. O que não implica, necessariamente, o surgimento de antolhos eletrônicos, já que "mais pertinente" pode ser, se eu quiser, algo que me afaste de meus temas habituais. Essa novas capacidades de filtragem fina e pesquisa automática em grandes massas de informações tornarão provavelmente cada vez menos úteis os "resumos" destinados ao menor denominador comum das massas anônimas. Deslocarão o "centro de gravidade informacional" para o indivíduo ou o grupo em busca de informações.

O desenvolvimento das comunidades virtuais e dos contatos interpessoais a distância por afinidade.
As pessoas que povoam e nutrem o ciberespaço constituem sua principal riqueza. O acesso à informação importa sem dúvida menos

do que a comunicação com os especialistas, os atores, os testemunhos diretos das pessoas que nos interessam. Ora, o ciberespaço permite, cada dia mais facilmente, encontrar pessoas a partir de seus endereços no espaço das competências e dos temas de interesse. Por outro lado, a imersão em comunidades abertas de pesquisa, de prática e de debate imuniza de forma mais segura que qualquer outro antídoto contra o dogmatismo e a manipulação unilateral da informação. Ora, o ciberespaço favorece justamente a integração em "comunidades virtuais" independentemente das barreiras físicas e geográficas.

A diversidade cultural no ciberespaço será diretamente proporcional ao envolvimento ativo e à qualidade das contribuições dos diversos representantes culturais. É verdade que algumas infraestruturas materiais (redes de telecomunicação, computadores) e algumas poucas competências são necessárias. Ainda assim, *o principal fato a ser lembrado é que os freios políticos, econômicos ou tecnológicos à expressão mundial da diversidade cultural jamais foram tão fracos quanto no ciberespaço.* O que não significa que essas barreiras sejam inexistentes, mas que são muito menos fortes do que nos outros dispositivos de comunicação.

A menor experiência de navegação na World Wide Web mostra uma irrefreável expansão de informações e de formas de expressão provenientes de todas as regiões do mundo (mesmo que muitas provenham da América do Norte) e dos mais variados horizontes intelectuais. Não apenas as lamentações sobre a uniformização não correspondem à realidade, que pode ser constatada por qualquer um sem dificuldade, mas, sobretudo, *não há ninguém a quem reclamar.* O ciberespaço contém, de fato, aquilo que as pessoas nele colocam. A manutenção da diversidade cultural depende principalmente da capacidade de iniciativa de cada um de nós, e talvez do suporte que os poderes públicos, as fundações, as organizações internacionais ou as ONGs possam conceder aos projetos com características artísticas ou culturais.

Voltemos agora à questão particular da língua. O fato de o inglês ser a língua corrente na rede (como aliás na comunidade científica, no mundo dos negócios, no turismo etc.) é inegavelmente uma desvantagem para os que não sejam falantes nativos dessa língua. Observemos, contudo, que a existência de uma língua corrente é em si um trunfo para a comunicação internacional. Parece difícil funcionar de outra forma. Mas por que o inglês? Independentemente da preponderância econômica, militar e cultural americana, somos forçados a constatar que o inglês (falado na Inglaterra, nos Estados Unidos, no Canadá, na Austrália e na África do Sul) é hoje a língua *majoritária entre os internautas*. Em ordem de importância demográfica, o inglês é a terceira língua no mundo depois do chinês e do hindi, mas a taxa de conexão na China e na Índia é ainda muito fraca. (Observemos, de passagem, que depois do inglês vêm o espanhol, o russo e o árabe.) Mas que o inglês seja majoritário na rede não significa, evidentemente, que seja a única língua nela presente. Já hoje encontramos na Internet informações em *centenas* de línguas diferentes. Há grandes quantidades de textos disponíveis, entre outros, em francês, espanhol, português, alemão, italiano etc. Há também comunidades virtuais criadas por afinidades linguísticas que recortam e complicam as afinidades temáticas.

Os freios à manutenção e à extensão da diversidade linguística são essencialmente técnicos. Em vista das normas em vigor, as escritas acentuadas que usam o alfabeto romano (como o francês e o espanhol) encontram-se ligeiramente desfavorecidas em relação àquelas que não tem acentos (como o inglês). Ainda mais desfavorecidos estão os alfabetos não romanos (como o cirílico, o grego, o árabe, o hebraico e o coreano). Os mais prejudicados pelas normas técnicas são, por último, as escritas não alfabéticas, que usam caracteres ideográficos, como as dos chineses ou dos japoneses. Esses freios, reais, *não são de forma alguma impossibilidades*. Além disso, os progressos das pesquisas (sobretudo aqueles que dizem respeito às escritas não alfabéticas) e a próxima evolução das normas tornarão, em alguns anos, a comunicação escrita em russo ou em chinês no ciberespaço tão fácil e "transparente" quanto em inglês.

Com exceção das dificuldades técnicas menores que acabo de expor, *não há nenhum obstáculo à diversidade linguística na Internet, a não ser a falta de iniciativa ou ausência de atividade na rede dos locutores de uma ou outra língua minoritária*.

Para exercitar tanto uma humildade sana como o respeito ao próximo, a melhor atitude me parece ser a de considerar *todas as línguas como línguas minoritárias*, sobretudo sua própria língua. Mesmo o inglês é minoritário no mundo em relação ao chinês ou minoritário entre os leitores francófonos. Ainda que sua língua já tenha sido uma língua imperial, os francófonos devem habituar-se a pensar no francês como uma língua minoritária. Os falares regionais, os diale-

tos, os "patoás", os idiomas oprimidos ou em vias de extinção também são línguas minoritárias que devem ser defendidas e protegidas, tanto na rede como fora dela. Notemos, enfim, que a vitalidade da expressão no ciberespaço não é "anglo-saxônica", mas americana. Os nativos do Quebec, por exemplo, são americanos francófonos. Ora, precisamente, "ainda que os canadenses francófonos representem apenas 5% da população francófona [do mundo], 30% de todas as páginas publicadas em francês na rede provêm do Quebec".[2]
O que fazer? O simples bom senso recomenda nunca publicar na Internet exclusivamente em inglês quando essa não for a língua original dos contribuidores, e *sempre colocar a versão original* dos textos ou discursos e até mesmo, eventualmente, traduções em outras línguas que não o inglês. Simetricamente, *quando se visa um público internacional*, é preferível fornecer como opção uma versão em inglês ao lado da versão original, para assegurar uma difusão maior.

A CIBERCULTURA NÃO É SINÔNIMO
DE CAOS E DE CONFUSÃO?

Já que todos podem alimentar a rede sem qualquer intermediário ou censura, já que nenhum governo, nenhuma instituição, nem qualquer autoridade moral garante o valor dos dados disponíveis, como podemos confiar nas informações encontradas no ciberespaço? Como nenhuma seleção ou hierarquia oficial permite que nos encontremos no dilúvio informacional do ciberespaço, não estamos simplesmente frente a uma dissolução cultural em vez de um progresso, dissolução que só pode servir, em última instância, àquelas que *já* têm referências, ou seja, às pessoas privilegiadas por sua educação, seu meio, suas redes intelectuais privadas?
Esses questionamentos parecem legítimos à primeira vista. No entanto, baseiam-se em falsas premissas.
É certo que nenhuma autoridade *central* garante o valor das informações disponíveis no *conjunto* da rede. Ainda assim, os sites são produzidos e mantidos por pessoas e instituições que assinam suas contribuições e defendem sua validade frente à comunidade dos inter-

[2] Bruno Oudet, "Le multilinguisme", *Pour la Science*, nº 235, maio de 1997, p. 55.

nautas. Para dar um exemplo claro, o conteúdo de um site universitário é garantido pela universidade que o hospeda. Assim como as revistas impressas, há um conselho editorial responsável pelas revistas ou jornais on-line. As informações provenientes de uma empresa são garantidas pela mesma, que coloca em jogo sua reputação na Web tanto quanto (ou mais que) por meio de outras formas de comunicação. As informações governamentais são obviamente controladas pelos governos etc.

As comunidades virtuais, fóruns eletrônicos ou newsgroups são frequentemente *moderados* por responsáveis que filtram as contribuições de acordo com sua qualidade ou pertinência.

Não é raro que os *operadores de sistema* que administram os servidores sejam empregados por organismos públicos (universidades, museus, ministérios) ou por instituições que estejam interessadas em manter sua reputação (grandes empresas, associações etc.). Esses operadores de sistemas, que dispõem de um grande poder "regional" no ciberespaço, podem eliminar dos servidores sob sua responsabilidade informações ou grupos de discussão contrários à ética da rede (a famosa *netiqueta*): calúnias, proxenetismo, disseminação sistemática de informações impertinentes etc. O que explica, por sinal, que haja *tão poucas* informações ou práticas desse tipo na rede.

Além disso, há uma espécie de *opinião pública* em funcionamento na Internet. Os melhores sites são frequentemente citados ou mostrados em exemplos nas revistas, catálogos ou índices (on-line ou impressos). Diversos links hipertextuais levam a esses "bons" serviços. Em contrapartida, há menos links dirigindo os internautas para sites cujo valor informacional é baixo ou está em declínio.

O funcionamento da rede depende essencialmente, portanto, da responsabilidade dos fornecedores e usuários de informação em um espaço público. Recusa um controle *hierárquico* — e portanto opaco —, *global* e *a priori*, o que seria uma definição possível para o sistema da censura ou de um controle totalitário da informação e da comunicação.

Não se pode ter ao mesmo tempo a liberdade de informação e a seleção *a priori* das informações por uma instância que supostamente sabe o que é bom e verdadeiro para todos, seja essa instância jornalística, científica, política ou religiosa.

Mas e o caos, a confusão, o caráter diluviano da informação e da comunicação no ciberespaço? Não colocam em desvantagem aqueles que se encontram desprovidos de fortes referências pessoais ou sociais? De fato, a profusão do fluxo informacional, sua ausência de ordem global *a priori* não impedem que as pessoas ou coletivos nele se orientem e organizem por sua própria conta hierarquias, seleções, uma estrutura. Definitivamente desapareceram as seleções, as hierarquias ou as estruturas de conhecimentos *pretensamente válidos para todos a qualquer momento, a saber o universal totalizante*. Como já indiquei, para a organização de uma ordem local e provisória na desordem global, há "mecanismos de busca", índices on-line e instrumentos de navegação cada vez mais aperfeiçoados a serviço do internauta. Além disso, o ciberespaço não deve ser pensado como estando povoado por indivíduos isolados e perdidos entre massas de informações. A rede é antes de tudo um instrumento de comunicação entre indivíduos, um lugar virtual no qual *as comunidades ajudam seus membros a aprender o que querem saber*. Os dados representam apenas a matéria-prima de um processo intelectual e social vivo e altamente elaborado. Finalmente, *toda inteligência coletiva no mundo jamais irá prescindir da inteligência pessoal*, do esforço individual e do tempo necessário para aprender, pesquisar, avaliar, integrar-se às diversas comunidades, mesmo que virtuais. A rede jamais pensará em seu lugar, e é melhor assim.

A CIBERCULTURA ENCONTRA-SE EM RUPTURA
COM OS VALORES FUNDADORES DA MODERNIDADE EUROPEIA?

Em contraste com a ideia pós-moderna do declínio das ideias das luzes, defendo que a cibercultura pode ser considerada como herdeira legítima (ainda que longínqua) do projeto progressista dos filósofos do século XVIII. De fato, ela valoriza a participação em comunidades de debate e de argumentação. Na linha direta das morais igualitárias, encoraja uma forma de reciprocidade essencial nas relações humanas. Desenvolveu-se a partir de uma prática assídua das trocas de informações e de conhecimentos, que os filósofos das luzes consideravam como sendo o principal motor do progresso. E, portanto, se algum dia fomos modernos,[3] a cibercultura não seria pós-moderna,

[3] Ver o livro de Bruno Latour, *Jamais fomos modernos*, Rio de Janeiro, Editora 34, 1994.

estaria antes dando continuidade aos ideais revolucionários e republicanos de liberdade, igualdade, fraternidade. Apenas, na cibercultura, esses "valores" encontram-se encarnados em dispositivos técnicos concretos. Na era das mídias eletrônicas, a *igualdade* é realizada enquanto possibilidade para que cada um emita para todos; a *liberdade* é objetivada por meio de programas de codificação e do acesso transfronteiriço a diversas comunidades virtuais; a *fraternidade*, enfim, transparece na interconexão mundial.

Assim, longe de ser decididamente pós-moderno, o ciberespaço pode surgir como uma espécie de *materialização técnica dos ideais modernos*. Em particular, a evolução contemporânea da informática constitui uma impressionante realização do objetivo marxista de apropriação dos meios de produção pelos próprios produtores. Hoje, a "produção" consiste essencialmente em simular, em tratar a informação, em criar e difundir mensagens, em adquirir e transmitir conhecimentos, em se coordenar em tempo real. A partir daí, os computadores pessoais e as redes digitais efetivamente colocam de volta nas mãos dos indivíduos as principais ferramentas da atividade econômica. Mais ainda, se o espetáculo (o sistema midiático), de acordo com os situacionistas, é o cúmulo da dominação capitalista,[4] então o ciberespaço faz uma verdadeira revolução, já que permite — ou permitirá em breve — a qualquer pessoa dispensar a figura do editor, do produtor, do difusor, dos intermediários de forma geral para disseminar seus textos, sua música, seu mundo virtual ou qualquer outro produto de seu espírito. Em contraste com a impossibilidade de responder e o isolamento dos consumidores de televisão, o ciberespaço oferece as condições para uma comunicação direta, interativa e coletiva.

A realização quase técnica dos ideais da modernidade torna imediatamente evidente seu caráter, não derrisório, mas parcial, insuficiente. Pois está claro que nem a informática pessoal nem o ciberespaço, por mais generalizados que sejam entre os humanos, são capazes de resolver, apenas pelo fato de existirem, os principais problemas da vida em sociedade. É certo que eles realizam na prática novas formas de universalidade, de fraternidade, de estar juntos, de reapropriação pela base dos instrumentos de produção e de comunicação. Mas, no mesmo movimento, desestabilizam em grande velocidade, e mui-

---

[4] Ver Guy Debord, *La Société du spectacle*, Paris, Buchet-Chastel, 1967.

tas vezes de maneira violenta, as economias e sociedades. Ao mesmo tempo em que arruínam os antigos poderes, participam da criação de novos, menos visíveis e mais instáveis, mas não menos virulentos.

A cibercultura surge como a solução parcial para os problemas da época anterior, mas constitui em si mesma um imenso campo de problemas e de conflitos para os quais nenhuma perspectiva de solução global já pode ser traçada claramente. As relações com o saber, o trabalho, o emprego, a moeda, a democracia e o Estado devem ser reinventadas, para citar apenas algumas das formas sociais mais brutalmente atingidas.

Em certo sentido, a cibercultura continua a grande tradição da cultura europeia. Em outro, transmuta o conceito de cultura. É disso que vou tratar na conclusão deste livro.

Conclusão
A CIBERCULTURA OU A TRADIÇÃO SIMULTÂNEA

Longe de ser uma subcultura dos fanáticos pela rede, a cibercultura expressa uma mutação fundamental da própria essência da cultura. De acordo com a tese que desenvolvi neste estudo, a chave da cultura do futuro é o conceito de universal sem totalidade. Nessa proposição, "o universal" significa *a presença virtual da humanidade para si mesma*. O universal abriga o aqui e agora da espécie, seu ponto de encontro, um aqui e agora paradoxal, sem lugar nem tempo claramente definíveis. Por exemplo, uma religião universal supostamente dirige-se a todos os homens e os reúne virtualmente em sua revelação, sua escatologia, seus valores. Da mesma forma, a ciência supostamente exprime o (e vale pelo) progresso intelectual do conjunto dos seres humanos, sem exclusões. Os sábios são os delegados da espécie, e os triunfos do conhecimento exato são os da humanidade em seu conjunto. Da mesma forma, o horizonte de um ciberespaço que temos como universalista é o de interconectar todos os bípedes falantes e fazê-los participar da inteligência coletiva da espécie no seio de um meio ubiquitário. De forma completamente diferente, a ciência, as religiões universais abrem lugares virtuais onde a humanidade encontra-se consigo mesma. Ainda que preencha uma função analógica, o ciberespaço reúne as pessoas de forma muito menos "virtual" do que a ciência ou as grandes religiões. A atividade científica implica cada indivíduo e dirige-se a todos por intermédio de um sujeito transcendental do conhecimento, do qual participa cada um dos membros da espécie. A religião reúne pela transcendência. Em contrapartida, para sua operação de colocação em presença do humano frente a si mesmo, o ciberespaço emprega uma tecnologia real, imanente, palpável.

O que é, então, a *totalidade*? Trata-se, em minhas palavras, da *unidade estabilizada do sentido de uma diversidade*. Que essa unidade ou essa identidade sejam orgânicas, dialéticas ou complexas e não simples ou mecânicas não altera nada: continua sendo uma totalidade, ou seja, um fechamento semântico abrangente.

Ora, *a cibercultura inventa uma outra forma de fazer advir a presença virtual do humano frente a si mesmo que não pela imposição da unidade de sentido*. Essa é a principal tese aqui defendida.

Em relação às categorias que acabo de expor, podemos distinguir três grandes etapas da história:

— a das pequenas sociedades fechadas, de cultura oral, que vivem uma totalidade sem universal;

— a das sociedades "civilizadas", imperialistas, usuárias da escrita, que fizeram surgir um universal totalizante;

— por último, a da cibercultura, correspondendo à globalização concreta das sociedades, que inventa um universal sem totalidade.

Sublinhemos que a segunda e a terceira etapas não eliminam a anterior: relativizam-na, acrescentando-lhe dimensões suplementares.

Em um primeiro tempo, a humanidade é composta por uma multiplicidade de totalidades culturais dinâmicas ou de tradições, mentalmente fechadas em si mesmas, o que evidentemente não impede nem os encontros nem as influências. Os homens por excelência são os membros da tribo. Raras são as proposições das culturas arcaicas que supostamente abrangem todos os homens, sem exceção. Nem as leis (não há "direitos humanos"), nem os deuses (não há religiões universais), nem os conhecimentos (não há processos de experimentação ou de raciocínio reproduzíveis em todos os lugares), nem as técnicas (não há redes nem padrões mundiais) são universais.

É verdade que, no plano das obras, como vimos, os autores eram raros. Mas o fechamento do sentido era garantido por uma transcendência, pelo exemplo e pela decisão dos ancestrais, por uma tradição. É verdade que não havia gravação. Mas a transmissão cíclica de geração em geração garantia a perenidade no tempo. As capacidades da memória humana limitavam, contudo, o tamanho do tesouro cultural às lembranças e saberes de um grupo de velhos. Totalidades vivas, mas totalidades, sem universal.

Em um segundo momento, "civilizado", as condições de comunicação instauradas pela escrita levam à descoberta prática da universalidade. O escrito, depois o impresso, trazem uma possibilidade de extensão indefinida da memória social. A abertura universalista é efetuada ao mesmo tempo no tempo e no espaço. O universal totalizante traduz a inflação dos signos e a fixação do sentido, a conquista dos territórios e a submissão dos homens. O primeiro universal é imperial, estático. Impõe-se por sobre a diversidade das culturas. Tende a cavar uma camada do ser idêntica em toda parte e sempre, supostamente independente de nós (o universo construído pela ciência) ou vinculado a determinada definição abstrata (os direitos humanos). Sim, nossa espécie existe a partir de agora enquanto tal. Encontra-se e comunga no centro de estranhos espaços virtuais: a revelação, o fim dos tempos, a razão, a ciência, o direito... Do Estado às religiões do livro, das religiões às redes da tecnociência, a universalidade se afirma e toma corpo, mas quase sempre através da totalização, da extensão e manutenção de um sentido único.

Ora, a cibercultura, terceira etapa da evolução, mantém a universalidade ao mesmo tempo em que dissolve a totalidade. Corresponde ao momento em que nossa espécie, pela globalização econômica, pelo adensamento das redes de comunicação e de transporte, tende a formar uma única comunidade mundial, ainda que essa comunidade seja — e quanto! — desigual e conflitante. Única em seu gênero no reino animal, a humanidade reúne toda sua espécie em uma única sociedade. Mas, ao mesmo tempo, e paradoxalmente, a unidade do sentido se quebra, talvez porque ela comece a se realizar na prática, pelo contato e a interação efetivos. Conectadas ao universo, as comunidades virtuais constroem e dissolvem constantemente suas micrototalidades dinâmicas, emergentes, imersas, derivando entre as correntes turbilhonantes do novo dilúvio.

As traduções desenvolviam-se na diacronia da história. Os intérpretes, operadores do tempo, transmissores das linhagens da evolução, pontos entre o futuro e o passado, reatualizavam a memória, transmitiam e inventavam no mesmo movimento as ideias e as formas. As grandes tradições intelectuais ou religiosas construíram pacientemente bibliotecas hipertextuais às quais cada geração acrescentava seus nós e seus links. Inteligências coletivas sedimentadas, a Igreja ou a universidade costuravam os séculos uns aos outros. O Talmude faz com que se multipliquem os comentários de comentários nos quais as sagas passadas dialogam com outras ainda mais antigas.

Longe de deslocar o motivo da "tradição", a cibercultura o inclina em um ângulo de 45 graus para dispô-lo na sincronia ideal do ciberespaço. A cibercultura encarna a forma horizontal, simultânea, puramente espacial, da transmissão. Só encadeia no tempo por acréscimo. Sua principal operação é a de conectar no espaço, de construir e de estender os rizomas do sentido.

Eis o ciberespaço, a pululação de suas comunidades, a ramificação entrelaçada de suas obras, como se toda a memória dos homens se desdobrasse no instante: um imenso ato de inteligência coletiva sincrônica, convergindo para o presente, clarão silencioso, divergente, explodindo como uma ramificação de neurônios.

GLOSSÁRIO

Carlos Irineu da Costa

1. ARPANET — Uma rede de computadores de médio e grande porte, criada e desenvolvida na década de 60 pela ARPA — Advanced Research Projects Agency —, agência do Departamento de Defesa dos Estados Unidos. O objetivo da ARPA era criar um sistema capaz de ligar computadores geograficamente distantes entre si através de um conjunto de protocolos (programas) recentemente desenvolvido, chamado TCP/IP. A tecnologia desenvolvida para a Arpanet foi colocada à disposição das universidades e centros de pesquisa e formou o embrião da Internet.

2. ASSEMBLERS — Um programa de computador (especificamente, um compilador) que converte programas escritos em "assembly language" para a linguagem de máquina. Assembler é considerada uma linguagem de "baixo nível", pois um código em assembler é o nível mais "baixo" (ou seja, mais próximo da linguagem executável pelos microprocessadores) que os humanos podem compreender. Outras linguagens, como Pascal, Basic ou C são ditas de "alto nível" pois estão mais distantes da máquina e mais próximas da compreensão humana.

3. ATM — O uso mais comum atualmente é para Automated Teller Machine, as máquinas de transações eletrônicas comumente usadas nos bancos. Em telecomunicações e quando relacionado à tecnologia de redes, o termo significa também Asynchronous Transfer Mode, um protocolo para transferência de dados em redes digitais.

4. BBS — Bulletin Board System. Não tem tradução em português mas, ao pé da letra, seria "sistema de quadros de mensagem". São sistemas onde um computador central, equipado com diversos modems, serve como base para troca de informações entre os usuários que acessarem o BBS a partir de seus computadores pessoais, usando modems e linhas telefônicas. Mal comparando, um BBS seria um híbrido dos atuais sistemas de correio eletrônico e *newsletters*, com algumas funcionalidades adicionais.

5. BIT — Acrônimo de Binary digIT. Corresponde ao 0 ou 1 do sistema binário. Na informática, um bit é a menor unidade de informação que pode ser tratada e armazenada pelo computador. Isoladamente, um bit não têm sentido, sendo sempre tratado em unidades maiores, como o byte.

6. BYTE (Kb, Gb...) — Um byte corresponde a oito bits. De forma simplificada, um byte é equivalente a um caractere — uma letra, um numeral, um espaço, um sinal de pontuação etc. Por ser composto de oito bits, em decorrência da aritmética binária, um byte possui 256 valores possíveis. Os computadores são capazes de agrupar vários bytes, quando necessário, tratando-os como um único bloco de informação para representar números superiores. Por questões de comodidade, foram criadas unidades maiores como o kilobyte (1.024 bytes, abreviado como Kb), o megabyte (1.024 kilobytes, ou 1.048.576 bytes; abreviado como Mb) e o gigabyte (1.000 megabytes).

7. CD-I — Compact Disc Interactive. Padrão de discos óticos que combina áudio, vídeo e textos em CDs especiais. É um formato proprietário de CD-ROM para o qual apenas a Philips e alguns poucos fabricantes oferecem suporte. Encontra-se atualmente em desuso.

8. CD-ROM — Compact Disc Read Only Memory. Literalmente, "memória somente para leitura em CD". Um compact disc usado para armazenar e reproduzir programas e dados de computador em vez de áudio digital. Capazes de armazenar até 650 Mb, os CDs usam a tecnologia do laser para armazenar uma grande quantidade de informações em uma mídia barata, resistente e duradoura.

9. CERN — Laboratório Europeu para Física de Partículas, o maior centro mundial de física de partículas. Para obter maiores informações, consulte <http://www.cern.ch/Public>.

10. CLIPPER CHIP — Dispositivo desenvolvido para aumentar a privacidade nas telecomunicações por via digital. O clipper chip iria codificar os sinais de voz, fax e dados enviados pelas linhas digitais. Apenas o destinatário da chamada seria capaz de decodificar o sinal para torná-lo outra vez compreensível. Há uma grande controvérsia envolvendo o clipper chip, pois o governo americano alega que a existência desse dispositivo impediria qualquer tipo de "escuta" de transmissões quando necessário. Para obter maiores informações, consulte <http://stasi.bradley.edu/privacy/clipper.html>.

11. CSCL — Computer Supported Cooperative Learning (Aprendizagem cooperativa auxiliada por computador).

12. CSCW — Computer Supported Cooperative Work (Trabalho cooperativo auxiliado por computador).

13. CYPHERPUNK — Um *cypherpunk* é alguém interessado nos usos da criptografia por cifras eletrônicas para aumentar a privacidade pessoal e — nas palavras dos próprios — "proteger-se contra a tirania de estruturas de poder centralizadoras e autoritárias, especialmente o governo". Não confundir com *cyberpunk*, um grupo totalmente diferente.

14. DATAGLOVE e DATASUIT — Literalmente "luva de dados" e "roupa de dados". Consistem de um conjunto de sensores envolvendo fibras ópticas e alguns outros dispositivos eletrônicos que permitem ao computador "ler" a posição, movimento e pressão das mãos (*dataglove*) ou do corpo (*datasuit*). Ambos são usados para interagir com programas de realidade virtual, mas encontram-se ainda em um estágio inicial de desenvolvimento.

15. DVD — Inicialmente chamado de Digital Video Discs (discos digitais de vídeo), passaram depois a ser conhecidos como Digital Versatile Discs, e muito recentemente boa parte das publicações desistiu de considerá-lo um acrônimo, tendo passado simplesmente a ser DVD. Tecnologia que irá substituir os CD-ROMs, CDs de áudio digitais e Video Laser Discs, os DVDs são discos ópticos de alta capacidade, capazes de armazenar qualquer coisa — de programas de computador a filmes completos, passando por música. Em comparação com os 650 Mb que um CD-ROM pode armazenar, um DVD pode conter 4.7 Gb (4.700 Mb) de dados. Um segundo padrão de DVD (dupla densidade em dois lados), ainda pouco usado, permitirá que eles atinjam um máximo de 17 Gb em um único disco.

16. E-MAIL — Correio eletrônico. O e-mail é um conjunto de protocolos e programas que permitem a transmissão de mensagens de texto (que, de alguns anos para cá, podem conter qualquer tipo de arquivos digitais, como imagens ou som) entre os usuários conectados a uma rede de computadores. Com a disseminação da Internet, o e--mail tornou-se uma forma prática e rápida de comunicação.

17. FRACTAL — Termo criado em 1975 por Benoît Mandelbrot para descrever uma classe de formas caracterizada pela irregularidade mas que, ao mesmo tempo, evocam um padrão regular. Os fractais têm diversas peculiaridades, como, por exemplo, o fato de qualquer seção de um fractal, quando ampliada, ter as mesmas características do todo. Atualmente, são amplamente usados em computação gráfi-

ca para a criação de texturas, superfícies e paisagens com aparência extremamente realista. Para obter maiores informações sobre fractais, consulte <http://www.faqs.org/faqs/fractal-faq/preamble.html>.

18. GOPHER — Dessa vez não é um acrônimo! O nome veio de uma mascote universitária e da capacidade dos sistemas Gopher de busca — em inglês, "go for" — de informações. Sistemas de busca e recuperação de dados com interfaces de texto, os *gophers* foram atualmente substituídos pelos navegadores da Web (browsers), que têm a mesma capacidade e possuem uma interface mais atraente.

19. GROUPWARE — Refere-se a uma classe de programas que auxiliam o trabalho coletivo, mesmo quando os membros do grupo não se encontram fisicamente no mesmo local. Serviços de groupware tipicamente envolvem o compartilhamento de agendas de compromissos, listas de tarefas, escrita coletiva, distribuição de e-mail, acesso compartilhado a banco de dados e conferência eletrônica. Há pouquíssimas soluções integradas que estejam próximas de integrar essas funções de fato. Para executar trabalho coletivo em locações remotas, é atualmente necessário usar diversos programas diferentes; além disso, é fundamental que os membros do grupo de trabalho obedeçam a uma metodologia de trabalho estrita para que a prática de um projeto em grupo seja levada a bom termo.

20. HIPERMÍDIA — Desenvolvimento do hipertexto, a hipermídia integra texto com imagens, vídeo e som, geralmente vinculados entre si de forma interativa. Uma enciclopédia em CD-ROM seria um exemplo clássico de hipermídia.

21. HIPERTEXTO — Uma forma não linear de apresentar e consultar informações. Um hipertexto vincula as informações contidas em seus documentos (ou "hiperdocumentos", como preferem alguns) criando uma rede de associações complexas através de hyperlinks ou, mais simplesmente, links.

22. HTML — Hypertext Markup Language (linguagem de marcação hipertextual). Uma coleção de comandos de formatação que criam documentos hipertextuais ou, mais simplesmente, páginas da Web. Toda página da Web é criada a partir de código HTML, que é transmitido para o navegador (browser) do usuário. O navegador interpreta então os comandos de formatação e exibe na tela um documento contendo texto formatado e gráficos.

23. INFOBOTS — Mesmo que autorresponder ("respondedor automático"). Um *infobot* é um arquivo de texto criado por um admi-

nistrador de sistemas que será enviado automaticamente por e-mail em resposta a uma pergunta. São geralmente usados para esclarecer dúvidas quanto aos comandos e funcionamento das mailing lists.

24. INTERNET — O nome Internet vem de *internetworking* (ligação entre redes). Embora seja geralmente pensada como sendo *uma* rede, a Internet na verdade é o conjunto de todas as redes e *gateways* que usam protocolos TCP/IP. Note-se que a Internet é o conjunto de meios físicos (linhas digitais de alta capacidade, computadores, roteadores etc.) e programas (protocolo TCP/IP) usados para o transporte da informação. A Web (WWW) é apenas um dos diversos serviços disponíveis através da Internet, e as duas palavras *não* significam a mesma coisa. Fazendo uma comparação simplificada, a Internet seria o equivalente à rede telefônica, com seus cabos, sistemas de discagem e encaminhamento de chamadas. A Web seria similar a usar um telefone para comunicações de voz, embora o mesmo sistema também possa ser usado para transmissões de fax ou dados.

25. INTRANET — Uma intranet é uma rede de acesso restrito que funciona como a Web, mas não está disponível através da Web. Por definição, uma intranet não pode estar física e logicamente conectada à Internet — caso contrário, se torna uma *extranet*. Em geral, as intranets são redes corporativas, permitindo que os empregados de uma companhia compartilhem recursos e projetos sem que as informações confidenciais dessa companhia fiquem disponíveis para todas as pessoas que têm acesso à Internet.

26. IRCAM — Institut de Recherche et Coordination Acoustique/Musique. Ver <http://www.ircam.fr>.

27. JAVA e C — Java e C são linguagens de programação usadas para criar programas. Java foi especialmente desenvolvida pela Sun Microsystems para acrescentar animação e programas interativos a sites da Web. Pequenos aplicativos (conhecidos como "applets") criados em Java podem ser executados em qualquer navegador gráfico da Web que seja compatível com Java.

28. LEI DE GORDON-MOORE — Em 1965, Gordon Moore, cofundador da Intel (fabricante de microprocessadores e chips) percebeu que, até então, a capacidade dos microchips parecia dobrar a cada ano. A lei de Gordon-Moore estabeleceu empiricamente que os avanços na tecnologia de microchips fazem com que a capacidade de armazenamento de dados dos microchips dobrem a cada ano (ou a cada dezoito meses, conforme uma recente reavaliação dessa lei).

29. LINK — Frequentemente traduzido como "vínculo", um link é uma conexão entre dois elementos em uma estrutura de dados. Os links permitem a navegação dentro de um documento hipertextual (ou hipermídia). Na Internet, um link é qualquer elemento de uma página da Web que possa ser clicado com o mouse, fazendo com que o navegador passe a exibir uma nova tela, documento, figura etc.

30. MAILING LIST — Embora seu funcionamento seja bastante diferente em termos práticos, a ideia das mailing lists (listas de mensagens) é bastante similar à dos newsgroups. A diferença é que uma mailing list pode ser criada livremente por qualquer usuário da Internet, seu acesso pode ser restrito a apenas algumas pessoas autorizadas e as mensagens são enviadas automaticamente por e-mail para a caixa postal dos participantes.

31. MIDI — Musical Instrument Digital Interface (interface digital para instrumentos musicais). Uma especificação de protocolo para troca de informações digitais de performance (quais as notas tocadas, com que força foram pressionadas as teclas, durante quanto tempo foram sustentadas etc.) entre instrumentos musicais. Essas informações são transmitidas entre os diferentes instrumentos (sintetizadores, baterias eletrônicas, samplers, computadores) usando cabos especiais. Através de MIDI, é possível controlar todo um estúdio de som usando um computador e alguns programas específicos.

32. MODEM — MOdulator DEModulator (modulador/demodulador). Equipamento de telecomunicações que permite a um computador transmitir informações digitais através de linhas telefônicas comuns (sejam elas digitais ou analógicas). Os modems convertem a informação digital armazenada nos computadores em uma frequência de áudio modulada, que é transmitida pela linha telefônica até um outro modem, que executa o processo contrário, reconvertendo a informação para seu formato digital original.

33. MOO — Contração de MUD Object Oriented, uma implementação específica de um sistema MUD desenvolvida por Stephen White.

34. MORPHING — Contração de *metamorphosing* (metamorfoseamento). *Morphing* é uma técnica de animação através da qual uma imagem se transforma gradualmente em outra. Essa técnica está sendo usada frequentemente em filmes, videoclips e comerciais. Para obter maiores informações, consulte <http://graphics.stanford.edu/cgi-bin/alumni/tolis/personal/getpage.cgi?morph.html>.

35. MUD — Multiple-user dimension (dimensão multiusuário). Originalmente conhecido como Multi-User Dungeon, um MUD é um ambiente virtual baseado em texto no qual os personagens dos usuários interagem em tempo real. Através de comandos de texto, é possível andar pelas salas, digitar mensagens para outros personagens, participar de jogos, enigmas ou combates. MUDs são uma transposição para as redes dos jogos de RPG.

36. NEWSGROUP — Os newsgroups são a transposição para a Internet da funcionalidade dos antigos BBSs. Há uma lista mundial (em constante alteração) de todos os newsgroups existentes. Cada um deles tem um assunto específico, indo desde temas bastante técnicos (aplicações da inteligência artificial à pesquisa médica) até temas genéricos (racismo) ou menos "profundos" (grupos dedicados a um artista pop específico, por exemplo).

37. PDA — Personal Digital Assistant (assistente digital pessoal). Equipamento portátil de dimensões reduzidas destinado cuja capacidade de processamento e armazenamento fica entre uma agenda digital e um computador portátil. Um PDA tipicamente é capaz de enviar e receber faxes e e-mail, funciona como agenda eletrônica, mantém uma lista de compromissos e tarefas além de anotações genéricas. Ao contrário dos computadores portáteis, a maioria dos PDAs é baseada em "canetas", com as quais o usuário pode escrever diretamente na tela do equipamento. Alguns PDAs também são capazes de executar comandos através de reconhecimento de voz. Os PDAs surgiram recentemente e têm obtido grande sucesso. Há centenas de sites na Web dedicados exclusivamente ao assunto, e há muitos programas disponíveis para os modelos mais populares de PDAs.

38. PGP — Pretty Good Privacy (privacidade bastante boa). O PGP é um programa de criptografia usando chave pública. Originalmente escrito por Philip Zimmermann, é uma forma altamente segura de transmitir mensagens de texto codificadas através de redes digitais, como a Internet. Nos últimos anos o PGP conquistou milhares de entusiastas em todo o mundo e tornou-se o padrão para a criptografia de e-mail na Internet. Ver <http://www.dca.fee.unicamp.br/pgp/>.

39. PIXEL — Contração de *picture element*. A imagem exibida nos monitores dos computadores é formada de pontos chamados de pixels. Em um monitor, um pixel é a menor unidade que o monitor é capaz de acender/apagar. O número total de pixels que um dispositivo pode exibir equivale à *resolução* da imagem.

40. RPG — Role Playing Game. Um jogo para o qual um grupo de pessoas se reúne e cria "personagens" para participarem de uma aventura. Um dos jogadores fará o papel de *game master* da partida, sendo responsável por criar as regras e situações que os jogadores irão enfrentar. Atualmente existentes sob diversas formas em computadores pessoais, os RPGs originalmente eram jogados apenas com um conjunto de dados e tabelas de pontuação, usando-se descrições verbais dos ambientes e situações encontrados.

41. SAMPLER — No meio musical, equipamento ou programa destinado à gravação de sons analógicos, seu processamento por meios digitais e posterior reprodução, em geral sob o controle de um teclado musical. Os samplers são capazes não apenas de reproduzir com exatidão outros instrumentos previamente gravados, mas também podem, através dos *loops*, reproduzir infinitamente uma passagem musical, tal como um compasso de bateria ou todo um trecho de uma música.

42. SCANNER — Equipamento destinado à digitalização de imagens a partir de originais impressos em papel, em filme fotográfico ou em transparências. Funciona de forma similar à fotocópia, exceto que a imagem não é "copiada" para outra folha de papel, e sim para sensores digitais que a convertem em um formato capaz de ser armazenado e manipulado pelos computadores.

43. SGML — Abreviação de Standard Generalized Markup Language, um sistema criado para organizar e marcar os elementos que compõem um documento. SGML foi desenvolvida e padronizada pela International Organization for Standards (ISO) em 1986. HTML é um subconjunto de SGML. Ver <http://www.w3.org/MarkUp/SGML/>.

44. SITE — Um conjunto de páginas da Web que façam parte de um mesmo URL ou "endereço". A ideia de site está relacionada à ideia de "local", o que na verdade é um tópico complexo em se tratando de um espaço virtual criado por uma rede distribuída que lida com hiperdocumentos. Creio que a maneira mais simples de entender "site" é pensar que um site corresponde a um hiperdocumento, com todas suas imagens, vínculos e referências, mesmo que esse hiperdocumento possa ter, potencialmente, o tamanho e a complexidade de uma grande enciclopédia.

45. SOFTWARE — Um programa de computador. O software consiste de um conjunto de instruções em linguagem de máquina que controlam e determinam o funcionamento do computador e de seus periféricos.

46. HARDWARE — Qualquer componente físico de um computador. A palavra *hardware* poderia ser livremente traduzida como *equipamento*. Na categoria de hardware enquadram-se monitores, teclados, placas-mãe, mouses, scanners, modems, discos rígidos etc.

47. DOWNLOAD/UPLOAD — Download, ou "carga", é o processo pelo qual um arquivo (ou grupo de arquivos) é transferido de um computador remoto para uma máquina local. Em outras palavras, toda vez que você clica em um link para copiar um programa da Internet para sua máquina, está fazendo um download. Upload é o processo contrário, no qual um usuário transfere arquivos de sua máquina para a Internet — por exemplo, para criar ou expandir um site na Web no qual ele tenha permissão para fazer mudanças.

48. VRML — Virtual Reality Modeling Language (linguagem de modelagem de realidade virtual). VRML é uma especificação desenvolvida por diversas companhias para permitir a criação e a navegação através de espaços tridimensionais que, por tentarem aproximar-se da forma como interagimos cotidianamente com o mundo a nosso redor, passaram a ser chamados de "realidade virtual".

49. WINDOWS, UNIX, MAC OS — três dos sistemas operacionais mais conhecidos atualmente. Um sistema operacional (*operating system* ou OS) é um programa especial responsável pelo controle da alocação e uso dos recursos do equipamento, tais como a memória, a CPU, o disco rígido e demais periféricos. O sistema operacional é necessário para que seja possível executar programas aplicativos tais como o Microsoft Word ou o Netscape Navigator.

50. WWW — Abreviação de World Wide Web. Geralmente chamada apenas de Web, foi desenvolvida originalmente nos laboratórios do CERN em Genebra. Atualmente o desenvolvimento da Web é supervisionado pelo World Wide Web Consortium (<http://www.w3.org>). De forma simplificada, a Web pode ser descrita como um sistema de hipermídia para a recuperação de informações através da Internet. Na Web, tudo é representado como hipermídia (em formato HTML) e os documentos estão ligados através de links a outros documentos. A Web engloba seu próprio protocolo, HTTP, e também alguns protocolos anteriores, tais como FTP, *gopher* e Telnet.

Outros endereços

Para aqueles que têm acesso à Internet e possuem interesse em pesquisar outros acrônimos ou obter maiores informações sobre termos de informática, gostaria de indicar dois endereços particularmente úteis:
The WorldWideWeb Acronym and Abbreviation Server
<http://www.ucc.ie/info/net/acronyms/acro.html>,
o mais completo glossário de acrônimos que conheço na Web. A outra indicação seria um glossário mais genérico e mais simples:
CNET: The Computer Network Glossary
<http://www.cnet.com/Resources/Info/Glossary/>,
onde também há boa quantidade de termos relacionados à Web e à informática de forma geral.

Voltado sobretudo para os interessados em aprender um pouco mais sobre a cultura dos *cyberpunks*, *cypherpunks*, *hackers* e demais cibertribos, há ainda um site/dicionário interessante e por vezes muito engraçado em:
The Jargon Dictionary
<http://www.netmeg.net/jargon/>.

SOBRE O AUTOR

Pierre Lévy nasceu em 1956 em Túnis, capital da Tunísia. Em Paris, fez o mestrado em História das Ciências na Sorbonne (1980) e o doutorado em Sociologia na EHESS (1983), obtendo depois o PhD em Ciências da Informação e da Comunicação na Universidade de Grenoble (1991). Atualmente é professor e pesquisador da Universidade de Ottawa, no Canadá. Publicou:

La machine univers: création, cognition et culture informatique. Paris: La Découverte, 1987 (ed. bras.: *A máquina universo: criação, cognição e cultura informática*. Porto Alegre: Artmed, 1998).

Les technologies de l'intelligence: l'avenir de la pensée à l'ère informatique. Paris: La Découverte, 1990 (ed. bras.: *As tecnologias da inteligência: o futuro do pensamento na era da informática*. Rio de Janeiro: Editora 34, 1993).

L'idéographie dynamique: vers une imagination artificielle? Paris: La Découverte, 1991 (ed. bras.: *A ideografia dinâmica: rumo a uma imaginação artificial?* São Paulo: Loyola, 1998).

De la programmation considérée comme un des beaux-arts. Paris: La Découverte, 1992.

Les arbres de connaissances (com Michel Authier). Paris: La Découverte, 1992 (ed. bras.: *As árvores de conhecimentos*. São Paulo: Escuta, 1998).

L'intelligence collective: pour une anthropologie du cyberespace. Paris: La Découverte, 1994 (ed. bras.: *A inteligência coletiva: por uma antropologia do ciberespaço*. São Paulo: Loyola, 1998).

Qu'est-ce que le virtuel? Paris: La Découverte, 1995 (ed. bras.: *O que é o virtual?* São Paulo: Editora 34, 1996).

Cyberculture. Paris: Odile Jacob, 1997 (ed. bras.: *Cibercultura*. São Paulo: Editora 34, 1999).

Le feu libérateur (com Darcia Labrosse). Paris: Arléa, 1999 (ed. bras.: *O fogo liberador*. São Paulo: Iluminuras, 2000).

World philosophie: le marché, le cyberespace, la conscience. Paris: Odile Jacob, 2000 (ed. bras.: *A conexão planetária: o mercado, o ciberespaço, a consciência*. São Paulo: Editora 34, 2001).

Cyberdémocratie. Paris: Odile Jacob, 2002 (ed. bras., modificada: *O futuro da internet: em direção a uma ciberdemocracia planetária*, com André Lemos. São Paulo: Paulus, 2010).

La sphère sémantique 1: computation, cognition, économie de l'information. Paris: Hermes Science/Lavoisier, 2011.

Este livro foi composto em Sabon,
pela Bracher & Malta, com CTP da
New Print e impressão da Graphium
em papel Pólen Soft 80 g/m² da Cia.
Suzano de Papel e Celulose para a
Editora 34, em julho de 2021.